检察官职务序列研究

JIANCHAGUAN ZHIWU XULIE YANJIU

徐汉明 金鑫 姚莉 苏永胜 符卫华 简乐伟／著

最高人民检察院委托重大项目「检察官单独职务序列工资福利制度研究（20150705）」、教育部2014年度哲学社会科学研究重大课题攻关项目「司法管理体制改革研究」（14JZD024）

中国检察出版社

图书在版编目（CIP）数据

检察官职务序列研究/徐汉明等著． —北京：中国检察出版社，2017.1
ISBN 978 - 7 - 5102 - 1727 - 2

Ⅰ.①检… Ⅱ.①徐… Ⅲ.①检察官 - 工作 - 研究 - 中国
Ⅳ.①D926.3

中国版本图书馆 CIP 数据核字（2016）第 217723 号

检察官职务序列研究

徐汉明 金 鑫 姚 莉 等著

出版发行：中国检察出版社
社　　址：北京市石景山区香山南路 111 号（100144）
网　　址：中国检察出版社（www.zgjccbs.com）
编辑电话：(010) 88960622
发行电话：(010) 88954291　88953175　68686531
　　　　　 (010) 68650015　68650016
经　　销：新华书店
印　　刷：三河市西华印务有限公司
开　　本：710 mm×960 mm　16 开
印　　张：15.25
字　　数：258 千字
版　　次：2017 年 1 月第一版　2017 年 1 月第一次印刷
书　　号：ISBN 978 - 7 - 5102 - 1727 - 2
定　　价：50.00 元

"检察官职务序列研究" 重大课题研究基地

中国法学会法治研究基地
教育部社会治理法治建设创新团队
最高人民检察院检察应用理论研究基地
湖北省人文社科重点研究基地
湖北省社会体制和司法体制改革智库基地
湖北法治发展战略研究院

"检察官职务序列研究" 重大课题研究成员

顾　问：王少峰　曾任最高人民检察院党组成员、政治部主
　　　　　　　　任、机关党委书记，现任湖南省委常
　　　　　　　　委、组织部部长

　　　　敬大力　曾任湖北省人民检察院检察长，现任北京
　　　　　　　　市人民检察院检察长

　　　　王　晋　湖北省人民检察院检察长

　　　　翟天山　曾任湖北省委组织部副部长、湖北省人力
　　　　　　　　资源和社会保障厅厅长、党组书记、省
　　　　　　　　公务员局局长，现任湖北省政协秘书长

　　　　谭先振　曾任湖北省委政法委常务副书记，现任湖
　　　　　　　　北省司法厅厅长

　　　　胡志强　湖北省委组织部常务副部长

　　　　胡兴儒　湖北省委政法委副书记

　　　　万甫跃　湖北省人力资源和社会保障厅党组成员、
　　　　　　　　军转办主任

　　　　熊亚林　湖北省人力资源和社会保障厅工资福利处
　　　　　　　　处长

组　长：徐汉明　中南财经政法大学法治发展与司法改革研究中心主任暨湖北法治发展战略研究院院长、二级教授、博士生导师、首届全国检察业务专家

副组长：姚　莉　中南财经政法大学副校长、教授、博士生导师

　　　　金　鑫　湖北省人民检察院政治部主任、全国检察业务专家、中南财经政法大学兼职教授

成　员：苏永胜　湖北省人民检察院政治部副处级调研员、中南财经政法大学法治发展与司法改革研究中心兼职副研究员

　　　　符卫华　湖北省人民检察院侦查监督处副处长

　　　　简乐伟　湖北省襄阳市人民检察院副处级调研员、博士

　　　　林必恒　海南师范大学副教授、中南财经政法大学法治发展与司法改革研究中心副研究员

"检察官职务序列研究" 重大课题资料收集成员

英美法系国家小组

周　凌　中南财经政法大学副教授，法学博士

徐　晶　中财研究院副研究员（副教授）、中南财经政法大学法治发展与司法改革研究中心科研部副部长

李丽珏　中南财经政法大学法治发展与司法改革研究中心研究人员

胡　婷　中南财经政法大学法治发展与司法改革研究中心研究人员

大陆法系国家小组

陈　浩　湖北省知识产权局副局长，博士

侯　伟　最高人民法院知识产权法庭法官，法学博士

刘代华 中南财经政法大学副教授，法学博士

郭永珍 中南财经政法大学法治发展与司法改革研究中心研
究人员

转型国家小组

杨宗辉 中南财经政法大学教授，法学博士

郭川阳 中南财经政法大学博士生、中南财经政法大学法治
发展与司法改革研究中心研究人员

我国港澳台地区小组

沈仲平 香港特别行政区律政司原副司长，中南财经政法大
学客座教授，博士

王玉梅 中南财经政法大学博士生、中南财经政法大学法治
发展与司法改革研究中心研究人员

杨新元 中南财经政法大学博士生、中南财经政法大学法治
发展与司法改革研究中心研究人员

张　乐 中南财经政法大学博士生、中南财经政法大学法治
发展与司法改革研究中心研究人员

各国宪法资料小组

李少波 中南财经政法大学博士生、中南财经政法大学法治
发展与司法改革研究中心研究人员

张新平 中南财经政法大学博士生、中南财经政法大学法治
发展与司法改革研究中心研究人员

刘大举 曾任湖北省人民检察院计财处处长，现任国家检察
官学院湖北分院院长，中南财经政法大学法治发
展与司法改革研究中心兼职研究员

申　政 中南财经政法大学博士生、中南财经政法大学法治
发展与司法改革研究中心研究人员

七省市检察机关经费保障调研小组

刘尧成　湖北省人民检察院计财处副处长，中南财经政法大
　　　　　学法治发展与司法改革研究中心兼职副研究员
肖　伟　湖北省人民检察院计财处主任科员
何汉新　湖北省人民检察院民事检察处主任科员
徐红莉　湖北省人民检察院政治部检察官管理处主任科员

序

王少峰[*]

  党的十八大以来，党中央全面推进依法治国方略，部署新一轮司法体制改革，加快建设社会主义法治国家。习近平总书记深刻指出，建立符合职业特点的司法人员管理制度，在深化司法体制改革中具有基础性地位。党的十八届三中全会提出，建立符合职业特点的司法人员管理制度，健全法官、检察官、人民警察统一招录、有序交流、逐级遴选机制，完善司法人员分类管理制度，健全法官、检察官、人民警察职业保障制度。党的十八届四中全会进一步提出，加快建立符合职业特点的法治工作人员管理制度，完善职业保障体系，建立法官、检察官、人民警察专业职务序列及工资制度。如何按照中央的决策部署和形势的发展要求，加快建立符合检察职业特点的检察人员分类管理制度体系，如何及时为深入推进检察人员分类管理改革提供理论支持和实践指导，是当前面临的重要课题。

  建立检察官单独职务序列及工资、福利等单独薪酬制度，是检察人员分类管理制度最核心、最关键的内容，是改革的重点和难点，也是改革的"牛鼻子"。对其研究深度如何、成果如何，直接关系到检察人员分类管理制度的成败，直接关系到本轮司法体制改革能否深入推进。但从当前情况来看，检察官单独职务序列改革及工资、福利等单独薪酬制度方面的理论研究还存在许多薄弱环节，尚处于实践探索的初步阶段。无论是贯彻中央决策部署的客观需要，还是指导推进司法体制改革的内在需要，都迫切要求加强对检察官单独职务序列及单独薪酬制度改革的理论研究。在此背景下，2015年 5 月，最高人民检察院政治部委托中南财经政法大学法治发展与司法改革研究中心就检察官单独职务序列及与之配套的工资、福利与退休制度改革进

---

  [*] 曾任最高人民检察院党组成员、政治部主任、机关党委书记，现任湖南省委常委、组织部部长。

行专项研究。经过课题组的不懈努力，目前形成了检察官单独职务序列研究、检察官单独职务序列工资制度研究、检察官福利与退休制度研究等系列成果。

检察官单独职务序列研究重点对检察官单独职务序列基本理论、我国检察官职务序列历史沿革及现状、域外比较、职务序列构建等方面内容进行了研究。检察官单独职务序列工资制度研究重点对我国检察官工资制度的历史沿革、现行检察官工资制度的主要问题、域外国家及我国港澳台地区检察官工资制度的考察、检察官工资制度构建等方面内容进行了研究。检察官福利与退休制度研究重点对我国检察官福利与退休制度历史沿革及现状、域外国家及我国港澳台地区检察官福利与退休制度比较、检察官福利与退休制度构建等方面内容进行了研究。

这次课题研究及形成的系列成果，主要有以下几个特点：一是有较强的针对性。研究始终坚持问题导向，重点针对现行检察官管理体制中存在的检察官主体地位作用不突出、将检察官按照普通公务员管理、检察官责权利不一致、职业保障水平不高等问题，从理论、政策、法律、实践等多个层面，对检察官单独职务序列及薪酬制度改革必要性、可行性等进行了研究论证，使研究报告更具现实指导性。二是有较强的前瞻性。研究着眼于中国特色社会主义检察制度的建立完善和发展，在对 12 个域外国家和地区的检察官职务序列及薪酬制度系统比较，对第一批司法体制改革试点省份的经验全面梳理总结的基础上，从宏观和未来发展层面提出了检察官单独职务序列及单独薪酬制度的构想，增强了研究成果的深度和厚度。三是有较强的专业性。研究始终立足于检察工作职业特点规律来思考、布局和论证，注重以专业的思维、专业的方法，并组织专业的团队进行研究，研究成果体现了较高的专业水准。四是有较强的实用性。研究紧紧围绕司法体制改革这个主题，致力于解决理论和实践中的突出问题，提出了切合实际的对策建议和具体方案，为检察官单独职务序列及单独薪酬制度改革的深入推进提供了重要的理论支持和实践参考。

改革是一个不断探索前进的过程，既需要理论的指导，也需要实践的探索。本次检察官单独职务序列和单独薪酬制度研究取得了丰硕的研究成果，对检察人员分类管理改革乃至整个司法体制改革的深入发展必将起到积极的推动作用。我们希望今后有更多优秀的同志参与到司法体制改革的研究中来，希望有更多更好的研究成果涌现出来。我们坚信，司法体制改革虽然任重，但只要集众人之智慧，任务必将圆满完成！全面推进依法治国虽然道远，但只要有党中央的坚强领导，目标必将最终实现！

是为序。

前　言

改革开放以来，中央和国务院就干部人事制度改革作出了一系列部署要求，推进科学干部管理体制改革，改变单一的党政干部管理模式。建立检察官单独职务序列、工资、福利与退休制度事关国家干部人事制度改革，是深化并形成各具特点、分类管理的现代人事管理制度的一项重要任务；对推进检察队伍专业化、职业化建设，深化司法管理体制改革，推进司法体系和司法能力现代化意义重大。

本课题围绕检察官单独职务序列、工资、福利与退休制度，形成了检察官单独职务序列研究、检察官单独职务序列工资制度研究、检察官福利与退休制度研究三个系列研究。

一、关于检察官单独职务序列研究

本研究围绕检察官单独职务序列基本理论、我国检察官职务序列历史沿革及现状、域外比较、职务序列构建四个部分做了全面系统深入研究。第一部分，从厘定检察官单独职务序列基本理论问题入手，界分了检察官单独职务序列的含义性质与特点，研究了检察官单独职务序列与普通公务员职务序列的根本区别，从理论、政策、法律、实践多维度层面，论证了设置检察官单独职务序列的依据和必要性，以及检察官职务序列与工资福利制度的贯通统一关系。第二部分，对我国检察官职务序列制度的历史沿革及现状进行了回顾与反思，将我国检察官职务序列制度的发展沿革划分为六个阶段，分析了现行检察官管理体制存在的主要问题。第三部分，从检察官职务序列层面，对美国、英国等英美法系国家，德国、法国、日本等大陆法系国家，俄罗斯、白俄罗斯等转型国家以及我国香港特区、澳门特区、台湾地区进行了全面系统考察，围绕检察官单独职务序列与员额的联系、检察官单独职务序列自成体系、检察官职务等级层次设置体现检察职业特点等方面提出了我国检察官单独职务序列设置借鉴的启示。第四部分，从设置符合检察权运行规律、行政职级完全脱钩、检察官权责利相一致、统筹协调有序推进等基本原则；检察官职位类别、检察官的职务层次设置、各级检察院检察官职务层次设置、职务等级的职数比例等具体设计；检察官职务层次的晋升、检察官职务等级的降低、检察官职务序列的管理主体、检察官的交流、培训、任职、停职、免职、撤职、开除等管理内容；先定员额再评等级与先评等级再定员额两个方案优劣比较等方面构建了我国检察官单独职务序列的模式。其中，在检察官职位类别设置方面，我们提供了三种方案：方案一，设置检察长、副检察长、检察员等检察官职务类别，检察委员会委员和助理检察员不纳入检察官职务序列；方案二，设置检察长、副检察长、检委会委员、检察员等检察官职务类别，助理检察员不纳入检察官职务序列；方案三，设置检察长、副检察长、检察长助理、检委会委员、检察员等检察官职务类别。在检察官的职务层次设置方面，我们提供了三种方案：方案一，沿用"四等十二级"检察官职务层次，四级五级检察官用于派驻乡镇检察室检察官等级评定；方案二，保留"四等十二级"检察官职务层次，实际使用"四等十级"；方案三，保留"四等"取消"十二级"，即设首席大检察官、大检察官、高级检察官、检察官四等。在检察官职务序列的管理主体方面，我们提供了三种方案：方案一，中央统一管理检察专业人才下授权两级检察院党组管理检察官职务序列；方案二，根据检察官职务序列实施类型化管理；方案三，根据检察官职务序列晋升方式实施层级管理。

二、关于检察官单独职务序列工资制度研究

本研究主要包括我国检察官工资制度的历史沿革、现行检察官工资制度的主要问题、域外国家和我国港澳台地区检察官工资制度的考察、我国检察官工资制度的构建四个方面内容，以及三个附件。第一部分，围绕我国检察官工资制度的历史沿革，研究和描述了新中国成立以来由供给制向多种工资制转型阶段、职务等级工资制确立运行阶段、"文化大革命"取消工资级别待遇阶段、恢复公务员同等工资待遇阶段、适用公务员职务工资制度阶段、实行公务员职级工资制阶段、检察官职级工资与专项津贴"结合运行"阶段以及检察官单独职务工资制度改革试点等阶段。第二部分，从现行检察官工资待遇制度依赖于行政职级忽视了专业性、现行工资制度弱化了检察官的主体地位影响了执法公信力与现行检察官工资标准不统一地区差异大有失公平性三个方面分析了我国现行检察官工资制度的主要问题。第三部分，从检察官工资制度层面，对美国、英国等英美法系国家，德国、法国、日本等大陆法系国家，俄罗斯、白俄罗斯等转型国家以及我国香港特区、澳门特区、台

湾地区进行了全面系统考察，从检察官起薪点（级）较高、检察官薪酬单独管理、检察官薪酬构成多样化、检察官工资提档晋级周期短、跨度大等方面提出了我国检察官工资制度设置借鉴的启示。第四部分，围绕检察官工资制度的改革，分析了影响检察官工资的相关因素，包括经济发展水平、财政承受能力、税收、人民群众认可度、检察官职业水准、物价因素；提出了检察官工资制度的设计框架，包括检察官工资制度结构、内容及特点，检察官工资待遇与公务员工资待遇的比例设计，提高专项津贴标准，设置绩效奖金，检察官职务序列工资样本测算，设置津补贴率调整地区工资收入差异等内容。三个附件分别是：检察官单独职务序列工资制度（专家建议稿）；检察官单独职务序列工资制度实施方案（专家建议稿）；关于检察官单独职务序列工资制度及实施方案（专家建议稿）的说明。

三、关于检察官福利与退休制度研究

本研究主要包括我国检察官福利与退休制度历史沿革及现状、域外国家和我国港澳台地区检察官福利与退休制度比较、检察官福利与退休制度的构建三个方面内容。第一部分，围绕历史沿革、制度现状、存在的主要问题三个层面分别阐述了我国现行检察官福利与退休制度。第二部分，从检察官福利与退休制度层面，对美国、英国、加拿大等英美法系国家，德国、法国、日本等大陆法系国家，俄罗斯、保加利亚、哈萨克斯坦等转型国家以及我国香港特区、澳门特区、台湾地区进行了全面系统考察。第三部分，提出了构建检察官福利与退休制度的指导思想、总体要求与具体内容，其主要特点是：提高福利标准，解决后顾之忧、延迟退休年龄，符合国际惯例、保留检察津贴，体现公平合理、增发功勋荣誉，彰显职业荣誉、建立廉政保证金制度，保障公正司法。

在研究过程中，我们组织四个小组对域外12个国家和地区的检察官职务序列及工资福利退休制度，国内第一批进行司法管理体制改革的7个省、直辖市试点情况进行全面收集、系统整理、深入研究、提炼归纳，形成了17类、80余张表格第一手数据资料。（1）围绕检察机关的性质、地位、职能、作用及检察官管理，对9个国家宪法及宪法性法律进行了系统梳理。（2）围绕检察官职务名称、员额配置、晋升年限、薪酬分类分级管理、地区津贴、与公务员工资比较，对美国、英国、德国、法国、日本、俄罗斯、白俄罗斯、保加利亚、哈萨克斯坦等国家和我国港澳台地区相关资料进行系统梳理，形成12类、70余张表格。其中，美国8张，英国8张，德国11

张，法国 2 张，日本 2 张，俄罗斯 6 张，白俄罗斯 4 张，保加利亚 2 张，哈萨克斯坦 1 张，我国香港特区 6 张、澳门特区 7 张、台湾地区 7 张。这些资料和表格为分析研究三类国家、一类地区检察官职务序列及工资福利制度设计遵循的基本规律、不同特点、发展趋势，为我国建立检察官单独职务序列及工资福利制度设计提供了参照系、可资借鉴。

本课题研究的难点在于：宏观层面，如何将司法本色与中国特色有机结合，让检察管理回归司法管理、服务检察权的本位，把检察官单独职务序列的定义、性质与特点、与普通公务员职务序列的区别、设置的依据和必要性、检察官单独职务序列与工资福利关系等基础问题阐述清楚，从而将对检察官单独职务序列及工资福利零碎的感性认识提升到系统的理性认识。中观层面，在设计科学、完备的检察官职务序列及工资福利等制度时，如何在司法体制改革顶层设计的基础上，尽力祛除检察官职务等级管理的行政化，如何坚持制度设计的科学理性与程序安排的技术理性相统一，使检察官单独职务序列及工资福利改革从纸面走向行动的同时体现并服务于检察权运行规律。微观层面，难点体现在如何全面、准确把握域外主要国家和地区检察官职务序列及工资福利的基本情况，并从中发现相关规律，为我所用。

上述系列研究成果是前期相关研究成果的承继与发展。2013 年，我们自主设立了"主任检察官办案责任制改革"重点课题，其结项成果被高检院主要领导批示；2014 年我们中标承揽了教育部 2014 年度哲学社会科学研究重大课题攻关项目"司法管理体制改革研究"（14JZD024），先后完成了"司法权与司法行政事务权制度分离设计"，"《人民检察院组织法》修改"，"上海、广东、湖北等省、直辖市以下检察经费管理改革情况调查"等阶段性成果；中国法学会委托重点课题"司法体制改革——以促进社会公平正义为视角"，已结项提交研究报告。这些阶段性研究成果为本研究报告的主体设计、资料收集、方案论证、问题梳理、对策建议、制度创设等提供了有益的智识资源和成果支撑。时任湖北省检察院检察长敬大力同志对此高度重视，责成省院司法体制改革领导小组办公室，抽调理论功底扎实、实务工作娴熟、有研究与创新能力的 10 余名高层次人才参与课题设计，担任撰稿人；中南财经政法大学法治发展研究中心组织高检院理论所，中南财经政法大学法学院、刑事司法学院、法硕中心，湖北省知识产权局，武汉海事法院，我国港澳台地区及国外相关教授、专业人士、博士生和科研秘书参与，精心设计研究大纲，制定资料收集范围、设计 13 个类别资料统计表，形成内容翔实、数据可靠的资料；最高人民检察院与湖北省检察院政工计财部门采集并提供大量工资数据，课题组根据设计的检察官单独职务序列工资模本，选择东部发达地区广东、海南，中部地区湖北省会城市武汉市、省域副中心城市宜昌市、荆门市、恩施州、国家级贫困县英山县、鹤峰县等检察院，西部地区贵州等进行职务序列工资抽样调查测算，形成了8个工资抽样测算表，可供决策参考。

2015年8月13日，敬大力检察长听取了研究小组的汇报，就本课题研究提出了关于设置助理检察官职务、检察官等级设置合理性、名称设置、住房等福利待遇等重要修改意见。8月25日至27日，中国法学会常务副会长陈冀平、副会长张文显教授，最高人民检察院政治部副主任张巍、干部部副部长陈有贤，教育部社科司负责人等有关领导听取了汇报，并对研究报告提出了若干完善意见。课题组据此修改了研究报告，最终形成上述系列研究报告。

中南财经政法大学法治发展与司法改革研究中心
暨湖北法治发展研究院课题组

目　　录

第一编　检察官单独职务序列研究

第二编　检察官单独职务序列工资制度研究

第一编

检察官单独职务序列研究

第一章 检察官单独职务序列概述

中国共产党第十八次代表大会以来，中央部署全面深化司法体制改革，推进检察人员分类管理、司法责任制、职业保障、省以下法院检察院人财物统一管理改革试点。有关检察人员分类管理方面，理论界与实务界已经取得了共识，即推行检察官、检察辅助人员、司法行政人员分类管理改革试点。① 与此同时，建立以检察官单独职务序列为核心的职业保障、职业保护、职业荣誉及其职业惩戒制度体系，关系到全面深化检察管理体制改革，对于保证公正司法、提高司法公信力，推进中国特色社会主义法律监督体系和法律监督能力现代化，发展和完善社会主义司法制度意义重大。

一、检察官单独职务序列的含义

（一）检察官的界定

新中国成立以来，我国一直没有对检察官的内涵与外延作出界定，以至于相当一部分人认为检察官就是在检察机关工作的人员。尽管1995年颁布施行的《中华人民共和国检察官法》（以下简称《检察官法》）将检察官界定为"依法行使国家检察权的检察人员"，并从限定外延的角度对检察官进行限定。② 但这些对检察官的界定仍失之于宽，以至于实践中在检察机关从事行政工作、甚至后勤保障工作的人只要符合担任检察官的条件都可以成为检察官，造成目前我国检察机关检察官人数居多、而专门从事检察业务的检察官人数偏少的局面。

上述情况表明，现有检察官的范围与检察官的入职条件不等于也不能够准确反映检察官的内涵。这是因为，检察官内涵的宽泛化必然带来检察官外

---

① 2013年3月1日，高检院会同中组部联合下发了《人民检察院工作人员分类管理制度改革意见》，将检察工作人员划分为检察官、检察辅助人员和司法行政人员三类。

② 如根据《检察官法》第2条规定，检察官包括最高人民检察院、地方各级人民检察院和军事检察院等专门人民检察院的检察长、副检察长、检察委员会委员、检察员和助理检察员。

延的扩大与入职条件的降低；而严格准确界定检察官的内涵，其必然带来检察官外延的相对缩小与入职条件的提高。因此，在检察官内涵宽泛化的情况下，单从限定检察官外延和提升检察官任职条件等方面着手难以实现检察官的职业化和精英化，这一问题的解决仍需回归问题的本质，即科学界定检察官的内涵，这是建立检察官单独职务序列的前提，也是我国目前推进检察人员分类管理、办案责任制等改革的基础。

通说认为，检察官是"检察院中进行法律监督工作、代表国家进行公诉以及对犯罪案件进行侦查的人员的通称"。[①] 域外因其司法制度环境的不同对检察官及其职责通常表述为，"在总检察长的监督下，提起并执行刑事诉讼程序并指导其他人这样做，并由若干助理检察官来协助他开展工作"。[②] 根据我国司法权在国家政治权力机构中的性质地位，结合本轮司法人员分类管理改革的相关精神，我们认为，检察官的内涵主要包含两个方面，即：（1）从事检察业务工作的人员，即：具体负责承办的事项属于检察机关职权事项如审查批捕、审查起诉、提起公诉、量刑建议、出席法庭支持公诉，刑事立案和侦查活动监督、刑事审判监督、刑罚执行监督，民事诉讼监督、行政诉讼监督及其他非诉讼监督，提起公益诉讼，职务犯罪侦查等检察业务工作具有适格法律职业身份的人员。据此，负责检察院的政工党务、行政事务、后勤管理等工作的人不属于检察官序列。（2）在承办检察业务事项中具有决定权，即在法律规定或者授权范围内，能够独立地对所负责的检察业务事项作出具有法律效力的决定，而相关人员仅是协助检察官并且执行其决定。据此，协助检察官从事检察业务事项的助理检察官、书记官以及执行检察官决定的司法警察、检察技术人员被界定为司法辅助人员，少数国家对其也界定为检察官助理。综上，我们认为，检察官是指具有适格的法律职业职称，依据法律规定或相关授权，专门从事检察业务工作，对其所负责的检察业务事项依法独立行使职权并能够作出具有法律效力决定的人员。

（二）检察官单独职务序列的界定

2000年，最高人民检察院发布《检察改革三年实施意见》，首次把建立符合司法规律和职业特点的检察官职务序列纳入改革的整体部署之中。但十

---

① 中国社会科学院语言研究所词典编辑室编：《现代汉语词典》，商务印书馆2005年版，第665页。

② ［英］沃克：《牛津法律大辞典》，李双元等译，法律出版社2003年版，第920页。

多年来，有关检察官单独职务序列的含义、范围、体系及其制度安排始终尚未厘定清楚。从语义结构看，它是围绕检察官这一主体密切相关的单独、职务、序列三组范畴。单独是指"不跟别的合在一起"；① 职务是指"职位规定应当担任的工作"；② 序列是指"按次序排好的行列"。③ 由此可见，界定检察官单独职务序列应把握三个核心要素：（1）独立性，即该职务序列一般不得与普通公务员职务序列相混合，在职务等级、工资、福利、退休等职业保障方面也不得按照普通公务员的综合管理类职务序列，对检察官职务等级及其工资福利待遇进行管理。（2）专业性，即该职务序列的设定与评定始终围绕彰显检察官履行职责的司法属性与检察官在司法管理活动中的主体地位。（3）次序性，即该职务序列体现《检察官法》所规定检察官四等十二级的专业职务等次，依据专业职务等次赋予其相应的权利、责任，并且形成与之相配套的专业等级年资制的工资福利待遇保障体系。因此，检察官单独职务序列是指与普通公务员行政职务和级别完全脱钩，体现检察权运行规律、客观评价检察官履行法律监督职责状况、按照其职务等级高低次序排列的检察官职务结构体系。

（三）检察官单独职务序列的性质与特点

一般认为，性质是指"一种事物区别于其他事物的根本属性"，④ 特点是指"人或事物所具有的独特的地方"⑤；性质和特点都是对事物特征的具体描述。其区别在于，性质是从内在角度对事物特征进行质的描述，而特点是从外在角度对事物特征进行量的描述。相比较普通公务员职务序列而言，检察官单独职务序列的根本性质是司法专业属性。例如，比较普通公务员的综合管理类公务员的职务序列，前者体现行政管理事务性，其仅需要通过国家级或省级的公务员考试即获得入职的资格条件；而检察官单独职务序列突

---

① 中国社会科学院语言研究所词典编辑室编：《现代汉语词典》，商务印书馆 2005 年版，第 265 页。

② 中国社会科学院语言研究所词典编辑室编：《现代汉语词典》，商务印书馆 2005 年版，第 1750 页。

③ 中国社会科学院语言研究所词典编辑室编：《现代汉语词典》，商务印书馆 2005 年版，第 1539 页。

④ 中国社会科学院语言研究所词典编辑室编：《现代汉语词典》，商务印书馆 2005 年版，第 1528 页。

⑤ 中国社会科学院语言研究所词典编辑室编：《现代汉语词典》，商务印书馆 2005 年版，第 1335 页。

出司法专业性，即检察官入职不仅需要通过普通公务员类的考试，还需要通过国家统一法律职业资格考试才能获得从事检察工作的资格。又如，比较专业技术类公务员职务序列，前者仅具备专业技能并且通过普通公务员考试即取得入职的资格条件，而检察官单独职务序列不仅需要检察官与专业技术类公务员一样具备专业技能，而且必须突出专业的司法性，以满足正确适用法律、维护司法公正性、权威性的职业要求。

检察官单独职务序列具有以下特点：

1. 独立完整性。检察官单独职务序列是一套独立的检察官职级的完整管理体系，在名称上体现检察官的职业和职务特点，与行政职务、级别完全脱钩，不再参照综合管理类公务员职务序列的职务或职务层次名称。其基点在于破解司法人员管理实践中以公务员行政级别管理体系代替检察官单独职务序列管理体系，导致司法人员管理体系混乱的难题，推动司法管理正规化。

2. 适用专属性。检察官单独职务序列只适用于检察官的等级管理，不能用于检察辅助人员、司法行政人员等其他人员的职级管理。其基点在于破解司法人员管理实践中存在的检察官专业职务等级岗位与辅助岗位、行政岗位混同，导致检察官身份混同、角色混乱，司法人员管理能力不足的难题，推动司法管理职业化。

3. 司法专业性。检察官单独职务序列对检察官职级的管理，主要以检察官司法办案所涉及的办案责任大小、工作业绩多寡、任职年限长短等内容作为检察官职级认定和升降的基本依据。其基点在于体现职务层次设置上明晰检察官行使职权的范围、程序，形成与检察层级组织机构及其检察官职权运行相匹配的权力运行体系，破解长期以来存在的职权不清、人事不分、责任不明、激励约束不足等难题，推动司法管理专业化。

二、检察官单独职务序列与普通公务员职务序列的区别

检察官单独职务序列之所以应当与综合管理类公务员相区别，关键是检察权与行政权在性质方面的不同，以及由此产生的在具体运行方面的不同要求或者做法，具体而言，检察官单独职务序列与普通公务员（含综合管理类）职务序列的区别主要体现在以下方面：

（一）主体法律地位的区别

检察官单独职务序列所服务和约束的主体是检察官，普通公务员（含综合管理类）职务序列所服务和约束的主体是普通公务员，二者所服务的

主体在法律地位上存在区别。在我国，国家行政机关、审判机关、检察机关都由国家权力机关产生、对其负责、向其报告工作、接受其监督，三者的法律地位是平等的，其三机关的工作人员及公务员、法官、检察官的地位由法律规定。根据《宪法》和《中华人民共和国人民检察院组织法》（以下简称《人民检察院组织法》）的规定，各级人民检察院的检察长、副检察长、检委会委员和检察员由各级人大及其常委会选举及任免；他们依照法律规定行使职权，不受行政机关、社会团体和个人的干涉。各级政府除行政负责人和内设机构负责人由各级人大及其常委会选举和任免外，普通公务员由政府及其组成部门任免，无须经过人大及其常委会的批准；他们履行职务主要依据法律、行政法规、规章、规范性文件、尤其是行政首长的指令，对行政首长负责，其故意不执行行政首长指令的通常构成失职。而对检察官依法履行职责而言，其履行职务只能依据法律和相关授权，对所办案件终身负责，仅依据上司指令执法办案导致错案的，承担错案追究责任。[1]

（二）职权属性的区别

检察官单独职务序列是依据检察权性质及其运行规律设置的，普通公务员（含综合管理类）职务序列是依据行政权性质及其运行规律设置的。二者根本属性的区别决定了两者价值目标追求的差异。在我国，检察权属于司法权，其着眼于对国家、社会权利和公民权利的救济，公正是首要的价值目标。而行政权着眼于对社会秩序的管理，效率是其首要的价值目标追求。因此，体现在职级序列设计方面，检察官单独职务序列必须围绕检察权行使的公正价值目标追求进行，其职级管理必须体现以公正司法为中心，以办案责任、办案质量及其司法业绩作为职级升降调整的主要依据；普通公务员（含综合管理类）职务序列则必须围绕行政权行使的效率价值目标进行，其职级管理必须体现以行政管理效率为中心，以管理责任、管理质量和行政业绩作为职级升降调整的主要依据。

此外，司法权与行政权的主要区别还体现在以下方面：（1）效力范围不同。对司法权而言，不论是哪一级司法机关作出的生效法律裁判，其效力（强制力）都及于全国；而行政机关所做出的决定、命令等，其效力（强制力）限于行政管辖区域内，超出行政辖区则不具有强制力。（2）运行方式

---

[1]　参见王守安：《司法官职务序列改革的体制突破与司法价值》，载《当代法学》2014年第1期。

不同。行政权运行的效率目标决定其启动时间必须提前到事前或事中,以充分发挥事先预防或事中及时处置作用;司法权运行的公正目标则决定其启动时间必须等到事后,才能在充分听取双方当事人意见、调取相关证据后居中裁判。(3)追责方式不同。行政机关实行民主集中制下的行政首长负责制,在行政首长决策事项众多且重要性程度不一的情况下,我国目前只建立了重大决策终身责任追究制度及责任倒查机制,即一般决策不纳入终身追责范围;而司法机关实行民主制与民主集中制相结合的决策机制,对司法官个人决策范围内的事项,司法官个人需要终身负责,对民主集中制下决策事项,参与决策的审判委员会委员或检察委员会委员需要终身负责。

(三)管理方式的区别

检察官单独职务序列的职级管理方式与普通公务员(含综合管理类)职务序列的职级管理方式亦存在区别。主要体现在:(1)主体资格。与普通公务员相比,检察官处理法律事务的专业化特征更为明显,任职要求也更高。公民申请检察官职位,具有与普通公务员相区别的严格条件及通道。我国公民凡申请进入检察官职务序列的,除其须通过国家公务员考试外,还须通过国家统一法律职业资格考试,并且须参加专业培训、考试合格、经过严格的遴选程序,才能成为检察官;而普通公务员的任职一般只须通过国家公务员考试即可进入公务员职务序列。(2)培养方式。司法办案的亲历性、专业性、程序性等决定了检察官的培养周期长于普通公务员。因此,许多国家对检察官职业保障、职级调整,大多依据职务序列、职务等次及工资福利待遇安排检察官相应的培训方式及见习期需要经过2年以上的专业培训,遴选、晋升、转任都须接受岗前培训。普通公务员职务序列因社会管理事务的多样性和复杂性,其职级调整一般以事定岗,以岗定责,以其岗位业绩作为职务升降的依据,而无须把多层次、多环节的岗前培训作为职务晋升的必要条件。

三、设置检察官单独职务序列的依据

(一)理论依据

1. 管理学理论——"科层制"理论。德国社会学家马克斯·韦伯解释了科层制的稳定性、等级性、专业性、非人格性等特征。① "科层制"语境下的官僚制度，其管辖范围是由法律或行政规则明确规定的，下级服从上级，上级对下级实施的政策都以书面形式表现。② 科层制理论为我们更好地理解检察官职务序列管理系统本质、制度设计及实践运作提供理论上的分析工具。就检察官单独职务序列而言，不论是我国目前使用的四等十二级制度，还是俄罗斯使用的三等十一级制度，或是德国、法国等国家使用的三级制度，其在检察官等级制度设计上，大都表现出科层制的特征，即高等级检察官在检察业务方面对低等级检察官的领导或指挥。检察官单独职务序列改革的内在要求之一实现权力与责任的统一，办案与定案的统一，司法激励与司法约束的统一。以科层制理论为导引，以提高司法能力、保证公正司法为核心，以职业遴选、准入与逐级晋升为保障，以四级检察组织体系为基础所形成的检察官单独职务序列等级体系，则是推进科学完备的检察组织体系、检察权运行体系以及检察官职业保障的重要制度安排。

2. 经济学理论——"成本—收益"理论。其认为资源的投入构成了生产或其他人类活动的成本，生产或其他人类活动的结果对于社会或人的满足程度构成了收益，而生产或其他人类活动的直接目的，就是使收益超过成本从而获得效益，并且使这种效益达到最大化。由于人们对社会的经济、文化乃至制度资源配置的非理性，则往往呈现增加一单位的经济成本投入所获得经济收入的"边际效应递减"的现象。③ 经济学成本收益理论为科学设计检察官单独职务序列提供了理性的进路工具。这是因为，司法机关运作机制是否高效，很大程度上取决于司法资源合理理性的配置，其中财物资源配置是静态的，而人力资源配置是动态的，即：主要考虑在检察人员编制一定的前提下，如何使检察官员额、等级配置更有利于司法权的高效运行。一方面，检察官岗位的分类设计与管理构成了检验检察司法资源配置是否合理的前提和基础；另一方面，让具有检察业务职称和检察业务能力的人员回归检察官业务岗位，才能对相同职业水准检察官专业化、职业化的培训制度设计及运

---

① 参见［德］马克斯·韦伯：《支配社会学》，康乐、简惠美译，广西师范大学出版社 2004 年版，第 22～25 页。

② 参见张丙宣：《科层制、利益博弈与政府行为——以杭州市 J 镇为个案的研究》，浙江大学 2010 年博士学位论文。

③ 参见姚莉：《反思与重构：中国法制现代化进程中的审判组织改革研究》，中国政法大学出版社 2006 年版，第 75 页。

行成本、职业准入、职业保障、职业激励及职业惩戒的良性结构与制度环境及其制度文化的滋养，才会呈现持续、有序、增量增加的"正效应"，提高司法能力和水平，保证司法公正公信。

3. 法学理论——"司法独立"理论。"司法独立"作为一项法治原则，是国家权力运行的重要原则，已为世界大多数国家所确立。我国司法制度建设既要借鉴吸收域外的一些有益做法，又不能全盘照搬，必须立足中国实际。我国是依据宪法法律定位的，即人民法院、人民检察院依法独立行使审判权、检察权，不受行政机关、社会团体和个人的干涉。我国检察官单独职务序列进行设计需要坚持两方面：一方面，检察官职务序列管理必须围绕检察业务工作展开，为检察权的运行提供优质便捷高效服务，以保障检察权独立高效行使。另一方面，必须建立与之相适应的检务保障机制。联合国《关于司法机关独立的基本原则》第 7 条规定，"向司法机关提供充足的资源，以使之得以适当地履行其职责，是每一会员国的义务"。我国作为该原则的缔约国之一，必须履行联合国相关规定，为司法机关提供保证公正司法的充足资源。只有获得包括检察官单独职务序列及其配套的工资、福利、退休等制度等方面的充分保障，司法公信力才能得以提升。

（二）政策依据

1. 设置检察官单独职务序列是深化国家干部人事制度改革的重要政策要求。改革开放以来，中央和国务院就干部人事制度改革作出了一系列部署要求，强调针对集中统一管理的现状，推进建立科学分类管理体制改革，改变用党政干部管理所有人员的单一模式，形成各具特点、分类管理的现代人事管理制度；改变缺乏民主法制的管理方式，推动干部人事工作公开、公平、公正和依法管理，接受监督。因此，设置检察官单独职务序列是干部人事制度改革的一项重要任务，是全面深化司法体制改革的一项重要内容，对于推动检察官职务序列管理与行政职级管理模式脱钩，理顺检察官管理关系，建立与检察官单独职务序列配套的工资、福利和退休等制度，推动检察管理体系和管理能力现代化意义重大。

2. 设置检察官单独职务序列是中央关于全面深化司法体制改革的重大举措。2004 年中共中央转发的中央司法体制改革领导小组《关于司法体制和工作机制改革的初步意见》（中发〔2004〕21 号）中提出"设立单独的法官、检察官职务序列"的任务要求。2006 年中共中央下发的中共中央《关于进一步加强人民法院、人民检察院工作的决定》（中发〔2006〕11 号），明确提出"逐步建立法官、检察官及其辅助人员分类管理的模式，建立法官、检察官单独的职务序列,实现司法资源的合理配置"。2008 年中共中央转发的中央政法委员会《关于深化司法体制和工作机制改革的若干问题的意见》(中发〔2008〕19 号文件)再次提出"建立检察官单独的职务序列"的改革目标。中央这些重大决策为建立检察官单独职务序列提供了政策导引。

3. 设置检察官单独职务序列是加快推进司法体系和司法能力现代化的重大战略。党的十八大以来,党中央从推进国家治理体系和治理能力现代化的高度强调全面深化司法体制改革。党的十八届三中全会强调全面深化改革的总目标是完善和发展中国特色社会主义制度,推进国家治理体系和治理能力现代化;强调建设法治中国,必须深化司法体制改革,加快建设公正高效权威的社会主义司法制度,维护人民权益;从确保依法独立公正行使审判权检察权的高度,提出建立符合职业特点的司法人员管理制度,健全法官、检察官统一招录、有序交流、逐级遴选机制,完善司法人员分类管理制度,健全法官、检察官职业保障制度。党的十八届四中全会强调全面推进依法治国,总目标是建设中国特色社会主义法治体系,建设社会主义法治国家;从保证公正司法、提高司法公信力的高度,强调建立健全司法人员履行法定职责保护机制;非因法定事由,非经法定程序,不得将法官、检察官调离、辞退或者作出免职、降级等处分;改革司法机关人财物管理体制,探索实行法院、检察院司法行政事务管理权和审判权、检察权相分离。中央全面深化改革领导小组第三次会议审议通过的《关于司法体制改革试点若干问题的框架意见》和中共中央办公厅、国务院办公厅印发的《关于贯彻落实党的十八届四中全会决定进一步深化司法体制和社会体制改革的实施方案》等中央重要文件都把"建立检察官单独职务序列"纳入贯彻落实中央重大决策部署,深化司法体制改革,建立公正高效权威社会主义司法制度,推进社会主义制度现代化的重要举措。这些重大战略决策与实施步骤安排,为加快建立检察官单独职务序列制定了路线图、时间表。

(三)法律依据

随着社会主义法律体系的建立健全,我国《公务员法》、《检察官法》等基本法律、法规相应作出规定,为建立检察官单独职务序列提供了法律依据,即:(1)明确了增设其他职位类别。《公务员法》第 14 条在规定公务员职位分类制度,划分综合管理类、专业技术类和行政执法类等类别的同时,还规定国务院根据本法对于具有职位特殊性,需要单独管理可以增设其他职位类别。这为增设检察官单独职务序列提供了依据。(2)明晰了另行规定的途径。根据《公务员法》第17条规定，综合管理类以外其他职位类别公务员的职务序列，根据本法由国家另行规定。这为另行建立检察官单独职务序列提供了制度创新途径。（3）建立了检察官职务等级制度体系。《检察官法》第七章第21条规定，检察官的级别分为十二级。最高人民检察院检察长为首席大检察官，二至十二级检察官分为大检察官、高级检察官、检察官。第22条规定，检察官的等级的确定，以检察官所任职务、德才表现、业务水平、检察工作实绩和工作年限为依据。第23条规定，检察官的等级编制、评定和晋升办法，由国家另行规定。这3个条文规定构建了检察官职务等级制度结构体系，检察官等级评定制度体系，检察官等级员额与晋升体系，具有中国特色。这为建立科学完备的检察官单独职务序列制度体系提供了法律依据与法治保障。

（四）实践依据

新中国成立以来，国家围绕司法体制的宪法、组织法定位与坚持党的领导，进行了人大（及其常委会）监督下的"一府两院"分权制衡制度整体设计。但是，在涉及司法机关组织体系、权力运行、人财物管理尤其是检察官职务等级序列、工资福利保障等管理机制层面，则完全按照党的机关、权力机关、行政机关的管理模式构建，形成了"检察官职务序列管理体系与行政职级序列管理体系混同"的状况。为破解这些难题，司法机关在推进组织机构、人员管理、经费管理改革的同时，对建立与检察人员分类管理相协调的检察官单独职务序列管理制度进行了大胆探索，积累了初步经验。

1. 司法人员统一管理方面。上海、天津等地自1989年即开展试点，探索区级法院、检察院人员由直辖市统一管理，为司法机关依法独立公正行使职权提供了制度创设的蓝本。如：县以上检察长由上一级检察院提名或审查同意，检察院班子由上级提名，实行全省统一招录检察人员、检察官身份统一认定；实行有条件的交流、异地任职。2014年，新一轮司法管理体制改革，中央高层就推动省以下地方法院、检察院人财物统一管理部署改革试点。如上海市试行组建法官检察官遴选、惩戒委员会，完善法官检察官遴选、晋升办法、条件和程序等改革。其改革的主要措施是坚持党管干部原则与尊重司法规律相结合，落实"统一提名、党委审批、分级任免"的制度安排，改革现有法官、检察官管理制度，形成全市法官、检察官省级统管的管理新格局，打造高素质司法队伍，有效减少外部干扰，提高司法公信力。

2. 司法人员分类管理方面。司法人员分类管理一直是我国司法管理体制改革的重要内容。最高人民法院早在1999年第一个《人民法院五年改革纲要》中提出法院人员分类管理办法，加强法官队伍职业化建设和其他各类人员的专业化建设，建立符合审判工作规律和法官职业特点的法官职务序列。① 最高人民检察院也在相关文件中提出人员分类管理，加强检察官队伍的正规化、专业化、职业化要求。②新一轮司法管理体制改革就完善司法人员分类管理部署开展试点。如：上海市改革法院、检察院人员分类管理制度，实行法官、检察官"员额制"，将司法机关工作人员分成3类：法官、检察官；法官助理、检察官助理等司法辅助人员；行政管理人员。3类人员占队伍总数的比例分别为33%、52%和15%。③ 与之相配套，上海实行法官、检察官单独职务序列管理。改革后法官、检察官主要从法官助理、检察官助理中择优选任，上级司法机关的法官、检察官主要从下级司法机关中择优遴选；法官、检察官也可以从优秀的律师、法律学者等专业人才中公开选拔或调任；审判检察辅助人员中的书记员主要由聘任制辅助文员担任并实行等级管理。随后，广东、吉林、湖北、海南、贵州、青海等本轮司法体制改革的试点城市也开启了司法人员分类管理及员额制改革。

3. 探索新增公务员职位类别方面。最高人民检察院2000年发布《检察改革三年实施意见》，把人员分类管理、建立符合司法规律和职业特点的检察官职务序列纳入改革的重要任务之一。2009年，中共中央办公厅发布《2010—2020年深化干部人事制度改革规划纲要》，明确提出"深化分级分类管理，健全干部人事制度体系"；"完善公务员职位分类制度"；"健全综合管理类公务员管理办法，建立专业技术类、行政执法类公务员职务序列和管理办法"；"根据公务员队伍建设和管理的需要，探索增设新的职位类别"。2011年，中组部、最高人民检察院联合印发《检察官职务序列设置暂行规定》（中组发〔2011〕19号），其中第3条规定了检察官按照检察官职务序列进行管理，明确检察官职务名称、检察官职务层次依法按等级设置；第4条规定了检察官职务层次与行政级别的对应关系；第5条规定了各级人民检察院检察官等级设置；第6条规定了检察官配备规格和检察官职数设

---

①　参见《人民法院第一个五年改革纲要（1999—2003）》，法发〔1999〕28号；《人民法院第二个五年改革纲要（2004—2008）》，法发〔2005〕18号。

②　参见《2004—2008年全国检察人才队伍建设规划》，2005年；《人民检察院工作人员分类管理制度改革意见》，2013年；《检察改革三年实施意见（2015—2018）》，2015年。

③　参见孟伟阳：《上海启动司法改革试点》，载《法制日报》2014年7月14日第1版。

置、检察官职务以及其任职资格条件，程序，升降，检察官待遇等；同时中组部、最高人民检察院还就地方各级人民检察院职务比例、等级和级别升降分别作出了规定。这三个规定的发布与实施，是建立检察官职务序列制度的重大创新，是发展完善与普通公务员有区别的检察官职业保障、职业保护、职业荣誉等制度体系的重大实践。这些实践探索，为加快建立统一的检察官单独职务序列管理制度提供了初步经验。

四、设置检察官单独职务序列的必要性

长期以来，我国检察官职务序列管理体系与行政职级序列管理体系混同。这种混同的管理制度及其运行模式的弊端在于：弱化了检察官职业司法属性，违背了检察官职业管理规律；阻碍了检察官职业发展通道，正规化、专业化、职业化的检察官队伍难以建立；制约了提升检察官职业尊荣感的空间，由此带来检察人才大量流失；妨碍了其他检察改革举措的落实，检察制度创新难以系统性、整体性推进。因此，加快建立检察官单独职务序列管理制度，推进检察官管理体系和管理能力现代化重大而紧迫。

（一）强化检察官职业司法属性

检察官单独职务序列的建立和推行，有利于检察权运行"去行政化"，有利于破解众多检察官挤抢行政职务晋升的"独木桥"，为数有限的"科长、处长、局长"岗位等行政职务的导向评价功能随之退化。因检察官履职保障与行政职级捆绑带来的薪酬待遇、福利待遇、住房医疗待遇、职业保护、职业荣誉等职业保障层面的诸多弊端将会从根本上减除。检察官单独职务序列通过科学地设置检察官的职务层次，明确各级人民检察院的检察长、副检察长、检察员等检察官之间的职务层次，形成新型的检察官职务序列体系，不仅突出了检察职业的司法属性，而且还权于履行法律监督职责的检察官，塑造现代司法人格，培育守卫司法正义的职业精神，促使检察官依法独立公正地履行职权，其独立性将得到切实的保障。

（二）拓宽检察官职业发展通道

检察官单独职务序列建立和推行，有利于检察官按照符合各自岗位特点与职责要求，以自身优良的工作业绩在职务序列空间内得到充分发展。在检察官职务序列中划分不同职务层次，将相同工作性质如各级检察机关的检察长、副检察长需要承担轻重不同的责任、处理难易程度不同的司法事务、具备不同任职资格条件的职位进行合理的区分，明确层次不同的检察官职位要

求上的差异，使从事履行相同职责因阅历、经验、能力所获得不同职位的检察官能更好地发挥各自的作用。检察官单独职务序列还可以清晰地显示检察官职级晋升发展的预期方向，从而使从事检察业务工作的检察官明确职业发展的阶梯与实现各自设定的预期目标。

（三）提升检察官职业尊荣感

检察官单独职务序列的建立和推行，有利于检察官的权责利与检察官职务等级对应挂钩，检察官个人的职业价值与尊荣通过其职务等级而能够得到充分体现，再不需要依助"科长、处长、局长"等行政职级。随着各级行政职务带"长"的评价机制与认可标准的不复存在，即使不担任行政职务而具有检察官身份的人员，其职业价值、职业尊荣得到充分体现，其职业薪酬待遇也能得到相应幅度的提高。由此，检察官才能彻底摆脱追求行政职级的"胡萝卜"效应。同时，在同一检察职务名称中划分不同检察职务层次，相应确定不同职务层次检察官的工资待遇，强化了检察官的工作业绩与职业待遇之间的内在联系，为检察官个人职业发展提供了基本的物质生活保障，真正彰显了检察官的主体地位，有助于检察官提升对检察业务工作的认同感、荣誉感，有助于检察官主动提升司法素能和积累职业声誉。

（四）促进检察改革举措落实

我国推行的若干检察改革举措大多涉及检察官职务的权责利，在检察官普遍关注的工资福利待遇问题没有得到调整提高的情况下，检察官要么继续追求行政级别和职位以提高待遇，要么安于待遇现状但回避职务权责，造成改革难以实质推进。检察官单独职务序列与工资制度的建立和推行，有利于推进检察改革。就检察机关内设机构改革而言，业务部门负责人只负责本部门行政性的事务以及本人负责案件的处理，业务部门负责人职务的吸引力将大为减弱，推行内设机构合并与分离改革的阻力将大为减少。就办案责任制改革而言，检察官将作为司法办案的真正主体，检察官职务的权责利关系得以理顺，其待遇的提升让检察官愿意办案、愿意负责，从而破解了过去违背检察权运行规律，"办案的不能做决定、做决定的不办案"，办案质量难以保障，司法公信力不高等难题，真正实现"谁办案，谁负责"，确保公正司法。

五、检察官职务序列与工资福利制度的关系

检察官单独职务序列与工资福利制度相关联，是其职业保障制度的有机

整体。

（一）职务序列是确定检察官工资福利保障水平的重要依据

职务序列是确定检察官工资保障水平的前提，工资等级是衡量办案责任大小、工作业绩多寡、任职年限长短的尺度。因此，根据检察官职务等级确定其工资保障标准，既是现代检察管理的新鲜内容，也是提高检察工作效能的国际通行做法。我国《公务员法》第19条明确规定，公务员的职务与级别是确定公务员工资及其他待遇的依据。我们认为需要对我国实行普通公务员与检察官的工资福利混同管理模式进行深刻反思；同时需要把作为国家公职人员一类的检察官与普通公务员区别开来，设置有别于综合管理类公务员的单独职务序列，建立与普通公务员工资待遇相区别、与检察官单独职务序列相配套的工资、住房与医疗等福利、退休保障制度体系。

（二）检察官单独工资福利制度是落实检察官职务序列的关键举措

检察官单独职务序列及其配套的工资福利制度体系，是保障检察官"忠诚、公正、清廉、文明"履行检察职责的新型激励约束机制。检验这种新型激励约束机制规范有序运行的效果如何，最终体现在检察官职业待遇执行的状况以及职业待遇提升的程度。现行检察官四等十二级的职务等级制度设计是基本科学的，其激励约束动力不足的根本原因在于尚未建立与检察官职务等级相匹配的单独职务工资制度，而是把检察官定位为普通的公务员并按照行政职级方式给予其工资福利待遇，造成检察官职务等级与职务工资"脱钩"，形成《检察官法》规定的检察官职务等级制度落实不到位，检察官职务工资、福利待遇保障成为事实上的"空转"。因此，落实中央关于全面深化司法体制改革，保证公正司法提高司法公信力战略部署要求，其根本举措之一在于建立现代新型激励约束机制，及直面《检察官法》有关检察官职务等级制度的规定落实不到位，检察官职务等级与职务工资"脱钩"，检察官职务工资、福利待遇保障"空转"的突出问题，建立与检察官职级相适应的检察官单独工资制度。

第二章 我国检察官职务序列的沿革

新中国成立初期，中央在创建人民检察制度过程中，通过制定《最高人民检察署试行组织条例》和《各级检察署工作人员任免暂行办法》，初步建立了传统的检察官职务序列制度。我国包括检察官职务序列及工资福利在内的司法行政事务管理体制与司法制度及司法权配置曲折发展相伴相随。由于我国特定的社会物质生活条件，这一制度的发展完善呈现出渐进性、曲折性的特点。

一、我国检察官职务序列的发展

以我国检察官职务序列和工资福利制度发展过程中出现若干的标志性事件为参照系，其发展沿革可划分为以下阶段：

（一）新中国成立初期的"大干部"阶段（1949～1953）

1949 年至 1953 年，是我国检察制度的创建期。1949 年 12 月颁行《最高人民检察署试行组织条例》规定，最高人民检察署受中央人民政府委员会的直辖，直接领导下级检察署的工作。1951 年 9 月颁行《中央人民政府最高人民检察署暂行组织条例》及《各级地方人民检察署组织通则》对检察机关与行政系统之间的隶属关系作出了进一步规定，明确地方各级人民检察署（包括最高人民检察署分署）为同级人民政府的组成部分，受同级人民政府委员会的领导。例如，1949 年颁行的《中华人民共和国中央人民政府组织法》、《中央人民政府司法部试行组织条例》都明确规定司法部负责法院、检察署的机构设置、人员编制、干部任命、干部培训、办公楼建设、物资装备及财政保障等司法行政工作。① 《中央人民政府司法部试行组织条例》同时规定其负责"地方审检机关之设置、废止或合并及其管辖区域之

---

① 参见《中华人民共和国中央人民政府组织法》，1949 年 9 月 27 日中国人民政治协商会议第一届全体会议通过；《中央人民政府司法部试行组织条例》，1949 年 12 月 20 日中央人民政府批准。

划分与变更事项;但应商同最高人民法院、最高人民检察署及大行政区政府或省(市)人民政府办理",① 并具体承担管理司法机关 15 项具体行政事务。② 检察机关隶属于行政机关的性质定位,决定了检察官职务等级及工资与公务员同等对待,称为国家的"大干部",其职务管理与工资福利待遇执行行政人员的相关规定。检察官的职务等级及工资待遇从 1949 年的五类职务及工资标准演化为 1950 年执行 25 级工资制。这成为开启检察官职务等级及工资福利待遇按照行政人员模式运行的先河。

(二) 严格执行国家行政级别阶段 (1954 ~ 1966)

1954 年至 1966 年,是我国检察制度的发展与波折时期。随着我国国体、政体的制度化、定型化,经济、政治、文化、社会体制的规范化,我国包括检察官职务序列及工资福利在内的司法管理体制也随之相应发展完善。随着 1954 年《宪法》和《人民检察院组织法》的颁布,检察机关从行政体系独立出来,形成作为在党的统一领导、人大监督下的"一府两院"相对独立的法律监督机关。受经济发展水平及财力不足诸多因素的制约,加之对建立检察官单独职务序列及工资制度的必要性、重要性、合理性认识不足,这一制度尚未纳入检察制度的顶层设计。比如,《人民检察院组织法》第 2 条只规定了检察官的职务称谓,明确各级人民检察院各设检察长一人,副检察长若干人和检察员若干人,对检察官职务等级尚未作出规定。1955 年,国家建立了公职人员统一工资制度,将公职人员职务工资等级修改为 30 级,检察官仍按照这一等级工资制度执行。从 1957 年下半年开始,受"左"的思想影响及反右扩大化,检察机关的性质、领导体制遭到批判,一大批检察人员受到不公正待遇,有关检察官职务序列及工资福利制度的创设未能提上议事日程。

(三) 取消级别阶段 (1967 ~ 1977)

1967 年至 1977 年,是我国检察制度的中断时期。1975 年《宪法》规定"检察机关的职权由各级公安机关行使",检察机关被撤销,大批检察人员被下放农场、工厂、基层劳动。伴随国家取消公职人员工资级别待遇,讨论检察官职务序列及工资成为"禁区"。

---

① 参见《中央人民政府司法部试行组织条例》,1949 年 12 月 20 日中央人民政府批准。

② 参见《中央人民政府司法部试行组织条例》,1949 年,第 2 条。

（四）恢复重建"泛公务员"阶段（1978～1994）

党的十一届三中全会开启了民主法制建设的征程，检察机关得以恢复重建。1978 年《宪法》规定重新设置人民检察院，同年最高人民检察院挂牌恢复办公，全国各级检察机关于 1979 年底恢复重建。随着中央《关于迅速给各级司法部门配备干部的通知》精神下发后，一批司法人员回归检察岗位，一批转业军人和工农兵大学生充实检察机关。有关检察官的职级、工资待遇重新提上议事日程。中央 1979 年 64 号文件明确提出省以下各级司法机关的一把手配备相当于同级党委常委条件的干部，提高各级法院、检察院领导干部的质量，选调一定规格的干部充实"两院"系统，检察组织体系迅速建立。与此同时，检察人员的职务等级及工资恢复传统按照公务员管理办法执行。为了充实和加强检察力量，1985 年中共中央办公厅《关于加强地方各级法院、检察院干部配备的通知》，对检察干部配备问题及其政治、生活待遇做出规定，明确地方三级检察院检察长由高到低分别配备副省长一级、副专员一级和副县长一级干部，检察员由高到低分别配备处一级、副处一级和科一级及副处一级和科一级，并由此确定相应一级干部的政治、生活待遇，我国检察官职务等级及工资待遇的雏形基本形成。1988 年，国务院工资制度改革小组和劳动人事部下发《关于地方各级人民检察院工作人员工资制度改革问题的通知》，确立检察人员的职务级别工资套用"行政职级"，从而使检察官职务等级及工资纳入了"泛公务员"管理阶段。1993 年《国家公务员暂行条例》虽然规定了公务员职位分类、公务员的管理、工资保险福利等内容的公务员管理体系，但检察官单独职务序列与工资福利制度尚未涉及。

（五）检察官职务序列与工资福利"双轨运行"阶段（1995～2014）

1995 年，《检察官法》规定检察官等级分为 12 级。第 19 条规定最高人民检察院检察长为首席大检察官，二至十二级检察官分为大检察官、高级检察官、检察官；第 37 条规定检察官的工资、保险、福利等，根据检察工作特点由国家规定。1997 年 12 月，中组部、人事部与最高人民检察院联合下发《检察官等级暂行规定》，明确国家实行检察官等级制度，强调执行"四等十二级"检察官职务等级制度，其中第 7 条规定检察长、副检察长、检察委员会委员、检察员、助理检察员等检察官职务名称，明确最高人民检察院、省（自治区、直辖市）人民检察院、市（州）人民检察院、县（市、区）人民检察院检察官的职务等级。2001 年，国家对《检察官法》作出了修改，涉及检察官的任命以及初任检察官的任职资格，提高了检察官的任职条件。2007 年 7 月，人事部、财政部联合下发实行检察官检察津贴的通知，对检察津贴的执行范围、津贴标准等进行规定，检察官津贴开始按照检察官职务等级确定发放标准，而基本工资部分仍然按照传统公务员职级工资制标准执行，形成检察官工资制度"双轨运行"的奇特现象。2011 年，中组部与高检院联合印发《检察官职务序列设置暂行规定》，提高了检察官职务等级对应的公务员工资级别，为建立检察官单独职务序列及工资福利制度起到了探索性作用。

（六）检察官单独职务序列工资福利改革试点阶段（2015 至今）

中共中央办公厅、国务院办公厅 2015 年 4 月印发《关于贯彻落实党的十八届四中全会决定进一步深化司法体制和社会体制改革的实施方案》，为进一步深化司法体制和社会体制改革绘就了路线图和时间表。对检察官职务序列与工资保障分离而阻碍司法改革推进这一问题，中央有关机关就建立检察官单独职务序列及工资制度达成共识。2015 年，上海市率先推出法官、检察官单独职务序列及工资制度改革方案，2015 年 9 月，中央全面深化改革领导小组第十六次会议审议通过了《法官、检察官单独职务序列改革试点方案》《法官、检察官工资制度改革试点方案》，开启了检察官单独职务序列、工资、福利制度的"破冰之旅"。

二、我国现行检察官职务序列的主要问题

我国现行检察官职务序列及工资福利制度在保障检察机关及其检察人员享受相关政治、经济、社会待遇等方面起到了一定的历史性作用。但是，从贯彻落实党的十八届三中、四中全会关于全面深化司法体制改革的重大战略部署精神，加快推进检察官队伍正规化、专业化、职业化建设，保证公正司法、提高司法公信力层面审视，这种制度模式弊端日渐凸显。

（一）职务等级依赖于行政职级，忽视了检察权的司法属性

我国检察机关被定位为司法机关，检察权被定位为司法权。司法权的价值功能在于定纷止争、权利救济、制约公权、保障人权、维护公平、实现正义、促进和谐、增进人民福祉。其权力运行的规律在于亲历性、中立性、程

序性、裁断性。① 国家要确保包括检察权在内的司法权公正高效行使，必须为行使司法权的检察官提供有别于普通公务员行政职级保障的单独职务序列与优厚的工资、福利、住房、医疗等职业保障制度。现行检察官职务序列与工资、福利、住房、医疗等职业保障制度与公务员行政职级保障模式混同，是淡化检察官司法属性、违背司法权运行规律在职业保障制度方面的具体表现，是导致检察权运行异化、检察人才大量流失，检察队伍规范化、专业化、职业化建设难以顺利推进的深层次制度根源，也是滋生检察人员执法不公、不严、不廉的源头性因素。长期依赖于行政职级的传统管理体制及"行政化"运行模式下，检察官不能在职务序列等级范围内依法独立公正行使职权，而是像普通公务员一样"个人承办、集体讨论、逐级请示、层层审批、上定下办"。这不仅违背了司法权运行亲历性、中立性、程序性、裁断性的规律，检察官依法独立办案的主体地位难以落实、司法属性难以体现，而且导致司法成本增大、司法监督难以到位、办案质量难以保证、干预司法难以抵御、司法错案冤案难以追责、司法公信力难以提高。

（二）按照行政化层级进行管理，弱化了检察官的主体地位

目前，我国对检察机关实行与行政机关混同的"科层制"管理模式，集中体现在以行政职位决定检察官的政治地位、法律地位及职业保障，检察人员以行政职级的身份替代法律身份，检察机关的领导成为行政首长，检察官依法独立行使职权的主体地位得不到充分体现和保障。这种漠视淡化检察官职务等级序列管理与工资福利待遇职业保障制度协调与配套运行的功能，强化行政职数职级管理的"科层制"与行政级别工资制度双重管控陈旧模式，直接导致执法办案一线尤其是基层检察官的职业奉献得不到应有的职务序列与工资、福利、医疗、住房等职业保障；促使众多检察官不能依赖司法专业素质、能力及业绩获得晋升，而只能"千军万马"挤行政职级与工资待遇这种"独木桥"。一是因行政职级的"僧多粥少"导致检察机关内部的人才资源配置恶性竞争"状况"，大批有实务经验的精英人才竞争抢占行政职级岗位，形成司法资源配置失衡。二是基层检察官执法办案辛苦，职级待遇低、工资收入微薄、生活清苦，检察官人格尊严受到严重挑战。三是大批精英型、专家型、素能型、品行高端型的检察官难以在检察业务岗位发展，

---

① 参见徐汉明：《强化法治思维提升领导干部法治能力》（上、下），载《法制日报》2014 年 11 月 26 日、12 月 3 日。

不得不抛弃钟情的检察事业，到薪酬高、待遇好的地区和企业谋求发展，形成大批检察精英人才"孔雀东南飞"的奇特现象，不少基层院业务人才由此减少。

（三）职务等级层级分布不合理，限制了检察官的职业发展空间

我国现行采用"金字塔形"的职务等级管理模式，这有利于管理对象准确预测职业前景，推进职业发展有序化、规范化。从总体上看，这种由低到高设置检察官等级，并依据层级检察院分布检察官职务等级的制度设计是基本合理的。但是，《检察官职务序列设置暂行规定》中有关具体职务等级设置则与现实状况存在矛盾，即：（1）检察官员额结构的变化。从上海、广东、吉林、湖北、贵州、海南、青海等地的试点情况看，检察官职务序列中（除吉林外）不再包含助理检察员，检察官的基数大为缩小，检察官职级比例需重新设置，职务等级需重新评定。（2）市县两级检察官职务等级"天花板"偏低。中央政法委员会对第一批试点单位批复的《司法体制改革框架意见》沿用了《检察官职务序列设置暂行规定》的职务层次分布，即：基层检察院检察官最高职务等级设置为四级高级检察官，市、州（分）检察院检察官最高职务等级设置为二级高级检察官，县（市、区）基层检察院一级检察官以下定期晋升，四级高级检察官择优选升，而把基层院大批检察官限制在一级以下。这导致基层检察官职务等级偏低、比例偏小。（3）普通检察官晋升空间受限。《检察官职务序列设置暂行规定》规定各级检察院检察长为所在院的最高职务等级，副检察长、检察委员会委员次之，而不担任领导职务的普通检察官晋升空间十分狭小。（4）职务等级晋升设计没有体现贡献大小。该规定有关职务晋升仍然按照行政职级确定，这没有体现检察官的职业素质、专业能力、奉献大小。由于以上缺陷，直接导致2011年出台的19号文件一直难以启动运行，随着新一轮有关检察人员分类管理、员额制、建立单独职务序列等司法体制改革措施相继出台后，这些矛盾更加凸显。

（四）单独职务序列制度改革滞后，制约了司法体制改革的协调推进

此前两轮司法体制改革取得了一定成效，但司法公信力不高问题仍然存在，其原因是多方面的。从制度层面看，前两轮司法改革制度设计尚未体现司法规律，仍然把检察官作为普通公务员管理，这是多年来未能破解因检察官素质不高影响办案质量和司法公信力这一难题的根源。这一轮深化司法体制改革，则强调以建立司法责任制为核心，以员额制与单独职务序列改革为

基础，以工资福利制度改革为保障，这就直面了司法管理体制改革难题。反思 2000 年以来所推行的优化司法权力配置，增强检察官办案独立性等系列改革，都遭遇到了扫除"检察官单独职务序列"这一"拦路虎"问题。比如，高检院 2000 年就着力推进主诉检察官、主办检察官管理体制与办案机制改革，其理论、机制、实践都取得重大突破。由于缺乏检察官单独职务序列与工资福利等配套制度改革，一些地方尽管出台了主诉检察官岗位津贴等地方政策，随着国家推行阳光工资福利制度改革后，高检院出台的检察官管理体制和办案机制改革、地方出台的主诉检察官岗位津贴等政策随之被取消，司法管理体制改革未能突破传统的公务员职务序列与工资福利一体化管理制度的束缚。主诉检察官办案责任制难以推行，传统的"三级审批制"的办案模式又全面恢复。又如，高检院 2003 年就制定了《检察人员分类改革框架方案》，在山东、重庆等地展开试点，随后于 2007 年、2013 年相继出台了检察人员分类管理的规范性文件，其分类管理的制度与试点实践已日趋成熟，但由于未能建立检察官单独职务序列及其工资福利制度，这一改革制度却一直未能全面推行。再如，针对检察机关内设机构不科学、职能交叉重叠、基层办案力量不足，亟须推行"去科层制""兴扁平化"内部整合改革，突出检察官主体地位。但由于检察官单独职务序列制度缺失，检察官的管理仍然依赖于行政职级序列，导致新的办案模式难以建立，与此配套的办案机制难以运行。因此，建立符合检察权运行规律的检察官单独职务序列及工资福利制度势在必行。

第三章 域外主要国家和地区的检察官职务序列

由于政治制度和司法管理体制的差异，域外国家和地区检察机关的性质与定位不尽相同，检察官的管理制度存在较大差异，职务序列的设置和表现各异，现对其职务层次、员额比例、晋升机制等进行比较分析。

一、域外检察官职务序列的考察

（一）美国、英国等英美法系国家检察官职务序列

1. 美国。美国实行联邦制，存在联邦和州两个检察系统，检察官职务序列体现出双轨制、层级性和独立性特点。

（1）性质与地位。美国联邦宪法及其修正案确立了其"三权分立"的政治制度及其司法制度，划定了联邦与州之间的权力、公民权利和自由，国会、总统和法院的设置、职权，没有涉及司法部和检察机关。从立法、行政、司法三权分立视角看，美国检察权隶属行政权。联邦检察机关设置的职权由司法部承担检察职能的机构与联邦地区检察官承担。其设置、职权来源于 1789 年美国国会通过的《司法法案》，1870 年通过的"法案"等法律。联邦检察长即为司法部长，其产生经过参议院提议并同意后由总统任命，其身份角色同时是司法部的行政首脑；联邦检察官在联邦地区法院和上诉法院中代表联邦政府。根据 1978 年国会通过的《从政道德法》、1982 年通过的《独立检察官法》①之规定，创设了联邦独立检察官制度，专司对联邦高级公务员乃至总统的腐败案件行使特别调查的职权，并直接向国会负责，使美国的检察官及其检察权的行使呈现出相对独立的特点，并逐步形成了"三级双轨、相互独立"的检察体制。所谓"三级"，是指美国的检察机关建立在联邦、州和市这三个政府"级别"上。所谓"双轨"，是指美国的检察职

---

① 参见甄贞等：《检察制度比较研究》，法律出版社 2006 年版，第 265~291 页。

能分别由联邦检察系统和地方检察系统行使，二者平行，互不干扰①（见表
3－1）。

表 3－1　英美法系代表性国家宪法、宪法性法律关于检察制度的规定 *

法系	国家	检察机关的地位、作用或性质	检察机关组织体系设置	检察人员的准入、任免、晋升、遴选
英美法系	美国	1789 年《司法组织法》第 35 条：应任命娴熟法律的人为联邦检察官，追诉其管辖区域内的所有犯罪	美国检察体系分为联邦及州检察制度，各州制度依据本州宪法规定而各不相同	1789 年《司法组织法》：总统有权任命地区检察官。1861 年修法后规定：检察总长对地区检察官有指挥监督权
	英国	《犯罪起诉法》：设立皇家检察署。警察机关侦查终结后，如认为证据充分而应提起公诉，即应将案件移送皇家检察署，由检察官决定是否应向法院起诉	英格兰设皇家检察署和各地检察署，配合警方的辖区划分	英格兰皇家检察署以检察长为首长，检察长由首相征询检察总长的意见后任命。各地检察署设检察长

（2）检察官的职权。根据《美国法典》第 28 篇有关规定，联邦检察官
具有下列职权：①协助总检察长制定履行职责程序的规定，向总检察长报告
工作；②对本司法区内的犯罪行为有权要求或继续侦查、提起刑事控诉，或
者建议大陪审团提起公诉；③在大陪审团提起公诉案件中，有权提供有罪证
据，就法律问题作出解释，制作公诉书并提交有管辖权的联邦地区法院审
理；④有权代表政府出庭出示有利于政府方的证据，与被告律师辩论；⑤参
与判决，配合缓刑局制作判刑前的调查报告，提出量刑建议；⑥与刑事被告
人达成辩诉交易协议；⑦在涉及国家的民事案件中，代表政府起诉、辩论；
⑧在控告税务官员的民事案件中，代表被告诉讼，对诉讼罚金没收等违反税

---

① 参见何家弘：《美国检察机关承担公诉和自侦职能》，载《检察日报》2014 年
11 月 25 日第 3 版。

＊ 资料来源：根据互联网资料综合整理。

制表单位：中南财经政法大学法治发展与司法改革研究中心暨湖北法治发展战略研
究院。

法者进行侦查起诉；⑨依照政府道德法，独立检察官享有对高级公职人员的特别调查权。①

（3）职务名称与职务层次。在联邦国家层面，检察官名称及职位由高到低分别是：联邦总检察长（Attorney General）、常务副总检察长（Deputy Attorney General）、副总检察长（Associate Attorney General）、联邦首席政府律师（Solicitor General），他们分别统领联邦总检察长办公室，常务副总检察长办公室，副总检察长办公室，联邦首席政府律师办公室。司法部下属局的反垄断司（Antitrust Division）、民事司（Civil Division）、刑事司（Criminal Division）、环境与自然资源司（Environment and Natural Resources Division）、国家安全司（National Security Division）、税务司（Tax Division）等部门负责事项属于检察业务范畴。上述各司大多由一名助理总检察长（Assistant Attorney General）负责日常工作，并归副总检察长领导。在联邦地方层面，检察官名称及职位由高到低分别是：联邦（美国）检察官（U. S. Attorney）、助理联邦（美国）检察官（Assistant U. S. Attorney）。美国每个州根据人口多少分别设置1至4个联邦地方检察区，全国共划分94个联邦地方检察区，②（见图3-1）每个检察区都设有1个联邦检察官办公室，由1名联邦检察官和若干名助理检察官组成。其中关岛和北马里亚纳群岛共用1个联邦检察官办公室，全国共由93名联邦检察官负责联邦地方检察区日常工作。

美国地方检察系统主要包括州、县、市三个层次，分别由州检察长（State Attorney General）、地区（县）检察官（District Attorney）和市检察官（City Attorney）负责日常工作，他们与联邦检察官没有隶属关系。美国州检察系统主要由州检察长和州检察官（State Attorney）组成。美国地方检察官起诉美国的绝大部分刑事案件，州检察官负责执行本州刑法，在各自的司法管辖区内（一般以县为单位）行使起诉权，县、市检察官只负责执行县、市的法律；大的县检察官办公室一般内设不同部门，分别调查重罪、轻罪案件、审理和起诉案件；一些小的城市不设专门的检察官办公室，其检察职能由州检察官行使。

---

① 参见樊崇义等：《域外检察制度研究》，中国人民公安大学出版社2008年版，第44页。

② 参见美国司法部美国联邦检察官名单，载 http://www.justice.gov/usao/us - attorneys - listing，访问日期：2015年9月20日。

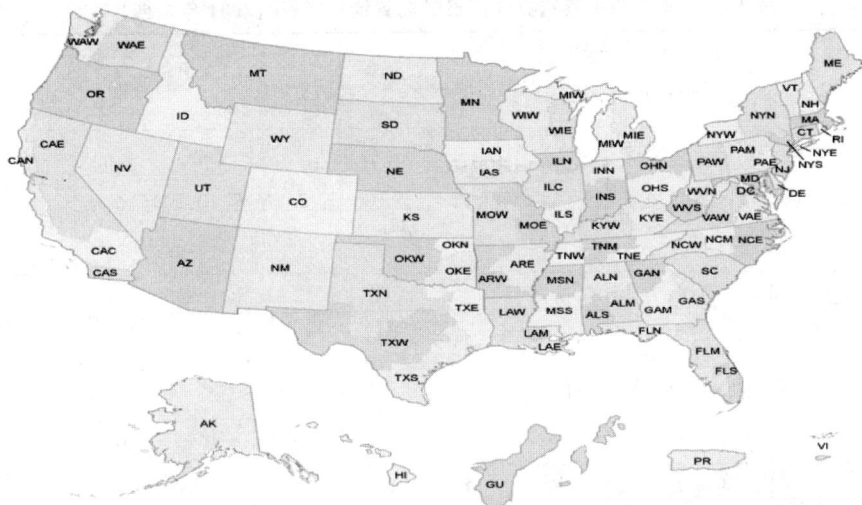

图 3 - 1 美国联邦检察机关 94 个联邦检察区区划图

（4）员额。无论是联邦还是地方，每个检察官办事处只有 1 名检察官。在联邦司法部，联邦总检察长、常务副总检察长、副总检察长、联邦首席政府律师等职务实际上也各由 1 人担任，助理总检察长则由与检察业务相关的若干个部门的负责人担任。检察官带领若干助理检察官开展工作，助理检察官由检察官自己雇佣，提交联邦总检察长或州检察长任命；检察官办事处的工作人员一般都称为助理检察官，包括检察官办公室内设部门的负责人；他们虽然有职务和工资上的差别，但是没有"职务层次"上的差别，无论是局长还是处长，都是"检察官（长）的助理"。比如，新泽西地区联邦检察官办公室下设 3 个分支办公室，负责该辖区 21 个县，共有 1 名联邦检察官，135 名助理联邦检察官。美国联邦与州检察系统的检察官、检察辅助人员与司法行政人员的员额比例各有差异（见表 3 - 2）。美国联邦与各州检察官配置人数较少，是与其司法管理体制、检察官职权、诉讼制度密切联系的。第一方面，检察官享有对刑事案件的自由裁量权、与律师及其诉讼当事人的辩诉交易权，大多数案件通过辩诉交易处置，大幅减轻了检察官工作量。第二方面，涉及重大刑事案件交由律师负责起诉。第三方面，大量违警案件由警察直接向治安法院起诉，大大分担了检察官办案工作量。

表 3 - 2　美国州检察官办公室员额配置情况简表（2001 年数据）*

人员类别	检察官办公室规模 辖区人口覆盖	大型检察官办公室		中小型检察官办公室			
		100 万人口以上	50 万至 100 万人口	10 万至 25 万人口	5 万至 10 万人口	2 万至 5 万人口	2 万人口以下
		所占比（%）	各类人员平均员额（人/署）				
检察人员	助理检察官	31.9	151	59	11	5	2	1
检察辅助人员	法律事务助理	6.6	22	6	0	0	0	0
	侦查人员	9.9	43	14	2	1	0	0
	受害人律师	3.7	16	8	3	1	1	0
其他辅助人员	民事律师	2.4	4	0	0	0	0	0
	主办律师	3.6	21	6	1	0	0	0
	办公室经理	1.8	5	3	0	0	0	0
	行政辅助人员	35.9	145	59	9	5	3	1
纳入统计的检察官办公室数量		114	34	80	335	357	488	401

（5）职务等级序列。美国没有制定专门的检察官职务等级制度，而是采用检察官职务名称与职务等级合二为一的方式，并且职务等级层次通过其工资等级来体现。

（6）晋升机制。联邦总检察长、常务副总检察长、副总检察长、联邦首席政府律师和助理总检察长以及联邦检察官都是由总统任命的。新一届政府的总统上台以后，一般会对大部分联邦检察官职位进行调整与重新任命。美国对检察官职务等级的晋升主要依据其从事检察工作的经历和实绩。以联邦副总检察长职位为例，在分别担任副总检察长助理（Assistant Associate Attorney General）、代理副总检察长（the Acting Associate Attorney General）

---

* 资料来源：美国联邦司法部司法统计局（2003 年统计报告）。

制表单位：中南财经政法大学法治发展与司法改革研究中心暨湖北法治发展战略研究院。

职务后，有机会获得总统提名成为副总检察长。美国 50 个州都分别有独立的议会和地方法律，因而产生了不同特点的检察制度。除新泽西、康涅狄格、罗德岛和特拉华 4 个州的检察官是任命的以外，其他州的检察长都是经选举产生的。实行选举制的地方检察官，一般也随着州长的更替而调整（见表 3 - 3）。

表 3 - 3　美国联邦检察官等级晋升年限对照情况表 *

类别	总检察长	副总检察长	助理总检察长	联邦检察官	联邦助理检察官				
对应级别	SES - 1	SES - 2/3	SES - 4	AD40	AD39 - 31	AD29	AD28	……	AD24	AD21
任职/晋升要求	在参议院的建议和认可下由总统任命	在参议院的建议和认可下由总统任命	在参议院的建议和认可下由总统任命	在参议院的建议和认可下由总统任命	国家检察官自行雇佣，任职年限 9 年以上	国家检察官自行雇佣，任职满 9 年	国家检察官自行雇佣，任职满 8 年	……	国家检察官自行雇佣，任职满 4 年	国家检察官自行雇佣，任职不满 3 年

2. 英国。英国现代检察制度起步较晚，其关于检察官职务序列的规定体现出双轨制、层级性特点。英国皇家检察署（The Crown Prosecution Service）是英格兰和威尔士负责检察业务的专门机构，现代英国皇家检察署是根据英国《1985 年犯罪起诉法》创立的。

（1）性质与地位。英国实行君主立宪制下的立法、行政、司法分离制衡的政治体制。受传统法律文化的影响和制约，英国在较长时间内一直实行起诉分散主义，作为皇室专司控告重大刑事犯罪案件，维护皇室利益的检察官具有多重角色身份。在数百年时间里，绝大多数刑事案件的侦查起诉工作一直由私人诉讼和后来的警署行使。1977 年，时任首相卡拉汉根据国民对英国诉讼效力不高的强烈不满，组成改革小组就诉讼制度与检察制度着手改革。继任的新首相撒切尔夫人向国会提出"刑事起诉法案"与仿效现代国

---

　* 资料来源：美国联邦司法部联邦检察官行政办公室网站，载 http：//www. justice. gov/usao/eousa，访问日期：2015 年 7 月 25 日。

　制表单位：中南财经政法大学法治发展与司法改革研究中心暨湖北法治发展战略研究院。

家检察制度模式，提出设置皇家检察署的法案。据此，英国于 1986 年设立皇家检察署即皇室检察院。皇家检察署的检察官履行职责独立于政府、独立于法院、独立于警察，至 1993 年在英格兰、威尔士 42 个地区完成了与警察区相一致的检察组织体系，英国现代意义的检察制度才真正建立起来（见表 3 - 1）。

（2）检察官职权。根据国会 1985 年通过的《犯罪起诉法》，2003 年通过的《刑事司法法》《皇家检控准则》等规定，英国建立起了现代国家检察官一般具有的起诉刑事犯罪权、侦查权以及监督权。其主要职能包括：①就可能起诉的案件向警署或非警署机构提出诉前建议；②审查起诉，确保被告人的身份与罪名相符；③做出庭准备，提出量刑建议；④在治安法院起诉案件，指导律师在刑事法院或高等法院起诉；① ⑤对于法官作出具有程序终结效力的裁判和明显削弱指控力量的有关证据的裁决，检察机关可以上诉；⑥检察官在总检察长领导下对公职人员诈欺犯罪案件行使侦查权。上述职权中，向警署和非警署机构提出诉前建议，对法院判决提出上诉属于诉讼监督职权，对公职人员诈欺犯罪侦查即是对职务犯罪的侦查权，从而填补了英国在英格兰、威尔士地区检察官享有这两项职权的空白，使英国检察官职权模式实现了向现代职权模式的转型跨越。在苏格兰地区，检察官的职责是负责犯罪的垄断起诉工作、对公职人员腐败案件行使调查、对公共资产、慈善事业资产等管理进行监督，其职权模式则与法国的大陆法系检察官职权模式同源。这是因为苏格兰于 1295 年与法国签订了盟约，史称"老同盟"（Auld Alliance），至 1707 年属于法国管辖，形成了大陆法系的检察官职权模式配置的传统。

（3）职务名称与职务层次。在国家层面，英国皇家检察署检察官名称及职位由高到低分别是：总检察长（Attorney General），副总检察长（Deputy Attorney General），刑事检控专员（Director of Public Prosecutions），首席执行官/副刑事检控专员（Chief Executive）。其中，政府组成部门的律政司负责人分别称总检察长和副总检察长，刑事检控专员是皇家检察署的负责人，在律政司总检察长的领导下开展工作并向其直接报告，律政司就皇家检控署的工作对国会负责；皇家检察署日常业务工作则由副刑事检控专员向刑事检控专员负责。总检察长具有多角色的身份，其在法律上是英王的法律顾问，皇室的首席法务官，在刑事诉讼中行使代表政府追诉某些重大的犯罪案件、起诉和

① 参见樊崇义等：《域外检察制度研究》，中国人民公安大学出版社 2008 年版，第 12 页。

终止追诉的特殊职权。其主要职责之一是代表国会履行检察公诉职责，主管
或领导英格兰与威尔士全部检察公诉机构，同时还履行一些涉及独立公共利
益的职能。副总检察长在英格兰与威尔士地区也具有双重身份，既是一名刑
事司法大臣、次席司法长官，又是一名资深执业律师，副总检察长的角色在
很大程度上取决于总检察长的角色；副总检察长在总检察长职责范围内支持
其行使职权；根据《1997 年司法官员法案》第一部分规定，副总检察长可以
履行总检察长的全部职责，其行为效力与总检察长完全一致。在地区层面，
英国皇家检察署检察官名称及职位层次由高到低分别是：首席皇家检察官
（Chief Crown Prosecutor），副首席皇家检察官（Deputy Chief Crown Prosecu-
tor），地区皇家检察官（District Crown Prosecutor），特别检察官（Specialist
Prosecutor），资深皇家检察官（Senior Crown Prosecutor），皇家检察官（Crown
Prosecutor）。地区层面的皇家检察官是英国国家检察公诉体制的核心力量，负
责英国绝大多数刑事案件的公诉及上诉的文书证据审查、起诉、上诉应诉以
及在相当部分案件中出庭支持公诉。英国皇家检察署在英格兰和威尔士共划
分为 13 个地方检察区①（见图 3 - 2），各由 1 名首席皇家检察官负责，并由
1 名地区事务主管（Area Business Manager）协助其管理日常行政事务。

图 3 - 2　英国皇家检察署（英格兰和威尔士）地方检察区区划图

---

①　参见英国皇家检察署地方检察区设置，载 http://www.cps.gov.uk/your_cps/
our_organisation/the_cps_areas.html，访问日期：2015 年 9 月 20 日。

每个地方检察区一般下设 2 名到 4 名副首席皇家检察官，副首席检察官一般领导数名地区皇家检察官；地区检察官负责一个检察业务部门或者皇家检察官办事处，领导若干名特别检察官、资深皇家检察官、皇家检察官开展工作。其中，首席皇家检察官和地区事务主管需要向刑事检控专员和副刑事检控专员报告工作。每个地区皇家检察署根据人口与面积设置 1 个到 5 个皇家检察官办事处，每个皇家检察官办事处设若干名地区皇家检察官。如伦敦地区皇家检察署仅设置 1 个检察官办事处，负责大伦敦区的检察事，是全英检察业务量最多的地区。根据 2013 年数据，英国皇家检察署每年处理属治安法院与刑事法院管辖的案件超过 80 万件，而伦敦地区皇家检察署同年则办理治安法院管辖的案件 102147 件，办理刑事法院管辖的案件 21000 件。

皇家检察官序列中包含助理检察官，助理检察官不具备律师资格的则不能以皇家检察官身份执行职务。但是在得到刑事检控专员的授权，助理检察官则可以办理轻微的刑事犯罪公诉案件，比如，助理检察官可以从事刑案之保释程序以及在治安法庭进行诉讼的办案工作。助理检察官分为两个等级，即：助理检察官 1 阶与助理检察官 2 阶。在英格兰与威尔士地区，皇家大律师是一个为皇家检察官服务的特殊群体。取得大律师资格（Barrister）的皇家律师，可以承担由检察官委托出庭的大部分案件，检察官只对其中重大复杂或其他必须由检察官起诉的案件出庭起诉。这也是英国英格兰与威尔士地区检察官配置的数量偏少的制度根源。皇家大律师职位由高到低分别是：首席皇家大律师、资深皇家大律师、皇家大律师。皇家大律师具有丰富的庭审经验并擅长临场辩论与应变，其待遇一般要高于同级别的皇家检察官。在苏格兰地区，检察长既是政府部长，[①] 又是履行公共起诉职能的领导者（见表 3 - 4）。

---

① 参见甄贞等：《检察制度比较研究》，法律出版社 2006 年版，第 113 页。

表 3 - 4　英国皇家检察署及对应英国皇家公务员职位类别*

皇家检察署	Crown's Prosecution Service	对应公务员级别	Civil Service Grades
		行政助理（AA）	Administrative Assistant
		行政官（AO）	Administrative Officer
		执行官（EO）	Executive Officer
助理检察官 1 阶	Associate Prosecutor 1	高级执行官（HEO）	Higher Executive Officer
助理检察官 2 阶	Associate Prosecutor 2		
皇家检察官	Crown Prosecutor	资深执行官（SEO）	Senior Executive Officer
资深皇家检察官	Senior Crown Prosecutor	7 级公务员（Grade7）	Grade 7
特别检察官	Specialist Prosecutor		
皇家大律师	Crown Advocate		
资深皇家大律师	Senior Crown Advocate	6 级公务员（Grade6）	Grade 6
首席皇家大律师	Principal Crown Advocate		
副首席皇家检察官	Deputy chief Crown Prosecutor	资深公务员 5 级（1 档）	Senior Civil Service Band 1（SCS1）
		资深公务员 4 级（1A 档）	Senior Civil Service Band 1A（SCS1A）
首席皇家检察官	Chief Crown Prosecutor	资深公务员 3 级（2 档）	Senior Civil Service Band 2（SCS2）

---

　*　资料来源：英国公务员级别结构、工资幅度等规定，载 http：//www. civilservice. gov. uk/wp - content/uploads/2011/09/20080620 - Depts - and - Grade - Structure - Table - CSWM - Aug - 08＿ tcm6 - 8473. pdf；http：//www. cps. gov. uk/publications/performance/ pay＿ scales＿ 2014＿ 15＿ and＿ 2015＿ 16. pdf，访问日期：2015 年 7 月 29 日。

　制表单位：中南财经政法大学法治发展与司法改革研究中心暨湖北法治发展战略研究院。

皇家检察署	Crown's Prosecution Service	对应公务员级别	Civil Service Grades
		资深公务员 2 级（3 档）	Senior Civil Service Band 3（SCS3）
刑事检控专员	Director of Public Prosecution	资深公务员 1 级（4 档）	Senior Civil Service Band 4（SCS4）

（4）员额。根据高级文官（SCS）序列员额编制情况分析，皇家检察署法务类的资深检察官配备 6.88 人；高级检察官配备 60 人；其他高级行政人员配备 5 人，其比例分别为 9.6%、83.4%、7%（见表 3 - 5）。中低级别序列中，检察官配备 1813.35 人，其比例为 32.47%；律师配备 401.26 人，其比例为 7.19%；检察辅助人员配备 1245.1 人，其比例为 22.3%；行政管理人员配备 2525.9 人，其比例为 45.23%（见表 3 - 6）。英国皇家检察署的检察官人员配置与员额比例则受其司法体制、诉讼制度、检察官的职权以及司法传统的诸多因素的制约。

表 3 - 5　高级文官（SCS）序列检察官员额编制*

级别	职位	Job Titles	员额总数	职能分类
SCS4	刑事检控专员	Director of Public Prosecutions	1	法务
SCS2	主办法律顾问	Principal Legal Advisor	1	法务
SCS1	副首席皇家检察官	Deputy Chief Crown Prosecutor	2.88	法务
SCS1	涉案财产执行副主管	Deputy Head of Proceeds of Crime	1	法务
SCS1	政府联络主管	Head of Whitehall Prosecutors Relations	0	法务
SCS1	资深法律顾问	Senior Legal Advisor	1	法务

---

　*　资料来源：英国皇家检察署高级检察人员数据表，载 government_ staff_ and_ salary_ data_ CPS_ senior_ data_ september_ 2014.csv；http: //www. cps. gov. uk/data/organogram/index. html. 访问日期：2015 年 7 月 29 日。

　　制表单位：中南财经政法大学法治发展与司法改革研究中心暨湖北法治发展战略研究院。

表 3－6 英国中低层级别序列检察官员额表 *

	等级序列分组		序列员额总数	占总员额（%）
检察官序列	特别检察官	Specialist Prosecutor	176.88	3.17
	资深皇家检察官	Senior Crown Prosecutor	1306.68	23.39
	皇家检察官	Crown Prosecutor	58.63	1.05
	助理检察官 2 阶	Associate Prosecutor 2	30.03	0.54
	助理检察官 1 阶	Associate Prosecutor 1	240.53	4.31
	实习助理检察官	Legal Trainee AP（Nat）	0.6	0.01
	小计		1813.35	32.47
律师序列	首席皇家大律师	Principal Crown Advocate	21	0.38
	资深皇家大律师	Senior Crown Advocate	41	0.74
	皇家大律师	Crown Advocate	339.26	6.07
	小计		401.26	7.19
检察辅助人员			1245.1	22.30
行政人员			2525.9	45.23
总员额			5584.35	100.00

（5）职务等级序列。英国皇家检察署检察官职务等级序列制度安排与美国的制度安排比较一致。其亦没有制定专门的检察官职务等级制度，而是采用检察官职务名称与职务等级合二为一的方式，并且职务等级层次通过其工资等级来体现。

（6）晋升机制。英国检察官的职务名称即检察官职务等级，检察官职务等级也是通过其工资等级来体现的；英国对检察官职务等级晋升大多参考其从事检察工作的经历和实绩（见表 3－7）。

---

 * 资料来源：英国皇家检察署初级检察人员数据表，载 government_ staff_ and_ salary_ data_ CPS_ junior_ data_ september_ 2014. csv；http：//www. cps. gov. uk/data/organogram/index. html，访问日期：2015 年 7 月 29 日。

制表单位：中南财经政法大学法治发展与司法改革研究中心暨湖北法治发展战略研究院。

表3-7 英国（英格兰、威尔士地区）检察官等级任命规定 *

检察官类别	总检察长	副总检察长	刑事检控专员	首席皇家检察官	副首席皇家检察官	资深皇家检察官	皇家检察官	助理检察官
对应行政级别	非文官	非文官	SCS4	SCS2	SCS1	7级文官	资深执行官	
任命规定	首相从执政党的下院议员中提名任命	女王任命	总检察长任命	总检察长任命	总检察长任命	首席皇家检察官自行雇佣	首席皇家检察官自行雇佣，需要律师资格	首席皇家检察官自行雇佣，无律师资格

在苏格兰地区，因其司法体制、诉讼制度、检察官职权及历史司法文化传统的独特性，其职务名称、员额比例、职务等级序列、晋升机制有着自身特点。苏格兰皇家公署与地方检察院（Crown Office and Procurator Fiscal Service）（以下简称公署/检察院）是苏格兰独有的独立公诉机构，其整个体系独立于英格兰、威尔士地区皇家检察院之外。公署/检察院由女王陛下之总检察长（Her Majesty's Lord Advocate）领导。总检察长由一名首席检察长（Solicitor General）为副手辅助，另外公署/检察院之日常运作由皇家特派员兼首席执行官（Crown Agent & Chief Executive）负责。其特点是：①职务名称及层次方面。苏格兰地区检察官职务由高到低分别是：总检察长、首席检察长、皇家特派员、副检察长、地方检察长、主办地方检察官、资深地方检察官、地方检察官、实习检察官、法务学员。②员额方面。总检察长、首席检察长、皇家特派员共27人，占比例为1.4%；副检察长（AD）共80人，占比例为4.30%；主办地方检察官（PPFD）共104人，占比例为5.50%；资深地方检察官（SPFD）共130人，占比例为6.90%；地方检察官（PFD）共214人，占比例为11.40%；实习检察官（PFD_T）共83人，

* 资料来源：根据下列互联网资料综合整理：载，http://www.politics.co.uk/reference/crown-prosecution-service；http://cps.gov.uk/publications/docs/annual_report_2012_13.pdf；http://www.cps.gov.uk/careers/legal_professional_careers/crown_prosecutors/，访问日期：2015年7月30日。

制表单位：中南财经政法大学法治发展与司法改革研究中心暨湖北法治发展战略研究院。

占比例为 4.40%；法务学员（TS）共 38 人，占比例为 2.00%；检察官共 676 人，占比例为 35.90%；检察辅助与行政人员共 1205 人，占比例为 64.10%（见表 3 - 8）。③职务等级序列方面。苏格兰地区检察官分为三个层次等级，即：领导检察官等级，包括总检察长、首席检察长以及皇家特派员，均属于高级公务员序列。高级别检察官等级，包括资深副检察长、副检察长。地方检察官等级，包括地方检察长、主办地方检察官、资深地方检察官、地方检察官、实习检察官、法务学员。④晋升机制方面。总检察长为政府部长级别，由女王经苏格兰议会同意任命，首席检察长负责辅助总检察长执行职务，也是苏格兰政府部长级别。副检察长由总检察长任命，任期 3 年。其他层级检察官由总检察长任命。地方检察官从实习检察官满 2 年中遴选。

表 3 - 8　英国苏格兰检察机关检察官员额表 *

检察人员序列	总检察长（首席检察长、皇家特派员，CSC）	副检察长（AD）	主办地方检察官（PPFD）	资深地方检察官（SPFD）	地方检察官（PFD）	实习检察官（PFD_T）	法务学员（TS）	小计
员额	27	80	104	130	214	83	38	676
员额比例	1.40%	4.30%	5.50%	6.90%	11.38%	4.40%	2.00%	35.90%
检察辅助与行政人员序列	G 薪级	F 薪级	E 薪级	D 薪级	C 薪级	B 薪级		
员额	37	16	31	221	209	691		1205
员额比例	2.00%	0.90%	1.60%	11.70%	11.10%	36.70%		64.10%

（二）德国、法国、日本等大陆法系国家检察官职务序列

1. 德国。第二次世界大战后的德国实行联邦总统制下的立法、行政、

---

* 资料来源：苏格兰皇家公署/地方检察院 2013 年公平雇佣报告，载 http://www.crownoffice.gov.uk/images/Documents/Equality_Diversity/2013%2004%2030%20Mainstreaming%20Report%20%20Outcomes.pdf，访问日期：2015 年 7 月 30 日。

制表单位：中南财经政法大学法治发展与司法改革研究中心暨湖北法治发展战略研究院。

司法的政治体制。1990 年，"两德"统一后，联邦德国对"基本法"作了重大修改，实现了"两德"统一后的司法管理体制。

（1）性质与地位。根据《德意志联邦共和国基本法》《法院组织法》和《刑事诉讼法》等相关规定，德国检察系统分为联邦检察系统与州检察系统，分别隶属于联邦司法部和州司法部管辖。检察系统与法院系统实行"审检合署"，联邦检察系统与州检察系统分别设置在联邦法院与州法院。① 检察系统因职权管辖分别设为三个等级，② 即：联邦总检察院、州总检察院、州地方检察院。

（2）检察官职权。根据德国《法院组织法》《刑事诉讼法》《民事诉讼法典》《行政诉讼法》《减轻法官负担法》《司法辅助人员法》等法律规定，检察官享有的职权包括：①对侦查程序的主宰权，即对刑事警察及其侦查人员的指挥权；②提起公诉和抗诉权；③对刑事诉讼活动实施监督权，即对审判和执行活动的监督权；④对刑罚执行机关的监督权、对刑罚执行的赦免参与权；⑤对律师执法活动合法性的监督权；⑥代表国家参加民事诉讼和行政诉讼；⑦对四类特殊职业案件向特殊法庭提请起诉权；③ ⑧国际司法协助参与权。

（3）职务名称与职务层次。联邦检察官职务由高到低分别是：联邦总检察长、联邦检察官、高级检察官、检察官。州总检察院检察官职务由高到低分别是：总检察长、高级检察长、高级检察官、检察官、见习检察官。州地方检察院检察官职务由高到低一般是：高级检察长、高级检察官、检察官、见习检察官（见表 3 - 9）。

---

① 德国《法院组织法》第 141 条规定，德国检察机关的设置，分为联邦检察机关及州检察机关两部分。

② 德国只在柏林和黑森州的法兰克福各设置一个基层检察院，其他地区没有设置或者已经取消基层检察院；因德国基层检察院设置不具有普遍性，故基层检察院设置的首席高级基层检察官、高级基层检察官、基层检察官不进行统计分析。

③ 参见甄贞等：《检察制度比较研究》，法律出版社 2006 年版，第 203～204 页。

表 3 - 9　德国检察官职务称谓等级序列表

联邦总检察院			州立总检察院			州地方检察院		
称谓	资历等级	公务员级别	称谓	资历等级	公务员级别	称谓	资历等级	公务员级别
联邦总检察长	高级职务	R9	总检察长	高级职务	R5 R6	高级检察长	高级职务	R2 R3 R4
联邦检察官	高级职务	R7	高级检察长	高级职务	R3	高级检察官		R2
	高级职务	R6	高级检察官	高级职务	R2	检察官		R1
高级检察官	高级职务	R3	检察官		R1	见习检察官		R1
检察官	高级职务	R2	见习检察官		R1			

（4）员额。根据 2011 年的数据统计，德国联邦总检察院有工作人员 245 人，其中检察官人数 69 人，占 28%，包括联邦总检察长 1 人、联邦检察官 26 人、高级检察官 42 人；检察辅助人员、司法行政人员约为 176 人，占 72%（见表 3 - 10）。德国 16 个州每个州设置 1 到 3 个州总检察院，全国共设置 24 个州检察院，有工作人员 914.51 人，其中检察官人数 386.8 人，占 42.3%；检察辅助人员约为 198.52 人，占 21.71%；司法行政人员约为 329.19 人，占 36%（见表 3 - 11）。德国共设置 117 个州地方检察院，约有工作人员 18741.49 人，其中检察官人数约为 5691.65 人，占 30.37%；检察辅助人员约为 1708.12 人，占 9.11%；司法行政人员约为 11341.72 人，占 60.52%（见表 3 - 12）。由于德国司法体制、职权配置、检察官在刑事诉讼、民事诉讼、行政诉讼的地位与作用不同于英美法系国家，其检察官与检察辅助人员、司法行政人员配置总量大大超过英美法系国家的配置规模，而员额比例也与英美法系国家有很大区别，特别是根据层级不同的检察院承担检察职能任务的差异而配置检察官与司法辅助人员、司法行政人员的员额比

例不同。比如，联邦检察院、州总检察院、州检察院检察官的员额分别为 28%、42.3%、30.37%。这与我国目前检察官、法官员额比例配置改革采用"一刀切"的办法有着较大区别。

表 3 - 10　德国联邦检察院 2011 年检察人员统计表 *

总人数	检察官					辅助人员和行政人员						
	联邦总检察长	联邦检察官	高级检察官	小计	员额比例	高级研究人员	其他人员	公务员	雇员	保洁人员及其他	小计	员额比例
245	1	26	42	69	28%	39	2	63	54	18	176	72%

表 3 - 11　德国联邦各州检察院 2011 年检察人员统计表 **

	州检察院个数	总人数	检察官人数	员额比例（%）	检察辅助人员人数	员额比例（%）	行政人员人数	员额比例（%）
巴登州	2	42.25	24.8	58.70	3.75	8.88	13.7	32.43
拜仁州	3	93.25	39.5	42.36	14.63	15.69	39.12	41.95
柏林	1	81.18	32.6	40.16	24	29.56	24.58	30.28

---

　*　资料来源：德国联邦检察院人员情况统计（2007 至 2014），联邦司法局，报告 III 3，Generalbundesanwalt beim Bundesgerichtshof Zusammenstellung des Personalbestandes 2007 bis 2014，Bundesamt für Justiz，Referat III 3.

　制表单位：中南财经政法大学法治发展与司法改革研究中心暨湖北法治发展战略研究院。

　**　资料来源：德国州检察院人员情况统计（1998 至 2013），联邦司法局，报告 III 3，Personalbestand der Staatsanwaltschaften bei den Oberlandesgerichten Zusammenstellung des Personalbestandes 1998 bis 2013，Bundesamt für Justiz，Referat III 3.

　制表单位：中南财经政法大学法治发展与司法改革研究中心暨湖北法治发展战略研究院。

续表

	州检察院个数	总人数	检察官人数	员额比例（％）	检察辅助人员人数	员额比例（％）	行政人员人数	员额比例（％）
布兰登堡州	1	46.9	14.75	31.45	15.4	32.84	16.75	35.71
不来梅	1	6.48	3	46.30	1.98	30.56	1.5	23.15
汉堡	1	15.75	10	63.49	1	6.35	4.75	30.16
黑森州	1	102.6	47	45.81	19	18.52	36.6	35.67
梅克伦堡州	1	36.35	13.35	36.73	7.6	20.91	15.4	42.37
下萨克森州	3	96.87	37	38.20	20.68	21.35	39.19	40.46
北莱茵州	3	203.88	85.1	41.74	51.38	25.20	67.4	33.06
莱法州	2	38.01	18.9	49.72	4.11	10.81	15	39.46
萨尔州	1	7.67	4	52.15	1	13.04	2.67	34.81
萨克森州	1	55.3	21.3	38.52	15.3	27.67	18.7	33.82
萨克森安哈特州	1	34.88	12	34.40	9.75	27.95	13.13	37.64
石荷州	1	35.7	12.5	35.01	8	22.41	15.2	42.58
图灵根州	1	17.44	11	63.07	0.94	5.39	5.5	31.54
总计	24	914.51	386.8	42.30	198.52	21.71	329.19	36.00

表 3 – 12　德国联邦各州地方检察院 2011 年检察人员统计表 *

	州地方检察院个数	总人数	检察官人数	员额比例（％）	检察辅助人员人数	员额比例（％）	行政人员人数	员额比例（％）
巴登州	17	1609. 16	548. 3	34. 07	122. 33	7. 60	938. 53	58. 32
拜仁州	22	2220. 20	621. 52	27. 99	241. 37	10. 87	1357. 31	61. 13
柏林	2	1233. 10	382. 46	31. 02	102. 74	8. 33	747. 90	60. 65
布兰登堡州	4	752. 47	260. 75	34. 65	62. 73	8. 34	428. 99	57. 01
不来梅	1	199. 79	56. 3	28. 18	19. 18	9. 60	124. 31	62. 22
汉堡	1	613. 85	188. 85	30. 76	56	9. 12	369. 00	60. 11
黑森州	10	1493. 61	443. 72	29. 71	137. 46	9. 20	912. 43	61. 09
梅克伦堡州	4	483. 60	155. 53	32. 16	45. 34	9. 38	282. 73	58. 46
下萨克森州	11	1859. 94	572. 01	30. 75	156. 59	8. 42	1131. 34	60. 83
北莱茵州	19	4301. 35	1212. 78	28. 20	406. 56	9. 45	2682. 01	62. 35
莱法州	8	905. 83	304. 1	33. 57	79. 7	8. 80	522. 03	57. 63
萨尔州	1	214. 38	62. 51	29. 16	20. 08	9. 37	131. 79	61. 47
萨克森州	5	984. 49	304. 28	30. 91	89. 98	9. 14	590. 23	59. 95
萨克森安哈特州	4	640. 45	198. 38	30. 98	57. 31	8. 95	384. 76	60. 08
石荷州	4	748. 43	211. 75	28. 29	75. 33	10. 07	461. 35	61. 64
图灵根州	4	480. 86	168. 41	35. 02	35. 42	7. 37	277. 03	57. 61
总计	117	18741. 49	5691. 65	30. 37	1708. 12	9. 11	11341. 72	60. 52

＊ 资料来源：德国州地方检察院（包括基层检察官）人员情况统计（1998 至 2013），联邦司法局，报告 III 3，Personalbestand der Staats – und Amtsanwaltschaften bei den Landgerichten Zusammenstellung des Personalbestandes 1998 bis 2013，Bundesamt für Justiz，Referat III 3.

制表单位：中南财经政法大学法治发展与司法改革研究中心暨湖北法治发展战略研究院。

（5）职务等级序列。与英美法系的美国、英国不同，德国的检察官职务等级规范明确，其规定检察官职务等级联邦范围分为一级检察官、二级检察官；州范围内分为二级检察官、三级检察官（见表3－13）。

表3－13　德国检察官等级晋升程序和年限表 *

职务	联邦总检察院			州立检察院					州地方检察院			
	联邦总检察长	联邦检察官	高级检察官	州总检察长	高级检察长	高级检察官	检察官	见习检察官	高级检察长	高级检察官	检察官	见习检察官
等级	一级	二级	二级	二级	二级	二级	三级	三级	二级	二级	三级	三级
任命机构	经联邦司法部建议，联邦参议院同意，由联邦总统任命	经联邦司法部建议，联邦参议院同意，由联邦总统任命	经联邦司法部建议，联邦参议院同意，由联邦总统任命	州司法部和法官遴选委员会	州司法部和法官遴选委员会	州司法部和法官遴选委员会	州司法部和法官遴选委员会	州司法部和法官遴选委员会	州司法部和法官遴选委员会	州司法部和法官遴选委员会	州司法部和法官遴选委员会	州司法部和法官遴选委员会
晋升年限	无固定年限	无固定年限	无固定年限	无固定年限	无固定年限	无固定年限	无固定年限	3年	无固定年限	无固定年限	无固定年限	3年

（6）晋升机制。联邦检察官和州检察官的任命权限分别归属于联邦和

---

* 资料来源：联邦检察院人员情况统计（2007至2014），联邦司法局，报告 III 3. Generalbundesanwalt beim Bundesgerichtshof Zusammenstellung des Personalbestandes 2007 bis 2014，Bundesamt für Justiz，Referat III 3；州检察院人员情况统计（1998至2013），联邦司法局，报告 III 3. Personalbestand der Staatsanwaltschaften bei den Oberlandesgerichten Zusammenstellung des Personalbestandes 1998 bis 2013，Bundesamt für Justiz，Referat III 3；州地方检察院（包括基层检察官）人员情况统计（1998至2013），联邦司法局，报告 III 3. Personalbestand der Staats － und Amtsanwaltschaften bei den Landgerichten Zusammenstellung des Personalbestandes 1998 bis 2013，Bundesamt für Justiz，Referat III 3.

制表单位：中南财经政法大学法治发展与司法改革研究中心暨湖北法治发展战略研究院。

州两级。联邦总检察长和联邦检察官的任命须经过联邦司法部长提名并向联邦总理建议、总理同意后提交上议院讨论通过、联邦总统批准等四个程序。高级检察官、检察官则由司法部长提名，经总理同意后，即可直接由联邦总统任命。德国各州的检察官均由州检察院总检察长提名，由州司法部长任命。① 德国检察官晋升职务等级需要经过考试和竞争，由司法部决定，而不是由检察长决定。晋升为高级检察官，需要司法部的官员进行考察，高级检察官与普通检察官的比例约为1∶9，一般需要任现等级检察官达到一定年限才可以竞争上一级职务检察官。填补空缺职位的检察官人选不限于出现职位空缺的检察院的检察官，下一级职务的检察官均有机会。通常情况下，本州内所有的检察院都会有人申请参加竞争。参加竞争检察官的考试成绩、学历水平、日常工作评定等均作为晋升的重要依据。检察官若表现特别突出会被破格晋升，但须有1年的试用期。州地方检察院的检察官晋升职务之前，必须到州检察院实习半年，经考察合格的才能晋升。在德国，除明确规定见习检察官最少工作3年才能晋升为检察官外，对其他等级检察官的晋升没有固定期限（见表3-13）。

2. 法国。法国检察院设在法院系统内，按照法院的级别分为三级：驻最高法院检察院、驻上诉法院检察院、驻大审法院检察院；法国的检察官分为三类：普通法院系统的检察官、行政法院系统的检察官以及特殊法院系统的检察官，在比较法上，法国普通法院的检察官具有代表意义。

（1）性质与地位。法国的司法管理体制至20世纪80年代以来推行改革，建立国家司法委员会统一管理下的检察官事务委员会与法官事务委员会的管理体制。其特点：法官（Juge）与检察官（Procureur）被统称为司法官（Magistrat），人们将法官形象比喻为"坐着的司法官"（Magistrat assis），检察官则被称为"站着的司法官"（Magistrat debout）。检察官事务管理委员会由总检察长主持，成员由5名检察官、1名法官、1名最高行政法院推事、1

---

① 德国《法官法》第5条第1项规定，有志担任检察官的必须在大学接受三年半以上的法学教育，学习宪法、民法、刑法和诉讼法等必修课程，从而取得参加第一次国家考试的资格，考试及格者参加法律实务实习，实习结束，由所在实习部门主管对实习生业务能力和表现作出评议，并报名参加第二次国家考试，考试及格者取得法律职业资格。第122条规定，联邦检察官由联邦司法部长提名，经参议院同意而任命，各邦检察官则由邦司法部长任命。

名律师和 6 名社会杰出人士组成。① 法国检察机关没有独立的办公场所，各级检察官被派驻到最高法院、上诉法院和大审法院行使检察职权。

（2）检察官职权。依据宪法、法律及相关法规规定，法国检察官的职权分为在普通法院系统、民事诉讼程序、行政法院系统以及行政管理系统的职权等，具有广泛性、多元性、结构复杂性的特点。首先，在刑事诉讼中的职权有以下方面：①启动追诉程序权，在违警法院和近民法院，共和国检察官可授权其辖区内的警长代行追诉职责，根据刑事诉讼法典相关规定，检察官在刑事案件中负责提起公诉并请求使用法律，保障法院判决的执行。②使用刑事替代和决定不起诉权，根据刑事诉讼法典强制治疗法令、刑事和解、支付损害赔偿、庭前认罪答辩程序等相关法律规定，共和国检察官接受控告和检举具有起诉便利、刑事替代和决定不起诉的权力，但被害人和其他举报人有权对不起诉提出上诉，检察长有权要求检察官进行追诉。③提起公诉并出庭。④量刑与刑罚建议。⑤提出上诉，检察长还可以对上诉法院的预审法官进行监督。⑥对刑罚执行监督权。⑦指挥和监督司法警察。⑧预防犯罪。其次，在民事诉讼领域，具有下列职权：①检察官作为主当事人，行使单独启动诉讼程序、并以社会的名义支持公共利益参与诉讼、提出上诉的权力。②检察官作为从当事人，即既不作为原告也不作为被告，行使参与庭审活动，提出适用法律意见、查阅相关文件、口头和书面出具结论性意见，获得对案件的知情权的权力，对认为应当参加非诉讼案件的了解权。③代表个人和政府机构作为主当事人参与诉讼。④对民事判决执行的监督。最后，行政管理职能监督方面检察官具有如下职权：①监督司法辅助人员。②监督相关行政机构。②

（3）职务名称与职务层次。法国的检察官称谓有总检察长、驻最高法院检察官、驻上诉法院检察官、驻大审法院检察官。其中，驻最高法院检察院的检察官职务名称由高到低分别为总检察长、常务副总检察长、副总检察长，都属于最高级检察官。驻上诉法院检察院的检察官职务名称由高到低分

---

① 法国《宪法》第 64 条：最高司法会议以总统为主席、司法部长为副主席，必要时可代理总统成为主席，掌管司法官的任命和惩戒。《宪法》第 65 条第 4 项：最高司法会议包括法官和检察官小组。检察官小组由总统、司法部长、五位检察官及一位法官、一位国务委员会指派的国务委员以及三位社会人士组成。检察官小组对检察官的任命及惩戒无决定性权限，只提供参考意见。检察官小组处理检察官命令和惩戒事项，由最高法院检察总长为主席，细节由法律规定。

② 参见金邦贵主编：《法国司法制度》，法律出版社 2008 年版，第 275～289 页。

别是：检察长、副检察长、检察长助理，其中，检察长、副检察长属于最高级检察官，检察长助理属于一级检察官。驻大审法院检察院的检察官职务名称较为复杂，主要职务名称由高到低分别是：共和国检察官、共和国副检察官、首席共和国检察官助理、共和国检察官助理等，包括三个等级的检察官，根据职能素养决定检察官等级。新上任的检察官由共和国总统在司法部部长的提议下，以法令的形式予以任命。

（4）职务等级序列。法国普通法院的检察官分为三级，从高到低分别为最高级检察官、一级检察官、二级检察官。根据2014年法国高等司法官委员会年度报告，法国司法官（法官、检察官）等级比例结构为：最高级司法官12.01%，一级司法官60.1%，二级司法官27.98%（见表3-14）。驻最高法院总检察官、上诉法院检察长、驻巴黎大审法院共和国检察官及副检察官，驻波尔多、里昂、斯特拉斯堡、尼斯、凡尔赛等17个城市大审法院共和国检察官为最高级；驻上述17个城市之外的大审法院共和国检察官和首席副检察官、驻巴黎和凡尔赛上诉法院代理检察官、除巴黎和凡尔赛之外的其他上诉法院总检察官均为一级；其他检察官及初任检察官均为二级。

表3-14　法国各年龄段司法官数量统计表 *

年龄阶段	最高级司法官人数	一级司法官人数	二级司法官人数
65 岁以上	29	38	25
60～64 岁	214	303	52
55～59 岁	111	562	52
50～54 岁	33	642	77
45～49 岁	3	507	132
40～44 岁	0	448	221
35～39 岁	0	517	358
30～34 岁	0	68	654
25～29 岁	0	0	263

---

* 资料来源：2014年法国高等司法官委员会年度报告，载 http：//www. conseil – superieur – magistrature. fr/files/CSMRapport%202014webfinal. pdf，访问日期：2015年8月9日。

制表单位：中南财经政法大学法治发展与司法改革研究中心暨湖北法治发展战略研究院。

（5）晋升机制。各个检察院一旦出现检察官职位空缺，采取公开的方式，由符合任职条件的人员竞争。法国对检察官的晋升主要考虑候选人的职业素养、与职位匹配度、地域及职业轮换、候选检察官的年龄及资深程度，基本适用法官规则。2001 年 5 月 30 日，法律专门规定了法官晋升流程的限制：①任何法官在他工作 5 年以上的法院都不得晋升为一级法官，但最高法院除外。②任何法官都不能被任命为其工作的大审法院的院长，若其填补的职位相当于提升为上一等级的职务，可以作为例外。③任何法官若没有在一个等级从事过两种工作，其都不得任命为上一等级的职务。④任何法官若其不是一级法官，或者任最高法院法官之后没有任过其他法院一级法官的职务，都不得被任命为最高级职务。与法官的任命规则相比，法国对检察官的任命有两点区别：①检察官由二级晋升至一级，须由共和国总统依司法部部长提名，以法令的形式作出决定；最高司法会议可以对一级和二级检察官提出任命意见，但该意见对政府没有约束力。②检察官从一级晋升至最高级，必须先经过 2 年法定人事调动期，其可在行政部门、国营或私营企业、欧洲或国际机构履职，而非必须从事检察工作。其次，最高级检察官一般根据最高司法会议的意见任命；对于驻最高法院的检察长、驻巴黎法院的检察长等最重要的职位，则由部长会议决定任命；前述最高级检察官均由共和国总统签署任命法令方可生效。检察官职位等级固定，即检察官职位只能由具有相同等级的检察官担任，如无相应等级的空缺职位，下一级的检察官则不能晋升至上一等级。

3. 日本。根据《检察厅法》的规定，日本的检察机关统称为"检察厅"，实行与法院相对应的设置原则。

（1）性质与地位。日本实行君主立宪下的立法、行政、司法三权分立制度。检察厅虽属行政机关的法务省管辖，但非一般类型的行政机关。法务大臣仅有对检察事务一般性指挥监督权，对具体案件的调查处理则由检事总长指挥；检察系统内实行"检察官一体原则"，形成有检事总长、检事长、检事正的指挥监督权相结合的"金字塔形"纵向指挥监督结构，其还拥有检察事务承继和移转权的上下一体横向协作整体统筹的结构体系。日本检察机关分为最高检察厅、高等检察厅、地方检察厅、区检察厅。①

（2）检察官职权。根据《检察厅法》相关规定，检察官享有下列职权：

---

①　日本《检察厅法》第 2 条：检察厅的组织架构，分为最高检察厅、高等检察厅、地方检察厅及区检察厅，分别与最高裁判所、高等裁判所、地方裁判所及简易裁判所相对应。地方检察厅与家事裁判所相对应。

①刑事案件的公诉权；②对刑事案件裁判执行的监督权；③依法行使公共利益代表人的职权，认为职务上必要要求法院通知或者陈述意见权；④对任何犯罪的侦查权。①

（3）职务名称与职务层次。日本检察官称谓分为五类，即：检事总长、次长检事、检事长、检事和副检事。检事总长、次长检事为最高检察厅的长官；检事长为高等检察厅的长官；地方检察厅和区检察厅分别设检事正和首席检事为长官，由检事充任。

（4）员额。根据 2013 年数据统计，日本全国共有检察人员 11796 人，其中检察官 2722 人（检事 1823 人，副检事 899 人）占 23.1%，检察辅助人员（包括检察事务官、检察技术官等）9074 人，占 76.9%。其中，最高检察厅共有工作人员 111 人，其中检察官 19 人（检事总长 1 人，次长检事 1 人，检事 16 人，检事总长秘书 1 人），占 17.1%；检察辅助人员（包括事务官、技术官、事务员）85 人，占 76.6%；司法行政人员（包括技术员、厅务员）7 人，占 6.3%。日本设东京、大阪、名古屋、广岛、福冈、仙台、札幌、高松 8 个高等检察厅，共有工作人员 644 人，其中检察官 130 人（检事长 8 人，检事 122 人），占 20.2%；检察辅助人员（包括事务官、技术官、事务员）485 人，占 75.3%；司法行政人员（包括技术员、厅务员）29 人，占 4.5%。日本地方检察厅（50 个，支部有 203 个）和区检察厅（438 个）共有工作人员 11041 人，其中检察官 2573 人（检事 1674 人，副检事 899 人），占 23.3%；检察辅助人员（包括事务官、技术官、事务员）8353 人，占 75.7%；司法行政人员（包括技术员、厅务员）115 人，占 1%（见表 3－15）。

有学者统计，2014 年日本检察厅共有检察人员 11796 人，其中检察官 2734 人（其中检事 1835 人、副检事 899 人），占 23.2%，检察事务官和检察技术官等 9062 人，占 76.8%。② 根据日本平成二十七年检察厅人员编制，截至 2015 年 10 月 31 日，日本全国共有检察人员 11796 人，其中检察官 2744 人（检事 1845 人，副检事 899 人），占 23.3%，检察辅助人员（包括检察事务官、检察技术官等）9052 人，占 76.7%。③ 从日本 2013～2015 年

---

① 参见甄贞等：《检察制度比较研究》，法律出版社 2006 年版，第 367 页。

② 参见万毅、邹桦：《日本检察官：员额可增减，薪酬高于公务员》，载《检察日报》2015 年 5 月 26 日第 3 版。

③ 参见日本检察厅网站，载 http://www.kensatsu. go. jp/soshiki_ kikou/shokuin. htm，访问日期：2015 年 10 月 31 日。

检察人员统计数据来看，检察人员总体编制一定，均为 11796 人，但是检察官（包括检事、副检事）数量逐年上升，检察官员额比例呈上升趋势。

表 3-15　日本 2013 年检察人员统计表（单位：人）*

职务种类	最高检察厅	高等检察厅	地方/区检察厅	总计
检事总长	1	0	0	1
次长检事	1	0	0	1
检事长	0	8	0	8
检事	16	122	1674	1812
副检事	0	0	899	899
检事总长秘书	1	0	0	1
事务官/技术官/事务员	85	485	8353	8923
技术员/厅务员	7	29	115	151
总计	111	644	11041	11796

（5）职务等级序列。检察官职务等级分为一级和二级，其中检事总长、次长检事、检事长为一级，检事分为一级和二级，副检事为二级。

（6）晋升机制。检事总长、次长检事、检事长和检事正等领导职务一般都从资深检察官中择优遴选，上级检察官从下级检察官中择优遴选。② 新录用的检察官一般都安排在地方检察厅和区检察厅工作。日本检察官的晋升强调资历条件，比如副检事只能在区检察厅任职，要升任检事的，法律要求必须任副检事职 3 年以上，并经过检察官特别考试；升任一级检事必须是在职 8 年以上曾任二级检事、候补判事、简易法院判事和律师 8 年以上的；新任检事只能在下级检察厅工作一定时间后才能到上级检察厅任职。在职务等级晋升方面，检察官要升任职务，必须首先达到相应的级别，担任检察官达

---

* 资料来源：日本检察厅网站，载 http：//www.kensatsu.go.jp/soshiki_ kikou/shokuin.htm，访问日期：2014 年 1 月 9 日。

制表单位：中南财经政法大学法治发展与司法改革研究中心暨湖北法治发展战略研究院。

② 日本《检察厅法》第 15 条规定，日本检察官分为检察总长、次长检事、检事长、检事和副检事五大职别，前三者属于一级，由内阁提名，天皇任命。《检察厅法》第 18、19 条规定，检事有一级、二级之分，副检事属于二级，二级检事、副检事均由法务大臣任命，《检察厅法》就其个别的任用资格均另有明文规定。

到规定年限，并且工作成绩良好，才能担任同级别的领导职务。担任最高检察厅和高等检察厅的检察官，必须是具有丰富司法经验的资深检察官。

（三）俄罗斯、白俄罗斯、保加利亚等转型国家检察官职务序列

1. 俄罗斯。苏联解体后，俄罗斯的检察官管理体制同政治、司法制度一样实现了转型。

（1）性质与地位。俄罗斯检察机关在国家立法、行政、司法"三权分立"的权力结构中处于特殊地位。根据《俄罗斯联邦宪法》第129条及修订的《俄罗斯联邦检察院组织法》第1条规定，俄罗斯联邦检察院是统一性联邦中央集权机构系统，以俄罗斯联邦名义对俄罗斯联邦领域内现行法律执行状况及俄罗斯联邦宪法遵守情况进行法律监督；俄罗斯联邦检察院，应同时履行联邦性法律赋予的其他职能；俄罗斯联邦检察院以保障法律至上、法制统一与巩固，保卫人与公民的权利与自由，以及法律所保护的国家与社会利益为目的。取消了社会主义检察制度的性质、司法机关的地位。但仍保留对联邦领域内现行法律执行状况及联邦宪法遵守情况进行法律监督的权力；检察监督不受干涉。俄罗斯联邦检察机关体系由三级组成：第一级是俄罗斯联邦总检察院，第二级是俄罗斯联邦各主体的检察院，以及相当于该级别的军事检察院和其他的专门检察院，第三级是区（市）检察院，其他的区域性检察院，以及相当于该级别的军事检察院和其他的专门检察院。①

（2）检察官职权。根据《俄罗斯联邦宪法》和修订的《俄罗斯联邦检察院组织法》的规定，其检察官职权是：①对联邦各部、国家委员会、公务部门与其他联邦执行权力机关、俄罗斯联邦各主体代议（立法）机关与执行机关、地方自治机关、军事管理机关、检查机关及其公职人员、商业性与非商业性组织管理机构及其负责人员的法律执行状况，以及上述机关颁布适用的法令是否具有合法性情况予以监督。②对联邦各部、国家委员会、公务部门与其他联邦执行权力机关、俄罗斯联邦各主体代议（立法）机关与执行机关、地方自治机关、军管机关、检查机关及其公职人员，以及商业性与非商业性组织管理机构及其负责人员对人与公民的权利与自由恪守状况予以监督。③对从事侦讯活动、预侦（初步调查）与预审机关的法律执行状

---

① 《俄罗斯联邦检察院组织法》第11条第1款规定，俄罗斯联邦检察体系由俄罗斯联邦总检察院、俄罗斯联邦各主体检察院以及同级别军事检察院与其他专门检察院、科研培训机构、具有法人地位的编辑出版机构以及市辖与区辖检察院、地区检察院、军事检察院与其他专门检察院构成。

况予以监督。④对司法警察的法律执行状况予以监督。⑤对刑罚执行与法院下达的强制性处罚措施予以适用的行政机关与机构、关押被捕人员与被拘人员行政管理机关的法律执行状况予以监督。⑥遵循俄罗斯联邦刑事诉讼立法赋予职能行使刑事追诉权。⑦对各执法机关预防与惩治犯罪活动予以配合。⑧检察官依据俄罗斯联邦诉讼立法规定应当参与法院与仲裁法院（以下简称法院）的案件审理，就法院刑事判决、民事案裁决以及下达的命令与决定中有违法律的事项提请抗诉。⑨俄罗斯联邦检察院有权参与法律创制活动。⑩俄罗斯联邦总检察院可以发行专业出版物。

（3）职务名称与职务层次。联邦总检察院分为总检察长、第一副总检察长、副总检察长；主体检察院或市、区的检察院分为检察长、第一副检察长、副检察长、高级检察官、检察官。副总检察长领导下的侦查局的称谓有第一副检察长兼任的局长、高级刑事侦检官、刑事侦检官等，形成两套体系称谓。其检察官职务序列管理与我国目前实行的检察官职务等级和行政职务混同管理的体制。俄罗斯联邦总检察院检察官职务名称从高到低分别是：总检察长、第一副总检察长、副总检察长、高级检察官；俄罗斯联邦主体检察院（共和国、边疆区、州、联邦直辖市、自治州、自治专区）及区（市）检察院检察官职务名称从高到低分别是：检察长、第一副检察长、副检察长、高级检察官、检察官。俄罗斯检察官等级分为三等十一级，分为高级检衔、中级检衔和初级检衔三等（见表3－16）。

表3－16　俄罗斯检察人员职务等级序列*

高级检衔	国家高级检察官
	国家一级检察官
	国家二级检察官
	国家三级检察官
中级检衔	高级检察官
	中级检察官
	初级检察官

---

*　资料来源：赵路：《俄罗斯联邦检察院组织法》（1995 年 11 月 17 日第 168 号联邦法令颁布 2009 年 11 月 28 日第 19 次修正），载《中国刑事法杂志》2010 年第 5 期。

制表单位：中南财经政法大学法治发展与司法改革研究中心暨湖北法治发展战略研究院。

续表

初级检衔	一级助理检察官
	二级助理检察官
	三级助理检察官
	初级助理检察官

（4）员额。俄罗斯联邦总检察长，负责领导俄罗斯联邦检察系统工作。俄罗斯联邦总检察长在划配所属的定员编制与劳动报酬基金范围内，确定俄罗斯联邦总检察院人员编制与机构设置，明确隶属机构的职权范围，规定下级检察院及所属机构的定员编制与机构设置。

（5）职务等级序列。根据《俄罗斯联邦检察机关工作人员衔级条例》的规定，检察官职务序列分为高级、中级、初级三等十一级，并且实行与军队军衔一样的检衔制，相应设置检察官衔级，其中国家高级检察官、一级检察官、二级检察官和三级检察官为高级检衔，高级检察官、中级检察官和初级检察官为中级检衔，一级助理检察官、二级助理检察官、三级助理检察官和初级助理检察官为初级检衔（见表3－16）。

（6）晋升机制。俄罗斯联邦总检察长职务，由俄罗斯联邦会议下辖联邦委员会依据俄罗斯联邦总统的提名予以任免。在俄罗斯联邦总检察长之下，设有1名第一副总检察长和若干名副总检察长。在副总检察长中，有7人兼任俄罗斯联邦7个联邦区的检察总局局长。上述第一副总检察长和副总检察长，都由俄罗斯联邦联邦会议联邦委员会根据总检察长的提名任免。①俄罗斯联邦各主体的检察长及同级别检察长职务的任命，由俄罗斯联邦总检察长与俄罗斯联邦各主体指定的俄罗斯联邦国家权力机关协商任命。② 市辖与区辖的检察长、专门检察院检察长的任免，由俄罗斯联邦总检察长决定。

---

① 《俄罗斯联邦检察院组织法》第12条规定，俄罗斯联邦总检察长职务，由俄罗斯联邦会议下辖联邦委员会依据俄罗斯联邦总统的提名予以任免。

② 《俄罗斯联邦检察院组织法》第13条规定，俄罗斯联邦各主体的检察长，由俄罗斯联邦总检察长与俄罗斯联邦各主体指定的俄罗斯联邦国家权力机关协商任命。俄罗斯联邦各主体的检察长听从俄罗斯联邦总检察长领导，对其汇报工作，并由其解除现任职务。市辖与区辖的检察长、专门检察院检察长的任免，由俄罗斯联邦总检察长决定，上述机关检察长应当听从上级检察长与俄罗斯联邦总检察长的领导并对其汇报工作。

俄罗斯联邦各级检察院检察长有权任免所在院的检察工作人员。担任市、区的检察机关以及同级别检察机关检察长职务者年龄不得低于 25 岁，且在检察机关担任检察官或侦查官职务的工龄不应低于 3 年。俄罗斯联邦各主体的检察长及其同级别检察长职务担任者年龄不应低于 30 岁，且在检察机关担任检察官或侦查官职务者工龄不应低于 5 年。初次录用担任检察机关职务的人员，为考察其所从事职务的适应能力，可规定 6 个月以下试职期。其试用期限由相应检察机关的领导决定，并根据与职务录用人员达成的协议，在该期限范围内指派相应职务。依据双方协议，其试职期间的职务试用以 6 个月为限延长或缩短，试职者暂时丧失劳动能力与其他因正当理由而缺勤的时间不计入试职期、试职期计入检察机关职务工龄。

2. 白俄罗斯。白俄罗斯转型后实行立法、行政、司法三权分立体制。

（1）性质与地位。检察机关在国家机构中处于独特地位。根据白俄罗斯《宪法》第 126 条、127 条规定，检察机关是总检察长领导集中统一的检察机关体系。总检察长由总统在征得共和国院同意后任命。下级检察长由总检察长任命。总检察长和检察长独立行使其权限只服从法律。总检察长向总统报告工作。白俄罗斯共和国检察机关有三级：分别是总检察院、州检察院（明斯克市检察院、交通等专门检察院）、地区检察院；在总检察院下面，共设置了 6 个州检察院（各州下设市或区检察院 139 个）、明斯克市检察院、交通运输检察院（下设 8 个区交通运输检察院）、军事检察院（下设 11 个军分区军事检察院）。

（2）检察官职权。白俄罗斯检察官享有广泛权力：①审查起诉权。②案件侦查权。这指的是白俄罗斯检察机关享有侦查贪污贿赂案件的职权。③批准逮捕权。根据《白俄罗斯共和国检察官法》第 24 条规定，检察长享有批准逮捕令、通缉令以及采取特殊侦查措施的权力，如批准通过邮电系统查找犯罪信息、查抄犯罪证据、监听电话和其他谈话、查验电报，以及通过技术渠道传递的信息、开棺验尸、搜查尚未缉拿归案的犯罪嫌疑人或被告人的住所、进行心理咨询、解除被告人的职务等。这一权力以及实施其他处罚行为的权限由白俄罗斯总检察长、各州检察长、明斯克市检察长、各区（市）检察长、区际检察长以及相应级别的检察长行使。④一般监督权。白俄罗斯检察官一般监督权的范围非常广泛，不但有权监督一般机关及个人遵守执行法律的情况，而且还涵盖专门的监督权，即对犯罪侦查活动和法院的诉讼活动进行监督，有权监督监狱、拘留所或其他采取强制措施场所的执法情况，即检察官有权对属于监督范围内的所有法人、自然人在执行法律的统一性和准确性方面进行监督。⑤参加会议权。这是指检察官可以参加国家权力机关和管理机关的会议，而总检察长、副总检察长则有权参加白俄罗斯最高苏维埃及其下属机关、白俄罗斯政府、最高法院及其主席团、最高经济法院及其主席团的会议。①

（3）职务名称与职务层次。总检察长、副总检察长、州检察长、明斯克市检察长、交通检察长及其副职、区际检察长及其副职。在国家层面，检察官名称从高到低主要有：总检察长、副总检察长、州检察长、地区检察长（见表3－17）。

（4）职务等级序列。白俄罗斯检察官等级分为三等九级，其中国家检察官等次分三级，由高到低分别是：国家一级检察官、国家二级检察官、国家三级检察官。检察官等次分三级，由高到低分别是：高级检察官、中级检察官、初级检察官。助理检察官等次分三级：由高到低分别是：一级助理检察官、二级助理检察官、三级助理检察官。在地区层面，不同区域检察长对应的检察官等级是：共和国总检察长属于国家一级检察官，副检察长属于国家二级检察官；州检察长、明斯克市检察长、白俄罗斯交通检察院检察长属于国家三级检察官；各州副检察长、明斯克市副检察长、交通检察院的副检察长，居民人口在6万人以上的区际检察长、城市中的区际检察长和市检察长，以及相对应的交通检察长属于高级检察官。共和国总检察院部门检察长及高级检察长、州检察长部门领导、明斯克市检察部门、交通检察院部门领导及其副职、居民人口在6万人以上的区际检察长及其副职，城市区际检察长其相对应的交通检察长属于中级检察官；州级检察部门领导的高级检察长、居民人口在6万人以上的区际检察长副职、城市中的区际检察长及其相对应的交通检察长属于初级检察官（见表3－17）。

---

① 参见季美君、萨齐科·保罗：《白俄罗斯给予检察官广泛的职权和保障》，载《检察日报》2015年2月3日第3版。

表 3 - 17　白俄罗斯检察官职务序列 *

职务名称	产生方式	人员编制	级　别	对应军衔	
联邦总检察长	总统任命	1	国家一级检察官	高级检衔	上将
联邦副总检察长	联邦总检察长提名，总统任命	4	国家二级检察官		中将
州检察长、明斯克市检察长、白俄罗斯交通检察官	联邦副总检察长提名，总检察长任命	8	国家三级检察官		少将
各州副检察长、明斯克市副检察长、交通检察院的副检察长。居民人口在 6 万人以上的区际检察长、城市中的区际检察长和市检察长，以及相对应的交通检察长	州检察长提名，联邦总检察长任命	—	高级检察官	中级检衔	上校
总检察院部门检察长及高级检察长、州检察长部门领导、明斯克市检察部门、交通检察院部门领导及其副职、居民人口在 6 万人以上的区际检察长及其副职，城市区际检察长及其相对应的交通检察长	州副检察长提名，州检察长任命	—	中级检察官		中校
州级检察部门领导的高级检察长、居民人口在 6 万人以上的区际检察长副职、城市中的区际检察长及其相对应的交通检察长	副检察长提名，州检察长任命	—	初级检察官		少校
居民人数在 6 万人以上的区际检察长高级助理、区际检察长助理、交通检察长助理	相应级别检察长任命	—	一级助理检察官	初级检衔	上尉
—	—	—	二级助理检察官		中尉
—	—	—	三级助理检察官		少尉

---

*　资料来源：白俄罗斯共和国检察院官网，载 http：//www. prokuratura. gov. by；《白俄罗斯共和国检察机构组织法》第二章第 4～9 条，第三章第 24 条，载 http：//www. prokuratura. gov. by/main. aspx？guid = 10138，访问日期：2015 年 8 月 3 日。

制表单位：中南财经政法大学法治发展与司法改革研究中心暨湖北法治发展战略研究院。

（5）晋升机制。白俄罗斯总检察长也要由总统任命产生，但要征得本国议会的同意，总检察长与其下属检察长遵循法律的规定独立履行职权。白俄罗斯共和国副总检察长由白俄罗斯共和国总检察长提名，总统任命。州、市检察长，专门检察院检察长由副总检察长提名（见表 3 - 17）。担任市、州的检察机关以及同级别检察机关检察长职务者年龄不得低于 25 岁，且在检察机关担任检察官工龄不应低于 3 年。助理检察官晋升的时限依等级不同分别为：担任三级助理检察官须工作满 1 年以上；担任二级助理检察官须担任三级助理检察官满 3 年以上；担任一级助理检察官须担任二级助理检察官满 3 年以上；担任初级检察官须担任一级助理检察官满 5 年以上。

3. 保加利亚。保加利亚政治体制转型后，实行"三权分立"的分权制衡的政治体制。

（1）性质与地位。检察机关是与法院同等地位的司法机关。根据保加利亚《宪法》第 117 条第 2 款规定，司法机关是独立的；检察官和侦查员在行使职能时只服从法律；第 126 条规定，检察院的结构与法院的结构相适应；总检察长对所有检察员活动的合法性进行监督并实现方法上的领导；第 130 条规定，司法机关有独立的预算；最高司法委员会、法院、检察机关的组织和活动的程序由法律确定。

（2）检察官职权。保加利亚《宪法》明确规定司法机关处于独立地位，法官、陪审员、检察员和侦查员在行使职能时只服从法律。[1] 保加利亚总检察长对所有检察员活动的合法性进行监督并实现方法上的领导。[2] 检察院进行下列活动以维护法制：向有犯罪行为的人追究责任并按一般性的刑事案件提起公诉；对刑事惩罚和其他强制性措施的执行情况进行监督；采取行动撤销与法律不相符的法令；在法律规定的情况下参加民事和行政案件的审理。[3]

（3）职务名称与职务层次。其有最高检察院总检察长、检察长、检察官，最高行政检察院检察官，最高上诉检察院检察官，上诉检察官，上诉军事检察官，区域军事检察官，区军事检察官，区域检察官以及区检察官等称谓。

---

[1] 参见保加利亚《宪法》第 117 条规定。

[2] 参见保加利亚《宪法》第 120 条规定。

[3] 参见保加利亚《宪法》第 127 条规定。

（4）员额。根据 2007~2012 年保加利亚共和国检察机关功能、结构、程序和组织分析报告，检察机关工作人员员额管理制度，该国的员额实行分层级组织体系规定。其中，最高检察机关共有工作人员 2946 人，检察官 1980 人，员额比例为 67.21%；检察辅助人员和司法行政人员员额比例为 32.79%；最高行政检察机关共有工作人员 63 人，检察官 40 人，检察官员额比例为 63.49%；最高上诉检察机关共有工作人员 1215 人，检察官 1065 人，检察官员额比例为 87.65%；地方检察机关分设检察一局、检察二局、检察三局，其中检察二局、检察三局由检察官组成，其员额比例高达 71.28%，检察一局由司法辅助人员和司法行政人员组成，其员额比例仅为 28.72%（见表 3 – 18）。

表 3 – 18　保加利亚检察机关工作人员员额数 *

国家级检察机关工作人员员额数	最高检察机关工作人员（2946 人）	一般行政和专业化管理人员	966 人
		行政领导，国家检察官及其助理	1980 人
	最高行政检察机关工作人员（63 人）	一般行政人员	8 人
		专业化管理人员	15 人
		国家检察官	40 人
	最高上诉检察机关工作人员（1215 人）	一般行政人员	15 人
		专业化管理人员	98 人
		国家检察官	1065 人

＊ 资料来源：保加利亚共和国检察院官网，《ЗА ПРОВЕДЕН ФУНКЦИОНАЛЕН АНАЛИЗНА СТРУКТУРАТА, ПРОЦЕДУРИТЕ И ОРГАНИЗАЦИЯТА НА ПРОКУРАТУРАТА НА РЕПУБЛИКА БЪЛГАРИЯ2007 Г. – 2012 Г.》《保加利亚共和国 2007 年—2012 年检控机关功能、结构，程序和组织分析》HTTP：//WWW. PRB. BG/MEDIA/FILER_ PUBLIC/CB/F9/CBF93767 – C6D5 – 476C – 8740 – D4C0D2221CEA/DOCS_ 4609. PDF，访问日期：2015 年 7 月 20 日。

制表单位：中南财经政法大学法治发展与司法改革研究中心暨湖北法治发展战略研究院。

地方检察机关工作人员员额数（以某地区为例）	检察一局（行政人员及辅助人员）	秘书处	10 人
		行政厅	4 人
		监察厅	7 人
		档案室	6 人
	检察二局（检察官）	负责有关侵犯公民权利与公共安全案件检察官	14 人
		负责有组织犯罪和危害结果严重案件检察官	9 人
	检察三局（检察官）	负责监督审判与执行检察官	20 人
		负责国际协助与合作检察官	10 人
		负责金融犯罪案件检察官	7 人
		负责教育培训检察官	5 人
		负责青少年犯罪案件检察官	2 人

（5）职务等级序列。检察官职务等级比照《公务员法》的相关规定，分为"普通军衔"和"高级军衔"两类。其中"普通军衔"五个级别，"高级军衔"七个级别，即二等十二级。

4. 乌兹别克斯坦。乌兹别克斯坦转型建立"三权分立"政治体制后，检察机关在国家机构中处于特殊地位。

（1）性质与地位。根据乌兹别克斯坦《宪法》第 118 条、第 119 条、第 120 条和第 121 条规定，检察机关属于护法机关，其根本任务是对境内准确而又统一地执行法律实施监督。该国政治体制转型过程中既借鉴吸收了西方"三权分立"模式，又保留了苏联检察体制在国家机构独特的地位。

（2）检察官职权。根据乌兹别克斯坦《宪法》的规定，总检察长和隶属于他的检察官对该国境内准确而又统一地执行法律实施监督，总检察长领导统一和集中的检察机关系统；① 检察机关行使其职权独立于任何国家机关、社会团体和公职人员，仅仅服从法律；② 有权禁止独立行使侦查、调查

---

① 参见乌兹别克斯坦《宪法》第 119 条规定。
② 参见乌兹别克斯坦《宪法》第 120 条规定。

和其他特有的反犯罪职能的私立的和合作的组织、社会团体及其分支机构的活动。①

（3）职务名称与职务层次。检察官称谓有总检察长、常务总检察长、检察长、副检察长、高级检察官、军事检察官、检察官及其他检察官。检察辅助人员称谓有高级助理、助理及专门助理。

（4）员额。根据宪法法律规定，乌兹别克斯坦共和国检察机关由最高检察机关，卡拉卡尔帕克斯坦共和国检察机关，地区检察机关，塔什干市检察机关，各市、地方检察机关，交通运输、军事、环境及其他专门检察机关构成；军事检察机关建立独立的工作组织和程序，军事检察机关的其他法案和条例由总检察长核准。与检察官类别相适应，其辅助人员的员额、划分和任免都有规定。

（5）职务等级序列。乌兹别克斯坦检察官分为高级检察官、检察官和其他检察官三类。

（6）晋升机制。乌兹别克斯坦共和国总检察长对卡拉卡尔帕克斯坦共和国检察机关具有领导权及有权任命与罢免卡拉卡尔帕克斯坦共和国常务检察长和检察长。卡拉卡尔帕克斯坦共和国检察机关成立委员会，委员会成员包括卡拉卡尔帕克斯坦共和国总检察长、常务检察长、检察长、副检察长以及其他高级检察官。委员会组成人员需经过乌兹别克斯坦共和国总检察长的批准。经乌兹别克斯坦共和国总检察长同意，卡拉卡尔帕克斯坦共和国总检察长有权任命与罢免各部、各厅、各司、各部门的首长。经乌兹别克斯坦共和国总检察长同意，卡拉卡尔帕克斯坦共和国总检察长有权任命与罢免高层管理部门负责人、高级助理、专门助理、高级检察官和检察官，高级侦查人员、重案组侦查人员。

5. 哈萨克斯坦。哈萨克斯坦转型建立"三权分立"政治体制后，检察机关在国家机构中处于特殊地位。

（1）性质与地位。根据哈萨克斯坦《宪法》第83条规定，共和国检察机关组成统一的高度集中的体系。下级检察官应服从于上级检察官和共和国总检察长。检察机关独立于国家其他机构和公职人员行使职权，只向共和国总统报告工作；共和国检察机关是下级检察长服从上级检察长和共和国总检察长的集中统一的体系；检察机关独立地行使自己的权限，不受其他国家机关、公职人员的干涉，仅向共和国总统报告工作。未经参议院同意，共

---

① 参见乌兹别克斯坦《宪法》第121条规定。

和国总检察长在其任期内不得被逮捕、传讯，不得被按法律程序施以行政处罚措施，不被追究刑事责任，但在犯罪现场被抓获和严重犯罪的情况除外。

（2）检察官职权。根据哈萨克斯坦《宪法》第 16 条、第 83 条及第 84 条规定，哈萨克斯坦检察机关的职权是：①以国家的名义对在共和国境内准确一致地执行法律、总统令和其他规范法令的情况以及对案件侦查活动、调查或侦查、办案的行政和执行过程的合法性执行监督。②采取措施查处一切违法行为，并对与宪法和法律相违背的法律和其他法令提出异议。③在法院中代表国家的利益，并按法律规定的情况、程序和范围实施刑事追究。④刑事案件的预审工作由专门机构进行，与法院和检察机关分开，预审机构的权力、组织和活动程序以及案件侦查活动问题由法律调节。⑤未经检察官批准或者未经法官同意，不得对公民实施拘留和逮捕等强制措施。⑥检察机关有权调查国家机关及其官员的违法行为并采取相关法律措施。⑦检察机关对法院的违法判决有权提出抗议，确保现行法律、法规及总统令的有效贯彻与落实。

（3）职务名称与职务层次。检察官称谓有总检察长、常务总检察长、副总检察长、检察长、副检察长、高级检察官、检察官及其他检察官类别。检察辅助人员称谓有总检察长高级助理、总检察长助理、法律顾问、专门助理、检察长高级助理、检察长助理以及专门助理等。

（4）员额。根据宪法法律规定，哈萨克斯坦检察机关由哈萨克斯坦总检察院，哈萨克斯坦各市、区检察院等构成。与检察官类别相适应，其辅助人员的划分和任免及其员额都有规定。

（5）职务等级序列。哈萨克斯坦检察官职务等级实行"四等十级"制，即国家一级检察官、国家二级检察官、国家三级检察官；一级高级检察官、二级高级检察官、三级高级检察官；一级检察官、二级检察官、三级检察官和初级检察官（见表 3－19）。

（6）晋升机制。根据哈萨克斯坦《宪法》第 44 条、第 55 条及第 83 条规定，哈萨克斯坦总检察长由总统任免，由参议院批准，任期为 5 年。检察机关各级检察长和侦查人员的衔级由其资历、学历、工龄和职级决定，并相应确定其服务年限。其中，初级检察官服务年限为 3 个月至 3 年；中级检察官服务年限为 1 年至 4 年；高级检察官及最高级检察官，服务年限为 5 年以上。哈萨克斯坦检察官的晋升实行严格的考核规定条件和程序，在服务年限内根据检察官考核情况确定其晋升结果（见表 3－19）。

表 3 - 19　哈萨克斯坦检察人员职务序列 *

	衔级	等级	服务年限
初级检察官	士兵	—	3 个月
	下士	—	1 年
	中士	—	2 年
	上士	—	3 年
	军士长	—	无规定
中级检察官	少尉		1 年
	中尉	三级检察官	1 年
	上尉	二级检察官	3 年
	大尉	一级检察官	4 年
高级检察官	少校	三级高级检察官	5 年
	中校	二级高级检察官	
	上校	一级高级检察官	
最高级检察官	少将	国家三级检察官	
	中将	国家二级检察官	
	上将	国家一级检察官	

（四）我国香港特区、澳门特区、台湾地区检察官职务序列

1. 香港特区。香港特区检察制度受英国影响深远，具有较为明显的英美法系特色。香港特区刑事诉讼实行控诉与审判职能上的分工，检察系统独立于法院系统，成为代表香港特区政府追诉罪犯、行使检控职能的重要法律机构。香港特区律政司承担着对可控告罪行和严重罪行的检控工作。

（1）性质与地位。根据《香港特别行政区基本法》第 60 条、第 63 条规定，香港特区律政司作为特别行政区政府的职能机构，主管刑事检察工

---

* 资料来源：载 http://prokuror.gov.kz/rus/o - prokurature/normativnye - pravovye - akty/o - pravoohranitelnoy - sluzhbe/glava - 4 - specialnye - zvaniya - ili，访问日期：2015 年 7 月 18 日。

制表单位：中南财经政法大学法治发展与司法改革研究中心暨湖北法治发展战略研究院。

作，不受任何干涉。其职权涉及草拟法律草案、司法行政、检控、民事代理、法律政策制定以及律师等多项职能。律政司除了要全权负责香港特区刑事案件的检控之外，在所有起诉政府的民事诉讼（含行政诉讼）中均以被告身份参与诉讼，在法庭上代表政府。律政司长是特别行政区政府和行政长官的法律顾问。

（2）检察官职权。其一，检察官在刑事诉讼中审前程序的职权：①决定是否提出检控；②决定指控罪名；③决定免予指控的权力。其二，检察官在一审程序中的职权：①参加预审；②参加庭审；③决定终止检控和改变检控的内容；④同意辩方的签保安排。其三，检察官在上诉程序中的职权：①对裁判不符提请的上诉；②对区域法院和高等法院判决不符提起上诉；③向终审法院提出上诉。其四，在民事诉讼中的职权，在所有控告政府的民事诉讼中，律政司司长以被告的身份参与诉讼，在法庭上代表政府及公众利益。其五，其他权力：①干预自诉的权力；②统一检控的权力；③重新提出检控的权力。

（3）职务名称与职务层次。香港特区回归前，律政司署（香港特区回归后，改称"律政司"）长官称为总检察长，律政司法律专业人员称为"检察官"。据统计，1996年3月香港特区整个检察官职系的人数为263人，其中律政司署的检察官为254人，占检察官总人数的96.56%，[1] 其他的检察官则分散于廉政公署和警务署等检控机关。按律政司署的检察官系列，在律政专员以下检察官职务名称由高到低分别称为首席检察官、副首席检察官、助理首席检察官、高级检察官、检察官、助理检察官。香港特区回归后律政司的法律专业人员统称为"政府律师"，但其所担负的检控职能仍没有改变，属香港特区政府的公务员，职务名称从高到低分别是：律政司司长、律政专员（刑事检控专员）、首席政府律师、副首席政府律师、助理首席政府律师、高级政府律师和政府律师（见表3-20）。

---

[1] 参见香港特区政府编：《律政司1996》，香港特区政府印务局1996年版，第16页。

表 3－20　香港特区律政司政府律师人数（截至 2012 年 12 月 31 日）*

职级	职位数
律政专员（首长级（律政人员）薪级第 6 点）	5
首席政府律师（首长级（律政人员）薪级第 3 点）	15
副首席政府律师（首长级（律政人员）薪级第 2 点）	50 *
助理首席政府律师（首长级（律政人员）薪级第 1 点）	14
高级政府律师（总薪级第 45～49 点）	190
政府律师（总薪级第 32～44 点）	102
总数	376 *
备注	* 包括 2 个编外职位

（4）员额。截至 2014 年 12 月 31 日止，香港特区律政司政府律师共计 412 人，分布在律政司司长办公室、民事法律科、国际法律科、法律草拟科、法律政策科、刑事检控科、政务及发展科 7 个部门，其中首长级政府律师 87 人（含 2 个编外职位），非首长级政府律师 325 人，法律辅助人员共计 212 人，其他人员 655 人。政府律师人数在全部工作人员人数中的比例为 32.2%（见表 3－21）。

表 3－21　香港特区律政司职位编制（截至 2014 年 12 月 31 日）**

科别	首长级政府律师	非首长级政府律师	法律辅助人员#	其他人员	总计
律政司司长办公室	—	1	—	14	15
民事法律科	23 + 2 *	140	45	128	336 + 2 *
国际法律科	7	16	2	12	37
法律草拟科	15 + 1 *	26	23	58	122 + 1 *

---

　* 资料来源：香港特区律政司网站，载 http：//www. doj. gov. hk/sc/recruitment/counsel. html，访问日期：2015 年 10 月 25 日。

　　制表单位：中南财经政法大学法治发展与司法改革研究中心暨湖北法治发展战略研究院。

　* 资料来源：香港特区律政司官方网站，载 http：//www. doj. gov. hk/sc/about/stat. html，访问日期：2015 年 9 月 22 日。

　　制表单位：中南财经政法大学法治发展与司法改革研究中心暨湖北法治发展战略研究院。

续表

科别	首长级政府律师	非首长级政府律师	法律辅助人员#	其他人员	总计
法律政策科	10 + 1 *	34	7	30	81 + 1 *
刑事检控科	27 + 1 *	107	135	215	484 + 1 *
政务及发展科	–	1	–	198	199
职位总数	82 + 5 *	325	212	655	1274 + 5 *

#法庭检控主任、法律翻译主任及律政书记；＊编外职位

（5）职务等级序列。受英国司法制度及司法委员会的影响及制约，香港特区形成了具有英国司法模式与香港特区特点的制度体系。其职务等级也没有制定专门的检察官职务等级制度，而是采用检察官职务名称与职务等级合二为一的方式，并且职务等级层次通过其工资等级来体现。

（6）晋升机制。香港特区律政司政府律师晋升选拔是以品格、能力及经验作为准则。根据个人才干，政府律师一般可在数年内晋升为高级政府律师；但是要晋升为助理首席政府律师以上职位的，则需要较长年限，时间不固定。获取录为政府律师的人士按公务员试用条款受聘，试用期为3年；成功通过试用期的人员，可获考虑按当时适用的长期聘用条款受聘。对于初入职政府律师，律政司会安排各类型的培训课程，协助其掌握工作所需的知识及技巧，以便更有效地履行职务，并为日后晋升作好准备。此外，香港特区律政司还设置见习律政人员，作为政府律师的后备人选，分为见习律师和见习大律师两类，见习律师参加见习律政人员计划为期2年，见习大律师参加见习律政人员计划则为期1年。

2. 澳门特区。澳门特区回归前，没有独立的检察机关，行使检察权的部门"检察官公署"从属于法院，与法院合署办公。检察部门是葡萄牙检察官公署的下属机关，绝大部分检察官隶属葡萄牙编制。回归后的澳门特区，根据《澳门特别行政区基本法》（以下简称《基本法》）及《澳门特别行政区司法组织纲要法》（以下简称《司法组织纲要法》）的规定，澳门特区单独设置行使检察权的检察院。检察院的机构设置上，不设立对应于三级法院的三级检察院，而采用单一组织结构，即设立一个检察院通过"三级派任"的方式实现。

（1）性质与地位。根据《基本法》第90条第1款规定：检察院独立行

使法律赋予的检察职能，不受任何干涉。《基本法》的这一规定赋予了检察院更为明确的法律地位。检察院是唯一具有检察职能的司法机关，独立行使法律赋予的权限，不受任何干涉。检察院是一个与法院对等而又和谐地共同履行司法职责的独立机关。

（2）检察官职权。根据《司法组织纲要法》的规定，其职权是：①代表澳门特区任何一个行政机关在法庭上进行诉讼的职权。②领导行使侦查。③领导刑事检察部门开展刑事侦查工作，监督刑事侦查工作是否依法进行。④提起公诉，出庭支持公诉。⑤对审判程序的合法性进行监督。⑥对刑事判决执行实行监督。⑦监督法律实施。

（3）职务名称与职务层次。澳门特区检察官职务名称由高到低分别是：检察长、助理检察长、检察官；分别在澳门特区的三级法院担任检察院的代表。在终审法院，设立检察院驻终审法院办事处，由检察长代表检察院，必要时由助理检察长协助检察长工作；在中级法院，设立检察院驻中级法院办事处，由助理检察长代表检察院；在第一审法院，包括初级法院和行政法院，分别设立检察院驻初级法院办事处、检察院驻行政法院办事处，由检察官代表检察院，案情严重复杂或涉及重大公共利益时，也可由助理检察长在第一审法院代表检察院。

（4）员额。按照《司法组织纲要法》的规定，检察院司法官的编制为检察长1人、助理检察长13人、检察官27人（见表3-22）。

表3-22　澳门特别行政区检察机关人员统计表*

检察官					辅助人员						专业行政人员				
检察长	助理检察长	检察官	小计	员额比例	书记长	助理书记长	主任书记员	司法文员	小计	员额比例	主管人员	专业人员	助理人员	小计	员额比例
1	13	27	41	18%	—	—	—	—	83	36%	6	63	40	109	46%

（5）职务等级序列。澳门特区检察院创立了"一院建制、三级派任"

---

* 资料来源：澳门特别行政区检察院官方网站，载 http://www.mp.gov.mo/gb/intro/bookindex6.htm，访问日期：2015年8月12日。

制表单位：中南财经政法大学法治发展与司法改革研究中心暨湖北法治发展战略研究院。

的新的司法架构模式，职务等级序列分为三等：检察长、助理检察长、检察官（见表 3 – 23）。

表 3 – 23 澳门特区检察官职务序列 *

检察院层级	检察官等级	
检察院驻终审法院办事处	检察长	
	助理检察长	
检察院驻中级法院办事处	助理检察长	
检察院驻初级法院办事处	助理检察长/检察官	
检察院驻行政法院办事处		
检察院刑事诉讼办事处		

（6）晋升机制。澳门特区检察长由澳门特区永久性居民中的中国公民担任，由行政长官提名，报中央人民政府任命。检察官经检察长提名，由行政长官任命。澳门特区检察官和法官的任职资格条件相同。根据《澳门特别行政区司法官通则》第 13 条和第 16 条的规定，担任第一审法院法官及检察院司法官职级者应当具备一般任用要件和特别要件。一般任用要件是：除一般法就担任公共职务所定者外，还包括法律认可的法律学士学位，以及熟悉澳门特区法律体系。特别任用要件是：①在澳门特区居住至少 3 年；②熟悉中、葡文；③完成培训课程及实习且成绩及格。为了确保司法官的稳定性，司法官一般用确定委任的方式任用，外籍司法官一般用定期委任方式任用。从任用的方式来看，各级检察官属永久性任职。除非在法律规定的情况下，否则不得将检察院司法官停职，命令其退休，将之免职、撤职，或以任何方式使其离职。

3. 台湾地区。台湾地区于 1980 年设"法务部"，实行"审检分隶"。1994 年台湾地区当局专门成立"司法改革委员会"。台湾检察机关隶属于"行政院"所属的"法务部"，受"法务部"领导。各级法院隶属于"司法

---

* 资料来源：澳门特区检察院官方网站，载 http：//www. mp. gov. mo/gb/main. htm，访问日期：2015 年 8 月 12 日。

制表单位：中南财经政法大学法治发展与司法改革研究中心暨湖北法治发展战略研究院。

院"，各级检察机关附设在各级法院之内，台湾地区"最高法院"、高等法院及分院、地方法院三级法院均配置检察署，设有检察官。

（1）性质与地位。台湾地区检察机关由"法院组织法"第五章中专章设"检察机关"，规定检察署之配置、组织，检察官之职权、人事、职等及检察总长、检察长之指挥介入、移转等司法行政监督等事项；"司法人员人事条例"规定检察官之任用、训练、进修、保障及给予等具体内容，从而建立起了审检分隶的新型检察制度。其代表台湾地区行使追诉权、行刑权，负有保障人民权益，维护地区社会法益之任务，在诉讼程序中立于原告的地位，与法院成为相对独立的机关。

（2）检察官职权。根据台湾地区"刑事诉讼法"和"法院组织法"的规定，检察官职权有：①实施侦查犯罪权。②提起公诉权。③不起诉裁量权。④暂缓起诉权。⑤认罪协商自由裁量权。⑥协助自诉权。⑦担当自诉权。⑧指挥刑事裁判执行权。⑨其他法令所定职务的执行权。

（3）职务名称与职务层次。台湾地区检察机关分为"最高法院检察署"、高等法院检察署及分院检察署、地方法院检察署，其中"最高法院检察署"检察官职务名称由高到低分别一般是：检察总长、主任检察官、检察官。"最高法院检察署"置检察官若干人，其员额以法律定之，以1人为检察总长，由行政首长提名，经立法院同意任命之，任期4年，不得连任。检察官员额在6人以上得分组办事，每组以1人为主任检察官，监督各该组事务。高等法院检察署及分院检察署、地方法院检察署检察官职务名称由高到低分别一般是：检察长、主任检察官、检察官。

（4）员额。根据2014年的数据统计，台湾地区"最高法院检察署"有工作人员95人，其中检察官人数19人（检察总长1人，主任检察官3人，检察官15人），占全体工作人员的20%。高等法院检察署及5个分院检察署有工作人员633人，检察官人数193人（检察长6人，主任检察官19人，检察官168人），占全体工作人员的30.49%；其中高等法院花莲分院检察署检察官员额比最低，占13.89%；高等法院检察署智慧财产分署检察官员额比最高，占44.44%。台湾地区19个地方法院检察署有工作人员4689人，检察官人数1179人（检察长19人，主任检察官149人，检察官1008人），占全体工作人员的25.08%；其中澎湖地方法院检察署检察官员额比最低，占10%；新北地方法院检察署检察官员额比最高，占28.87%（见表3-24）。

表 3 - 24　2014 年我国台湾地区各地方法院检察署人员表（单位：人）*

机关 \ 类别	总计	职员											
		检察官					检察辅助人员		司法行政人员		技术服务人员（雇员）	
		检察长	主任检察官	检察官	小计	百分比（％）	小计	百分比（％）	小计	百分比（％）	小计	百分比（％）
总计	4689	19	149	1008	1179	25.08	2924	62.36	282	6.01	307	6.55
台北地方法院检察署	602	1	22	129	152	25.25	391	64.95	32	5.32	27	4.49
士林地方法院检察署	256	1	8	61	70	27.34	155	60.55	16	6.25	15	5.86
新北地方法院检察署	478	1	18	119	138	28.87	297	62.13	20	4.18	23	4.81
桃园地方法院检察署	390	1	13	97	111	28.46	243	62.31	18	4.62	18	4.62
新竹地方法院检察署	183	1	6	37	44	24.04	113	61.75	13	7.1	13	7.1
苗栗地方法院检察署	119	1	3	22	26	21.85	73	61.34	10	8.4	10	8.4
台中地方法院检察署	496	1	15	117	133	26.81	316	63.71	21	4.23	26	5.24

　　*　资料来源：台湾高等法院检察署（http：//www.tph.moj.gov.tw/mp003.html）及台湾"法务部"（http：//www.moj.gov.tw/mp001.html）公布数据统计得出，主要参考上述网页公布的《台湾地方法院检察署统计情况》，访问日期：2015 年 9 月 2 日。

　　制表单位：中南财经政法大学法治发展与司法改革研究中心暨湖北法治发展战略研究院。

类别机关	总计	职员											
		检察官					检察辅助人员		司法行政人员		技术服务人员（雇员）	
		检察长	主任检察官	检察官	小计	百分比（%）	小计	百分比（%）	小计	百分比（%）	小计	百分比（%）
彰化地方法院检察署	220	1	7	44	52	23.64	141	64.09	13	5.91	14	6.36
南投地方法院检察署	120	1	4	21	26	21.67	71	59.17	10	8.33	13	10.83
云林地方法院检察署	133	1	4	24	29	21.8	77	57.89	13	9.77	14	10.53
嘉义地方法院检察署	174	1	4	32	37	21.26	108	62.07	14	8.05	15	8.62
台南地方法院检察署	309	1	9	67	77	24.92	192	62.14	17	5.5	23	7.44
高雄地方法院检察署	546	1	18	129	148	27.11	346	63.37	25	4.58	27	4.95
屏东地方法院检察署	176	1	6	34	41	23.3	106	60.23	13	7.39	16	9.09
台东地方法院检察署	94	1	2	12	15	15.96	57	60.64	9	9.57	13	13.83
花莲地方法院检察署	114	1	3	20	24	21.05	69	60.53	10	8.77	11	9.65
宜兰地方法院检察署	102	1	2	18	21	20.59	60	58.82	10	9.8	11	10.78
基隆地方法院检察署	127	1	4	22	27	21.26	79	62.2	10	7.87	11	8.66
澎湖地方法院检察署	50	1	1	3	5	10	30	60	8	16	7	14

（5）职务等级序列。台湾地区检察官的职务不标明其职务等级，检察官职务等级通过职务等级工资来体现。

（6）晋升机制。以检察官的任用资格为区别标准，检察官的种类可以分为学习检察官与候补检察官。学习检察官是指司法官考试录取人员，接受"法务部"司法官学院之学习训练，以完成其考试资格者，于学习训练期间，称为学习检察官。任用为检察官或曾任候补法官或检察官经遴选成为候补检察官，候补检察官候补期间为 5 年，候补期满经审查及格的予以试署。以检察官的任用为区别标准，检察官可以分为试署检察官和实任检察官。候补检察官候补期满审查及格者经遴选可成为试署检察官，试署期间 1 年。曾任公设辩护人 6 年以上；曾实际执行律师职务 6 年以上成绩优良具拟任职务任用资格；公立或经立案之私立大学、独立学院法律学系或其研究所毕业，曾任"教育部"审定合格之大学或独立学院专任教授、副教授或助理教授合计 6 年以上，讲授主要法律科目 2 年以上，有法律专门著作，具拟任职务任用资格的经遴选可成为地方法院或其分院检察署试署检察官，试署期间 2 年；曾实际执行律师职务 14 年以上，成绩优良，具拟任职务任用资格的经遴选可成为高等法院或其分院检察署试署检察官，试署期间 1 年。试署检察官试署期间，独任办理所有案件。试署检察官试署期满并审查及格的，授予实授为实任检察官。

二、域外检察官职务序列可资借鉴的做法

受司法体制、司法传统、发展水平等方面的影响，上述国家、地区的检察官职务序列在具体实践中存在较大差异；但是，其在检察官员额、检察官单独职务序列、检察官职务等级晋升等方面存在共通之处，可资借鉴。

（一）检察官单独职务序列与员额联系密切

域外检察机关都严格控制检察官员额，确保法学素养高、法律实践经验丰富、职业道德水平高的优秀法律人才进入单独职务序列。

1. 从数量看，美国设在联邦地方检察区的每个检察官办事处只配有 1 名检察官。俄罗斯联邦总检察长在划配所属的定员编制范围内，确定俄罗斯联邦总检察院人员编制与机构设置，规定下级检察院及所属机构的定员编制与机构设置。我国澳门特区《司法组织纲要法》规定，澳门特区检察院编制为检察长 1 人、助理检察长 13 人、检察官 27 人。

2. 从比例看，德国联邦总检察院检察官员额数占全体工作人员的 28%；州总检察院检察官员额数占全体工作人员的 42%；州地方检察院检察官员

额数占全体工作人员的 37%；三级检察机关检察官员额比例平均为35.67%。我国香港特区，律政司政府律师员额数占全体工作人员的31.5%。我国台湾地区，高等法院检察署及分院检察署检察官员额数占全体工作人员的 30.49%；地方法院检察署员额数占全体工作人员的 25.08%；两级检察机关检察官员额比例平均为 27.79%。

无论是从检察官人数编制方面，还是从检察官员额比例方面，上述国家、地区对检察官具体人数实现了有效控制，即检察官人数总体上少而精。所有检察官都亲自办理案件，并对案件质量负责。高素质、精英化的检察官队伍，不仅在司法办案绩效、职业道德等方面获得了社会的认可，而且在高工资、福利待遇方面也得到了社会的支持，检察官的工资、福利等待遇高于普通公务员。

（二）检察官单独职务序列自成体系

1. 检察官有不同于普通公务员的职务名称。尽管不同国家、地区对检察官的称谓不同，但职务名称是确定的，特别是检察机关的首长名称一般都使用"总检察长"、"检察长"等称谓，其他一般都使用"检察官"等称谓。检察官职务名称严格区别于检察机关其他工作人员。

2. 检察官职务序列与普通公务员分属不同体系。不同国家、地区对检察权的定位不同，但不管是隶属于行政权，还是设在法院系统，或者独立于行政、审判权之外，检察官职务都保持单独序列的独立性，不存在与普通公务员职级的对应，检察官也不存在依靠行政职级来提高职务等级层次的现象，检察官职业发展的渠道是畅通的。

3. 检察官职务管理的主体层次高。美国联邦检察官由总统任命，对检察官职位调整由总统提出；除新泽西、康涅狄格、罗得岛、特拉华 4 州检察长由州长任命，新泽西州检察官由州长任命，康涅狄格州检察官由州最高法院任命外，其他州检察长、检察官都由所在地区公民直接选举产生。英国检察长和副检察长由首相从本党的下议院议员中提名推荐，由女王任命；王室检察署检察官由检察长依职权任命。德国检察官职务等级晋升由司法部决定。法国检察官的晋升由一个包括 20 名司法官的晋升委员会负责，晋升委员会成员包括最高法院院长、庭长和检察长、司法事务总督察、最高法院两名特级司法官（1 名法官和 1 名检察官）、上诉法院 2 名院长和 2 名检察长、来自其他法院和法庭的 10 名司法官。①日本检事总长、次长检事、检事长由内阁任免，并由天皇作出认证；其他检察官由法务大臣任命。俄罗斯检察官的职级，联邦总检察长由俄罗斯联邦总统授予，俄罗斯联邦总检察院检察官的职级由联邦总检察长授予，其他各级检察机关检察官的职级由相应联邦主体的检察长授予。我国台湾地区检察官职务晋升由"法务部"设立的检察官人事审议委员会审议通过后报请法务部长核定后公告。制度设计有效地避免了职务任免、晋升受制于地方导致不当干预检察官司法办案的情形。

（三）助理检察官在检察官职务序列中处于特殊地位

司法官的培养是司法制度的重要组成部分，域外上述国家或地区检察机关都很注重检察官的培养，尤其是对尚未担任检察官职务的助理检察官（员）的培养，将其作为检察官职位的候选（补）人员。助理检察官（员）大都在检察官职务序列中占据特殊地位，主要有 3 种表现形式：

1. 无固定晋升期限的助理检察官任期。如美国，助理联邦检察官由联邦检察官自己雇佣，提交联邦总检察长任命；联邦检察官办事处的工作人员一般都称为联邦助理检察官，包括联邦检察官办公室内设部门的负责人；他们虽然有职务和工资上的差别，但是没有"职务层次"上的差别，无论是局长还是处长，都是联邦检察官的助理。如英国，皇家检察官带领助理检察官开展工作，助理检察官不具备律师资格不能以皇家检察官身份执行职务；但是在得到刑事检控专员之授权后，助理检察官可以办理一些简单的公诉案件，如刑案之保释程序以及在治安法庭进行的诉讼。在英国、美国等国，检察官职务等级晋升大多参考其从事检察工作的经历和实绩，其中，助理检察官工作经历是必不可少的。

2. 规定晋升期限的助理检察官任期。如德国，在州总检察院和州地方检察院设置见习检察官岗位，并明确规定见习检察官最少工作 3 年才能晋升为检察官。如法国，依法律规定，所有获准进入司法官学校学习的学员将同时被任命为初任司法官（包括未来的法官和检察官），在其任职前必须在国家司法官学校接受 4 个阶段为期 31 个月的培训。如我国香港特区，律政司设置见习律政人员岗位，作为政府律师的后备人选，分为见习律师和见习大律师两类，见习律师参加见习律政人员计划为期 2 年，见习大律师参加见习律政人员计划则为期 1 年。如我国台湾地区，以检察官的任用资格为区别标

---

① 参见何家弘：《检察制度比较研究》，中国检察出版社 2008 年版，第 128 页。

准，检察官的种类可以分为学习检察官与候补检察官：学习检察官是指司法官考试录取人员，接受"法务部"司法官学院之学习训练，以完成其考试资格者，于学习训练期间，称为学习检察官；任用为检察官或曾任候补法官或检察官经遴选成为候补检察官，候补检察官候补期间为 5 年，候补期满经审查及格的，予以试署。

3. 助理检察官（员）直接纳入检察官职务序列。如俄罗斯，检察官等级分为三等十一级，其中第三等是助理检察官，包括四级，由高到低分别是：一级助理检察官、二级助理检察官、三级助理检察官、初级助理检察官。如白俄罗斯，检察官等级分为三等九级，其中第三等是助理检察官，包括三级，由高到低分别是：一级助理检察官、二级助理检察官、三级助理检察官。我国目前四等十二级检察官职务序列也将助理检察员纳入其中。

（四）检察官职务等级层次设置体现了检察职业特点

检察官的等级制度作为检察官职级系列的组成部分，是对检察官职务的说明和细化，同时也是确定检察官工资待遇的基本依据之一，属于检察官职务保障机制。[①]多数国家、地区检察官地位和等次，主要通过检察官职务确定等级，检察官职务等级设置比较简单，有利于检察官的职业发展，也不会导致处于基层的检察官职务等级层次落差过大、同工不同酬的现象。当然，由于各自的司法传统、制度理念的差异，不同国家、地区检察官职务等级表现以及与工资的对应关系各具特色，主要分为两种：

1. 检察官职务名称与职务等级合一。检察官职务名称即检察官职务等级，不再细分具体等次，检察官职务直接与工资等级或标准相对应，检察官职务晋升，对应的工资等级即上调，或者工资标准提升。如美国，州的地方检察官从市检察官改任地区（县）检察官，从地区（县）检察官改任州检察长，象征着职务等级的晋升。英国检察官职务序列的规定与美国相似，虽然将检察官分为 6 个等级，但从国家到地方，每一级别检察院（检察官办事处）所设置的检察官职务名称都是唯一的，职务等级晋升也是通过检察官职务名称的变化和提高工资等级来实现。我国香港特区、澳门特区、台湾地区检察官职务等级制度与此相类似。

2. 检察官职务名称与检察官等级并行。即将检察官职务进一步细化为职务等级层次，职务等级层次与工资标准对应。德国检察官职务等级分为三

---

① 参见何家弘：《检察制度比较研究》，中国检察出版社 2008 年版，第 387 页。

级，从高到低分别是：一级检察官、二级检察官、三级检察官，不同的检察官职务名称一般对应不同的检察官职务等级。法国普通法院检察官职务等级也分为三级，从高到低分别是：最高级检察官、一级检察官、二级检察官，不同的检察官职务名称也一般对应不同的检察官职务等级。日本检察官职务等级只有两个等级，从高到低分别是：一级检察官、二级检察官。俄罗斯等国家设置层次较多的检察官职务等级，其中，俄罗斯检察官职务等级则分为三等十一级；白俄罗斯检察官职务等级分为三等九级。

无论是实行检察官职务名称与职务等级合一制度，还是实行检察官职务名称与检察官等级并行制度，除对初任检察官晋升为最低检察官职务等级，或者检察官任前岗位年限有要求外，基本上没有规定检察官晋升职务等级的具体年限，有的还采取了职务与工资等级并行的制度。检察官能否晋升职务等级，主要是根据检察官职务空缺和本人检察工作经历来确定；而检察官的职级待遇则通过工资档次的定期晋级晋档或根据绩效评定晋升工资实现的，从而既引导检察官将精力用于检察业务，而不是谋取职务等级晋升，又引导检察官通过工作业绩获得工资福利待遇的提高。

第四章 我国检察官单独 职务序列的设置

一、检察官单独职务序列的设置原则

检察官职务序列改革是一项系统工程，在考虑基本国情的前提下，既要突出检察官的司法属性，又要畅通检察官与其他公职人员依法、有序交流渠道，设置独立运行并与国家公务员制度相适应的检察官单独职务序列。

（一）与行政职级完全脱钩原则

检察官的社会地位、工资、福利待遇等主要取决于检察官个人的检察官等级，其本人行政职级不再起决定性作用，评定检察官等级的主要依据是检察官的工作业绩和工作资历，不受行政职级的制约。独立于行政职级的检察官职务序列，拓展了检察官职业成长空间，打通了检察官终身发展的职业通道，避免了"千军万马"挤行政职级"独木桥"的现象，也避免了因行政职级限制造成的司法人才资源浪费和流失，可以使一线检察官安心基层、安心办案，终身奉献检察事业。

（二）符合检察权运行规律原则

我国检察权在运行中体现出司法权和行政权的复合属性，其中司法属性要求检察官在办案中必须恪守司法亲历性、中立性、程序性、裁断性等规律。因而，检察官职务名称的设置要突出司法性，尤其是司法亲历性"谁办案、谁决定"的要求，不符合司法性要求的职务不能作为检察官职务。检察权的行政属性要求检察官在办案中还必须遵守"检察一体"原则，我国宪法规定检察机关上下级之间及检察院内部检察长检察官之间是领导关系，因而，检察官职务名称的设置还要突出上下级检察机关检察官之间的层次性，同一检察院内检察长检察官之间的层次性。

（三）检察官权责利相一致原则

权责利相一致原则要求检察官职务等级管理过程中，关于检察官的权力、责任、利益的管理必须既结合又统一方式与过程。权责利三者之间，权力是基础，责任是关键，利益是保障。只有明晰和赋予权力，才能使检察官履行法律责任和客观义务，对所涉法益事务才能作出符合法定要求的判断和决定；只有建立责任制，才能确保检察官依法公平公正行使权力，防止履行职务过程中滥用权力或越位、缺位、不到位等失职渎职行为发生；只有建立优厚的职务等级、工资福利制度，才能调动检察官的积极性、创造性，激发检察官团队的活力，才能约束检察官忠诚、公正、清廉、文明执法，也才能为检察官的全面发展提供可靠保障。

（四）统筹协调、有序推进原则

检察官单独职务序列及工资福利制度的设计，应当立足于我国检察官职务等级管理的实际。目前，自 1995 年起我国对检察官职务等级管理一直执行《检察官法》规定的检察官"四等十二级"制度。本轮司法体制改革在进行检察官职务等级制度设计时，应当考虑这一现状。同时，新一轮司法体制改革部署后，全国 18 个省、自治区、直辖市正在进行检察人员分类管理、办案责任制、省以下人财物统一管理等试点改革，此次对检察官职务等级制度设计过程中，对这几类改革的新鲜经验合理成分应当予以吸收；对于检察人员分类管理改革与现行《检察官法》在检察官界定方面的差异等问题，应当从构建科学完备的检察官职务序列等级制度、工资福利制度的高度统筹协调，有序推进。

二、我国检察官单独职务序列的内容

建立检察官单独职务序列，应当根据法律对检察官职责的规定，按照人民检察院的层级和职责范围，从理顺检察官的权责利关系出发，改革目前检察官职务的设置与行政等级挂钩的模式，将各级人民检察院检察官职务作为一个单独的完整的职务序列，对其进行纵向层级划分，明确各个检察官职务的层次地位及其上下层次关系，形成结构严密、层次分明、运行有序、科学完备的单独职务序列体系。

（一）检察官职位类别设置的三种比较方案

明确检察官职位类别设置，是构建检察官单独职务序列的基础和前提，即在明确设置哪些检察官职位类别的基础上，然后再确定检察官的职务序列；然而，我国现行法律对检察官的界定有着不同的规定。根据《检察官法》第 2 条规定，具有检察长、副检察长、检察委员会委员、检察员和助理检察员职务的检察人员都是检察官。但是，根据《检察院组织法》第3条规定，各级人民检察院设检察长1人、副检察长和检察员若干人。

如何确定检察官，目前有3种思路：第一种思路将检察长、副检察长和检察委员会委员、检察官和助理检察官均视为检察官，前三者是督办检察官，后两者是承办检察官。第二种思路和第三种思路将检察职权界定为拥有"决定权"权能的权力，只有检察长、副检察长才是名副其实的检察官，只有"建议权和执行权"的检察员和助理检察员是辅助人员，第二种思路认为，检察官仅指检察长、副检察长和享有决定权的检察员。第三种思路认为检察官是指检察长、副检察长、检察委员会委员和享有决定权的检察员。从上可见，上述思路分歧主要有：一是检察委员会委员身份与检察员身份的归属问题；二是助理检察员是否是属于检察官范畴的问题。综合借鉴以上思路，在检察官职务类别设置方面，有以下三种方案可选择。

方案一：设置检察长、副检察长、检察员等检察官职务类别，检察委员会委员和助理检察员不纳入检察官职务序列。

与现行规定相比，该方案减少了检察委员会委员和助理检察员这两个职务类别。其理由是：检委会委员是议事性和兼职性职务，由检察长、副检察长或检察官兼任即可，不必作为单独类别的检察官，可考虑将其从检察官职务中剔除。将"检察委员会委员"从检察官职务序列中分离出来，不再作为检察官职务序列中的职务岗位，是实行职务序列与议事事项适度分离的需要。根据《检察院组织法》第3条关于检察长、副检察长和检察员职务设置与检察委员会设置的规定，检察长、副检察长和检察员是承担检察职责、实现检察院职能的人格化载体，是检察官职务序列的有机组成部分。而检察委员会的职能是讨论和决定重大案件和重大事项，它是由具有检察官职务等级的检察长、副检察长和部分检察员组成的合议性组织，检察委员会委员的职责主要是参加检委会会议，讨论重大案件和重大事项并在会议上发表意见和表决，其履行的是合议组织的议事事项。一方面，大量的检察业务是由检察长、副检察长、检察员承担的，并以办案责任终身负责制、错案责任追究制和工资福利等作为公正司法的保障。另一方面，涉及检察工作发展的重大规划、重要事项和少数重大案件，需要由检察委员会委员参与讨论，形成集体决策，以弥补个体检察官知识的不足。在检察委员会闭会期间，法律并未对检委会委员赋予其具体的职责。因此，检察委员会委员是一种兼职性职务，将检委会委员不纳入检察官职务序列是适应检察官职务序列与议事事项适度分离改革的需要。

助理检察员在检察实践中一直处于辅助人员地位。根据现行《检察院组织法》的规定，各级人民检察院设助理检察员，经检察长批准，其可以代行检察员职务，这种"可以"的实践仅是一种特殊情形的例外，而不是通常做法。根据新一轮检察人员分类管理的改革要求，助理检察员应当归位检察辅助人员，其名称为"检察官助理"，而不宜纳入检察官职务系列。这样既有利于精干检察官队伍，实现对检察官队伍整体素质的要求，也有利于分担检察官工作的压力，培养锻炼检察官的后备力量。这一方案的实行需要对《人民检察院组织法》《检察官法》和《人民检察院检察委员会委员组织条例》的相关条文进行修改。

方案二：设置检察长、副检察长、检委会委员、检察员等检察官职务类别，助理检察员不纳入检察官职务序列。

与现行规定相比，该方案减少了助理检察员这一个职务类别。主要理由是：由于中央部署推行检察官员额制改革试点，检察官员额数量将大为缩减，检察官入职门槛提高；第一批司法改革试点7个省、直辖市除吉林省外都将助理检察员划入检察辅助人员类。检察官遴选启动试点后，已有一部分符合检察官条件的助理检察员经遴选进入了检察官的员额，另一部分助理检察员则划入检察官辅助人员序列。试点改革初步证明，这有利于建立检察官合理生长的梯次结构，形成检察官、检察辅助人员与司法行政人员分类管理、协调配合的现代检察组织体系。因此，新建立的检察官职务序列中不再包含助理检察员，并通过修改《检察官法》予以确定。这一方案的实行需要对《人民检察院组织法》《检察官法》的相关条文进行修改。

方案三：设置检察长、副检察长、检察长助理、检委会委员、检察员等检察官职务类别。

与现行规定相比，该方案保留了检察委员会委员的职务类别，增加了检察长助理的职务类别，减少了助理检察员的职务类别。

保留检察委员会委员职务类别的理由是：我国政权组织形式是实行民主集中制原则。根据《人民检察院组织法》和《人民检察院检察委员会组织条例》的规定，各级人民检察院设立检察委员会；实行民主集中制，遵循少数服从多数的原则；讨论决定重大案件和其他重大问题；检察委员会作出的决定具有法律效力。检察委员会委员的任职条件是必须具备检察官资格，并且是经过严格的选任程序，从资历深、经验丰富、有较高威望的检察官中产生。检察委员会委员参与检察委员会讨论决定重大案件就是行使检察权，从事检察业务。保留检察委员会委员的检察官职务类别，符合司法体制改革分类管理、员额制的根本要求。

为了缓解检察长领导检察工作面临日益繁重任务的压力，中共中央《关于进一步加强人民法院、人民检察院工作的决定》（中发〔2006〕11号），明确根据工作需要，人民检察院检察委员会可以设置专职委员2名左右，按照同级党政部门副职的规格和条件，从具备良好的政治业务素质、符合任职条件的检察官中产生，并且享受副检察长实职政治生活待遇，行使检察权。因此，将检察委员会专职委员作为检察官职位类别予以保留，并将这一职务类别的名称改为"检察长助理"。设立检察长助理的理由是：（1）巩固上一轮司法改革重大成果的体现。实践证明，中央关于设立检察委员会专职委员的这一改革举措对于加强法律监督，提高各级检察院领导班子保证公正司法、提高司法公信力已产生了良好的影响，新一轮司法体制改革应当对这一改革成果进行巩固发展，使司法改革具有连续性。（2）行政机关设置行政首长助理职位的借鉴。近年来，我国地方行政机关实践中大多确立诸如省长助理、市长助理、县长助理、镇长助理等职位，专门协助行政首长开展工作。这一做法值得检察机关借鉴。（3）检察委员会专职委员履行检察长助理的职责已经规范化。最高人民检察院在调查研究、总结检察委员会专职委员制度运行经验的基础上，颁发了《人民检察院检察委员会专职委员选任及职责暂行规定》，使检察委员会专职委员履行检察长助理职责呈现规范化、制度化，其内容包括：检察长分配的检察业务工作；指导下级人民检察院的检察业务工作；协助办理重大疑难案件，对有关检察工作的重大问题进行协调、研究并提出意见和建议；开展检察调研，总结检察工作经验；代表本院出席院外有关会议等。将检委会专职委员改称为检察长助理能够保障其职权规范有效运行。（4）域外主要国家和地区设置检察长助理职位的通行做法也值得借鉴。比如，美国在联邦总检察长、副总检察长之下设置数名助理总检察长，作为联邦司法部刑事司、反垄断司、民事司等与检察业务相关部门的领导，协助总检察长。英国在总检察长、副总检察长之下设置数名刑事检控专员，作为总检察长的助手，具体负责刑事起诉相关工作。法国驻上诉法院检察院设有检察长助理，其属于一级检察官。日本最高检察厅设置检事总长秘书1名，协助检事总长工作。白俄罗斯、哈萨克斯坦等国中央、州、市（区）三级检察机关都设置检察长助理。我国香港特区在律政司司长之下设数名律政专员，协助律政司司长工作。因此，建议在修改《检察官法》时，明确规定"检察长助理"这一职务类别。

关于取消助理检察员这一职务类别的理由参见方案二。在我国检察人员分类管理改革中,建议将"助理检察员"这一名称改为"助理检察官",将其纳入检察官类别,作为检察官的后备人员进行专门培养,主要理由有:(1)保持检察人员分类管理改革的一致性。检察人员分类管理改革过渡期完成后,检察官、检察辅助人员、司法行政人员不再进行跨类别交流(除检察官转任为检察辅助人员或司法行政人员外)。但是,当检察官员额出现空缺后,作为检察辅助人员的检察官助理(原助理检察员)经过遴选等程序,可以进入员额内的检察官,这是今后检察官员额补充一种形式。这种常态化的跨类别流动,与其将其作为改革中"不一致"的例外,不如将检察官助理回归应有类别,即将其作为检察官队伍的特殊主体,实行"宽进严出",实现检察官补充的同类别流动,保持检察人员分类管理改革的实质一致性。(2)检察官助理实质上是检察官学徒角色,是准检察官,用助理检察官这一偏正短语对其身份的表述更为准确。在检察官助理回归检察官类别后,将"检察官助理"改名称为"助理检察官"也就顺理成章。此外,我国目前相当一部分检察人员属于助理检察员,助理检察官的身份定位更容易为其所接受,减少改革阻力。(3)赋予助理检察官具有特殊地位是域外国家和地区的通行做法。检察官的培养是司法制度的重要组成部分,域外上述国家和地区检察机关都很注重检察官的培养,尤其是对尚未担任检察官职务的助理检察官(员)的培养,将其作为检察官职位的候选(补)人员,而不作为一般的辅助人员或行政人员对待。助理检察官(员)大都在检察官职务序列中占据特殊地位,有的通过晋升期限明确助理检察官晋升为检察官的时间,有的则将助理检察官(员)直接纳入检察官职务序列。

我们建议采纳第三种方案,设置检察长助理职位的理由是:(1)巩固上一轮中央关于设立检察委员会专职委员的改革成果。(2)借鉴行政机关设置行政首长助理职位。(3)将高检院关于专职委员履行检察长助理7项职责的实践制度化。(4)域外美国、域外英国等主要国家和我国香港特区设置检察长助理(律政专员)职位的做法值得借鉴。

建议将分类管理改革"检察官助理"名称改为"助理检察官",理由是:(1)保持检察人员分类管理改革的一致性。当检察官员额出现空缺后,作为检察辅助人员的检察官助理经过遴选等程序,可以成为员额内检察官,这将是今后检察官员额补充主要形式。(2)目前相当一部分检察人员属于助理检察员,设立"助理检察官"的职位更易减少改革阻力。(3)借鉴域外国家设立助理检察官的通行做法。

（二）检察官职务层次设置的三种比较方案

在我国检察人员分类管理改革过程中，当前关于我国检察官职务层次的设置主要有三种思路：第一种思路是使用现行"四等十二级"制度，建立检察官员额制，需要提高每一级别检察官对应的工资等级，特别是低等级的检察官对应的工资等级要提高若干个等级，如五级检察官工资从对应的行政职务工资 22 级工资起算。第二种思路是保留"四等十二级"制度，但检察官职务层次实际使用"四等十级"制度，四级检察官和五级检察官备而不用，并提高每一级检察官的工资级别。第三种思路是结合我国部分主任检察官办案责任制试点，将现行检察官职务层次改造成六个职务层次，从高到低依次设置：首席大检察官、大检察官、高级检察官、主任检察官、副主任检察官、检察官。

检察官职务层次设置应考虑检察改革举措之间的协调性，以及对检察官现有职务等级的影响，处理好立足实践与着眼长远的关系。第一种思路主张属于沿用我国现行检察官职务层级，该思路的优点是只涉及工资等级的提升，不涉及职务等级设置调整。但由此会带来员额制改革后检察官员额减少与职务层次过多的矛盾，会导致检察官的晋升渠道不畅，影响其司法办案积极性。第二种思路主张属于沿用我国现行检察官职务层级，检察官的职务层级实际使用四等十级。该思路优点是突出了检察官在层级中的主体地位，考虑了检察官等级与检察人员分类管理、检察官逐级遴选等改革举措相配套，但也存在适用该思路的检察官职务层次出现"中间大、两头小"的"橄榄形"等级结构，即中间的高级检察官占 4 级，处于两头的大检察官占 2 级，检察官占 3 级，高等级检察官的规模过大。第三种思路借鉴一些发达国家简化职务序列，减少等级层次的做法。其优点在于使检察官的职务序列同检察层级体系相协调，每一个检察官的具体职务归属于一个职务层次，不同级别检察院的检察长、副检察长、检察员分别归属于不同的职务层次；同一检察院的检察长、副检察长、检察员也分别归属于不同的职务层次。其不足也较为明显：（1）可操作性问题。该思路职务层级较少，导致检察官等级在较长时期内呈现"静态"，失去了职务晋升的激励作用。（2）科学性问题。目前，针对主任检察官定位不够清晰问题，试点改革有的省份将其设计为办案组织负责人；有的省份囿于检察官员额缩减问题，则直接定位为主办检察官办案责任制。主任检察官进入检察官职务序列存在障碍。（3）衔接性问题。除了首席大检察官外，其他层级的检察官需涉及重新评定问题，而且需要重新评定主任检察官和副主任检察官，这必然带来制度运行的协调性问题。综合考虑以上思路，我国检察官职务层次有以下三种方案供选择：

方案一：沿用"四等十二级"制度检察官职务层次，四级五级检察官用于中西部放宽学历地区基层检察官等级评定。该方案与现行规定相比，主要区别是在检察人员分类管理改革后，明确了乡镇检察室四级五级检察官的配置，主要理由是：

检察官职务层次由高到低依次为：首席大检察官、一级大检察官、二级大检察官、一级高级检察官、二级高级检察官、三级高级检察官、四级高级检察官、一级检察官、二级检察官、三级检察官、四级检察官、五级检察官。其中，设定四级检察官、五级检察官，主要是适应深化检察体制改革要求。其理由是：

（1）改革成本低。现行四等十二级的检察官等级制度已经使用了近20年，形成较为丰富的经验积累。特别是与检察官等级对应的工资等级制度，是我国工资制度多次改革后的成果，符合我国经济社会发展水平和公民对司法价值认同的现状，沿用这一体系利大于弊。从检察人员分类管理和检察官员要求来看，检察官的入职条件有较大提高，但这只涉及提升对应的工资等级问题，不涉及检察官职务序列等级及工资等级制度改革"另起炉灶"，从而将大大降低改革成本。

（2）易于操作。虽然，自2011年起，我国暂停检察官等级评定，但现有检察官身份的人员大多已被评定了检察官等级。尚未被评定等级的已大多符合评定条件，或者已被评定又达到晋升等级条件的，可按照现行检察官法四等十二级的规定启动等级评定，这在实践中更易于操作。

方案二：保留"四等十二级"制度检察官职务层次，实际使用"四等十级"制度。该方案与现行规定相比，主要区别是明确改革过渡期内四级检察官、五级检察官主要适用于基层检察院助理检察员职务等级评定使用，过渡期后四级五级检察官备而不用，主要理由是：

（1）改革成本低。现行四等十二级的检察官等级制度已经使用了近20年，实践中处理了使用中出现的大量问题，积攒了较为丰富的使用经验。特别是与检察官等级对应的工资等级制度，是我国工资制度多次改革后的成果，符合我国经济社会发展水平和公民对司法价值认同的现状，应当沿用。从检察人员分类管理和检察官员要求来看，初任检察官的要求有较大提高，但这只涉及提升对应的工资等级问题，不涉及检察官等级及工资等级"另起炉灶"，大大降低了改革的成本。

（2）容易操作。我国虽然自2011年起暂停检察官等级评定，但是检察机关现有具有检察官身份的人大多已经进行检察官等级评定，没有进行等级评定或者达到检察官等级晋升条件的检察官现已经大多符合评定或者晋升条件，沿用现行的检察官"四等十二级"制度，再重新启动检察官等级评定实践中更容易操作。

（3）容易认可。对于具备检察员、助理检察员身份的检察人员，以是否评定检察官等级为标准，在检察官员额内适用"老人老办法、新人新办法"，即进入检察官员额的老人——已经评定检察官等级的检察员、助理检察员原则上保留现有检察官等级；进入员额的新人——尚未评定检察官等级的检察员、助理检察员按照新标准评定检察官等级。对于没有进入检察官员额的检察员、助理检察员，则保留原检察官等级，划转为检察官助理，再进行检察官助理职务等级套改，过渡期内，保留该类检察官助理择优进入检察官员额的通道。对于新进人员，则按照逐级遴选要求，一律在基层检察院任检察官助理。

（4）结构稳定。实际使用检察官四等十级后，形成"两头小、中间大"的"橄榄形"稳定结构，即位于等级顶端的大检察官和位于等级底端的检察官数量分别低于位于中间等级的高级检察官数量，这有利于扩大位于等级底端检察官的晋升空间，提高他们的工作积极性。从社会学意义上说，中间等级检察官数量的壮大，使等级顶端和底端的两极成为一个连续性的排列，每一个等级检察官都能看到拾级而上的希望，有助于舒缓等级差距蕴蓄的对立情绪以及由此衍生的系列问题，相对于"金字塔形"等级而言，"橄榄形"等级更加稳定。

此外，借鉴域外主要国家或地区检察官职务序列的相关做法，还有一个方案供选择：

方案三：保留四等取消十二级，即设首席大检察官、大检察官、高级检察官、检察官四等。该方案与现行规定相比，主要区别是保留检察官等次，取消每一等次检察官的级次，即最高人民检察院配置首席大检察官、大检察官、高级检察官；省级检察院配置大检察官、高级检察官；地级检察院配置高级检察官、检察官；基层检察院配置高级检察官、检察官，主要理由是：

（1）有利于引导检察官专注检察业务。根据该方案，除最高人民检察院设3个等次检察官外，地方三级检察院只设2个等次的检察官，在检察官员额制改革之后，地方检察院较高等次检察官员额更为有限，晋升更加激烈。这种职务等级设计在很大程度上可以缓解检察官对职务等级晋升追求的迫切性，有利于引导检察官把精力用于检察业务能力的提升。

（2）有利于减少检察官之间收入差距。根据该方案，检察官群体工资福利退休等待遇等级差距将大大缩小，体现待遇差距的将主要是年龄工资和绩效奖金。其中，年龄工资根据从事检察业务工作年限确定，每一个检察官都能公平享受；绩效奖金则是根据检察官日常检察业务工作表现确定，每一个检察官大都能够通过对自我的有效管理获得。

（3）大陆法系国家大都采用较少的检察官职务等级管理模式。如德国，检察官职务等级从高到低只分为一级检察官、二级检察官、三级检察官等3个等次；如法国，普通法院系统的检察官职务等级从高到低只分为最高级检察官、一级检察官、二级检察官等3个等次；如日本，检察官职务等级从高到低只分为一级检事、二级（副）检事等2个等次。

我们建议当前可采纳第二种方案，主要理由是：①改革成本低。现行四等十二级的检察官等级制度已经使用了近20年，沿用这一体系不涉及检察官职务序列等级及工资等级制度改革"另起炉灶"，将降低改革成本。②易于操作。现有检察官身份的人员大多已被评定了检察官等级，尚未被评定等级的可按照现行《检察官法》四等十二级的规定启动等级评定，这更便于操作。③结构稳定。实际使用检察官四等十级后，形成"两头小、中间大"的"橄榄形"稳定结构。从长远看，第三种方案也可供选择，主要理由是：①有利于引导检察官专注检察业务。②有利于减少检察官之间收入差距。③有利于实现检察长对检察官的领导。④大陆法系国家大都采用较少的检察官职务等级管理模式。

（三）各级检察院检察官职务层次设置

1. 基本思路。（1）检察长助理按照所在院副检察长的检察官职务等级确定。考虑到检察长助理这一职位是检察委员会专职委员职位改革的结果，以及检察委员会专职委员职务等级的现状，检察长助理的职务等级按照所在院副检察长的职务等级确定。（2）取消助理检察员对应的检察官职务等级。考虑到检察人员分类管理各类人员实行员额制后，不再设助理检察员的改革方向，对《检察官职务序列设置暂行规定》（中组发〔2011〕19号）规定各级检察院助理检察员对应的等级相应取消。（3）实行向基层倾斜的政策。适当抬高基层检察院检察官的职务等级"天花板"，扩大职务等级的晋升空间，即县级检察院检察官最高等级从现有四级高级检察官抬高到三级高级检察官，地级检察院检察官最高等级从现有二级高级检察官抬高到一级高级检察官，以激励检察官扎根基层。（4）实行激励司法一线的政策。即不担任领导职务、长期在一线从事司法办案、业绩特别突出的检察官，在职数范围内，基层检察院检察官可特别选升至高于检察长上一职务等级；市级院可择优选升至与检察长相同的职务等级；省级院可择优选升至与常务副检察长相同的职务等级。（5）合理衔接检察官职务层次。根据各级检察院的职责权限，统筹考虑检察官成长历程、逐级遴选等因素，合理设置检察官等级，保持总体衔接、上下有别，畅通检察官流动、成长渠道。充分考虑检察官逐级遴选后上一级检察院检察官从下一级检察院检察官中产生，上级检察院检察官最低职务等级一般应高于下级检察院检察官最低职务等级。

2. 具体方案。最高人民检察院设置首席大检察官至三级高级检察官。其中，检察长为首席大检察官；副检察长设置一级大检察官、二级大检察官；检察长助理设置二级大检察官。

省、自治区、直辖市人民检察院设置二级大检察官至四级高级检察官。其中，检察长为二级大检察官；副检察长、检察长助理设置一级高级检察官、二级高级检察官。

省、自治区人民检察院分院，自治州、省辖市人民检察院、直辖市所属区人民检察院设置一级高级检察官至二级检察官。其中，检察长为二级高级检察官；副检察长、检察长助理设置三级高级检察官、四级高级检察官。

县、市、自治县、市辖区人民检察院设置三级高级检察官至五级检察官。其中，检察长为四级高级检察官；副检察长、检察长助理设置一级检察官、二级检察官。

直辖市人民检察院分院设置一级高级检察官至四级高级检察官。其中，检察长为一级高级检察官，副检察长、检察长助理为二级高级检察官。

计划单列市、副省级市人民检察院设置一级高级检察官至一级检察官。其中，检察长为一级高级检察官；副检察长、检察长助理设置二级高级检察官、三级高级检察官。

直辖市所属县人民检察院、计划单列市、副省级市所属区人民检察院设置三级高级检察官至三级检察官。其中，检察长为三级高级检察官；副检察长、检察长助理设置四级高级检察官。

长期在基层检察院任职，工作特别优秀，为检察事业作出突出贡献的检察官，经审批可选升至二级高级检察官。

各级检察院检察长、副检察长、检察长助理的行政职级，不与检察官等级一一对应。

（四）各级检察院检察官职务等级的职数比例

1. 基本思路。目前，我国对检察官职务等级的职数要求主要体现在中组部、高检院 2011 年印发的《检察官职务序列设置暂行规定》（中组发〔2011〕19 号）的附件 1 中，即《地方各级人民检察院检察官职数比例暂行规定》（以下简称《职数比例暂行规定》）。《职数比例暂行规定》是基于分类管理改革前检察官总体规模偏大的情况下出台的。随着检察官员额制改革的推行，进入员额的检察官总数大幅度缩减，需要对职数比例进行调整。

从促进改革举措效果最大化考虑，检察官职数设置比例需要与检察官员额制、检察官逐级遴选等改革相协调：

（1）适当扩大市、县两级检察院高等级检察官职数比例。市级院增设一级高级，扩大二级高级人员比例，增加三级高级比例。县级院增设三级高级，扩大四级高级人员比例。

（2）适当限制市县两级检察院领导人员的检察官职数比例。各级检察院领导人员行政职级，不与检察官等级一一对应，不必然晋升到所在院最高检察官职务等级。

（3）取消低等级检察官职数限制。主要是指各级检察院内按期晋升能达到的检察官等级一般也不作职数限制。

（4）合理设置特殊体制检察院检察官职数比例。根据职能定位，合理设置直辖市检察分院、计划单列市、副省级城市检察院及其所属基层检察院的检察院职数。

2. 具体方案。各级人民检察院按照规定的检察官配备规格和各等级检察官职数设置检察官职务。

（1）省、自治区、直辖市人民检察院设二级大检察官 1 至 2 名；一级高级检察官不超过检察官员额的 10%，二级高级检察官不超过检察官员额的 20%；担任副检察长的一级高级检察官、二级高级检察官、检察长助理职数按照规定的副检察长职数确定。

（2）省、自治区人民检察院分院，自治州、省辖市人民检察院、直辖市所属区人民检察院，一级高级检察官不超过检察官员额的 3%，二级高级检察官不超过检察官员额的 10%，三级高级检察官不超过检察官员额的 20%。

（3）县、市、自治县、市辖区人民检察院，三级高级检察官不超过检察官员额的 15%，四级高级检察官不超过检察官员额的 25%。

（4）直辖市人民检察院分院，一级高级检察官不超过检察官员额的 5%，二级高级检察官不超过检察官员额的 15%。

（5）直辖市所属县人民检察院、副省级市所属区人民检察院，三级高级检察官不超过检察官员额的20%，四级不超过检察官员额的30%。

三、检察官职务序列的管理

（一）检察官职务层次的晋升

检察官职务层次的晋升主要涉及晋升的主体、晋升条件、晋升方式等内容的完善。

1. 晋升主体。根据前述关于检察官职位的设置分析，检察官职务层次晋升的主体主要划分为担任检察长、副检察长、检察长助理职务的检察官和不担任上述职务的检察委员会委员和检察官。其中，担任各级检察院检察长、副检察长、检察长助理职务的检察官职务层次的晋升，依照对应职务层次的综合管理类干部的晋升条件和干部管理权限进行；不担任职务的检察委员会委员和检察官职务层次的晋升，则按照检察官单独职务序列规定的晋升条件和程序进行。

2. 晋升条件。对于担任各级检察院检察长、副检察长、检察长助理职务的检察官，其职务层次的晋升，不仅需要符合检察官单独职务序列规定的晋升条件，还需要符合担任领导干部的任用条件。对于不担任检察长、副检察长、检察长助理职务的检察委员会委员和检察官，职务层次的晋升，则只需要符合检察官单独职务序列规定的晋升条件即可。参照域外检察官职务等级晋升所要求的职业经历、职业道德等方面的要求，我国检察官职务层次晋升的要求主要有：（1）思想政治素质。作为国家公职人员的一类，检察官应当具备我国普通公务员岗位所要求的思想政治素质，只有世界观、人生观、价值观正确，检察官在司法办案中才能站稳维护社会公平正义的立场。（2）检察职业道德。检察官在履行职责、行使检察权的各个方面和职务外活动中恪守职业道德中忠诚、公正、清廉、文明的要求。检察职业道德是提升司法公信力的有力保证。（3）检察业务能力。检察官业务能力是检察官司法办案的基础，主要表现在具备良好的法学素养，熟练地掌握相关部门法的知识，检察专业知识和技能。（4）检察官任职年限。"法律的生命不在于逻辑，而在于经验。"检察官能力的养成不仅需要大学法律知识的逻辑学习，还需要司法实践的经验总结。对初任检察官的实践年限和检察官职务等级晋升的职业年限进行规定，是培养、选拔和使用检察官的通行做法，检察官职务等级越高，对检察官职业年限的要求也越高；即使那些对检察官晋升职业年限不进行具体规定的国家或者地区，在实践中对晋升的年限要求往往比有年限规定的国家或者地区要高。鉴于我国首席大检察官、一级大检察官和二级大检察官晋升在实践中有特殊的年限要求，以及四级检察官和五级检察官用于乡镇检察室检察官等级评定和检察人员分类管理改革的要求，建议我国一级高级检察官及以下职务等级晋升的年限要求为：

晋升一级高级检察官，应当担任二级高级检察官满5年以上；

晋升二级高级检察官，应当担任三级高级检察官满5年以上；

晋升三级高级检察官，应当担任四级高级检察官满3年以上；

晋升四级高级检察官，应当担任一级检察官满3年以上；

晋升一级检察官，应当担任二级检察官满3年以上；

晋升二级检察官，应当担任三级检察官满2年以上；

晋升三级检察官，应当担任四级检察官满2年以上；

晋升四级检察官，应当担任五级检察官满2年以上。

参考域外国家和地区对初任检察官的训练年限要求，建议初任检察官训练时间要求是：担任初任检察官，需要在通过国家统一法律职业资格考试后，任检察官助理至少3到5年，并经过法律职业人员统一职前培训。经过统一职前培训后，结合我国检察官学历结构情况，其中，博士研究生可任二级检察官，硕士研究生可任四级检察官，大学本科毕业生可任五级检察官。

3. 晋升方式。检察官等级晋升一般应逐级晋升，采用定期晋升、择优选升和特别选升三种方式。

（1）按期晋升。是指在各级检察院检察官按照规定的任职年限，在任职期间内考核均为合格以上等次的，晋升到上一职务等级，不受职数限制。检察官职务层次按期晋升的主要有：

最高人民检察院的三级高级检察官晋升二级高级检察官；

省级检察院四级高级检察官晋升三级高级检察官；

市级检察院、直辖市所属区检察院晋升二级检察官至四级高级检察官；

县级检察院晋升四级检察官至一级检察官；

直辖市检察院分院的四级高级检察官晋升三级高级检察官；

计划单列市、副省级市检察院一级检察官晋升四级高级检察官；

直辖市所属县人民检察院、副省级市所属区人民检察院晋升四级检察官至一级检察官。

（2）择优选升。是指在规定的比例或职数范围内，根据现实表现、工作业绩、职业操守，经过严格考察，符合条件的检察官，晋升到上一职务等级。实行择优选升的检察官职务层次主要是：

最高人民检察院，晋升一级高级检察官以上；

省级检察院，晋升二级高级检察官以上；

市级检察院、直辖市所属基层检察院，晋升三级高级检察官以上；

县级检察院，晋升四级高级检察官以上；

直辖市检察院分院，晋升二级高级检察官以上；

计划单列市、副省级市检察院，晋升三级高级检察官以上；

计划单列市、副省级市检察院所属区检察院，晋升四级高级检察官以上。

（3）特别选升。对特别优秀或者工作特殊需要的，可以破格或者越级晋升。省级院、市级院，任职时间长，工作特别优秀，为检察事业作出突出贡献的检察官，经审批可选升至一级高级检察官、二级高级检察官；县级院，任职时间长，工作特别优秀，为检察事业作出突出贡献的检察官，经审批可选升至一级高级检察官。其他可特别选升至三级高级检察官、四级高级检察官。

（二）检察官职务等级的降低

二级检察官以上等级的检察官，在定期考核中被确定为不称职的，以及违反检察官职业道德但尚未触犯刑法的，应当降低检察官等级。降低检察官等级，一般降低一个等级。

（三）检察官职务序列的管理主体及三种比较方案

检察官职务序列的管理分为日常管理和节点管理。日常管理主要涉及检察官职务等级的升降；节点管理主要涉及检察官职业资格的获得或者免除。从上述国家和地区看，检察官考评一般由专门机构或组织承担，按照设定的指标标准和程序步骤实施，把检察业务工作评鉴作为任职、晋升的重要依据，以激励检察官依法、公正、勤勉履职。

检察官遴选委员会是检察官专业资格的管理主体，主要负责检察官拟任人选的专业把关，但不参与检察官日常考核。检察官遴选委员会的职责定位与现有检察官管理的组织程序和法律程序相衔接，检察官遴选委员会通过的检察官拟任人选，经过党内组织程序后，由所在检察院检察长提交同级人大任免。对检察官统一遴选后辖区检察院又出现检察官员额空缺需要补选的，包括符合条件的检察官助理初任和其他检察院检察官改任等情形，可以参考域外国家和地区统一补选检察官的做法，建议分三步走：第一步，地市一级统一补选，即基层检察院出现五级检察官员额空缺后，统一发布补任信息，地一级所有符合条件的检察官助理都可以参与竞选；基层检察院出现四级检察官及以上等级和地级检察院出现三级检察官及以上等级检察官员额空缺后，统一发布补任信息，地一级所有符合条件的低一等级的检察官都可以参与竞选。第二步，省一级统一补选，即基层检察院出现五级检察官员额空缺后，统一发布补任信息，省一级所有符合条件的检察官助理都可以参与竞选；基层检察院出现四级检察官及以上等级、地级检察院出现三级检察官及以上等级和省级检察院出现四级高级检察官及以上等级检察官员额空缺后，统一发布补任信息，省一级所有符合条件的低一等级的检察官都可以参与竞选。第三步，逐步走向全国统一补选。

检察官考评委员会是检察官等级升降的日常管理主体。各级人民检察院检察官考评委员会组成人数为 5 至 9 人，由本院资深检察官及法学专家、律师、社会公众组成。检察官考评委员会主要对检察官的检察业务能力进行评价，如办案效率、法律文书质量、调研能力。检察官考评等次分为：优秀、称职、基本称职、不称职四个等级。检察官职务等级晋升，应当在任职期间年度考核均为称职以上等次。年度考核每获得一次基本称职的，晋升年限相应延长 1 年。获得省部级以上"先进检察官"或者"劳动模范"荣誉的，晋升年限相应减少 1 年。检察官考评委员会根据考评结果对检察官职务等级的调整提出初步名单，由主管检察官等级评定的职能部门对名单内检察官的思想政治素质、职业操守进行审查，是否存在违反检察官职业道德的行为，然后提出建议名单，按照"先党内、后党外"原则分别提交检察院党组、层报上级检察官考评委员会讨论或决定。检察院党组讨论后提出候选名单，按照检察官等级管理权限报组织部门或上级检察院审查确定。

结合前述检察官职务层次设计方案、检察官职务等级晋升方式，检察官职务序列的管理有以下三种方案可供选择。

方案一：中央统一管理检察专业人才下授权两级检察院党组管理检察官职务序列。实施该方案的总体思路是，贯彻党管干部的原则，完善中组部、高检院党组、省委组织部、省级检察院党组对检察官专业人才管理的实现形式。修改相关法律条文，从国家层面完善检察官职务序列的管理形式。

（1）首席大检察官的选任或晋升，由中央组织部提出人选方案，报中共中央政治局常委决定，经全国人民代表大会选举产生最高人民检察院检察长的，由中华人民共和国主席颁发首席大检察官任命书。

（2）一级大检察官、二级大检察官的选任或晋升，由最高人民检察院党组提出人选方案，中央组织部门审核，报中共中央政治局决定。其中，经省、自治区、直辖市人民代表大会选举产生省级检察院检察长并经全国人民代表大会及其常委会批准的，由中华人民共和国主席颁发大检察官任命书。

（3）一级高级检察官、二级高级检察官、三级高级检察官、四级高级检察官的选任或晋升，由省级检察院党组提出人选方案，省级党委组织部审核，最高人民检察院党组决定，最高人民检察院检察长颁发任命书。其中，经地、市、州人民代表大会选举产生地级检察院检察长并经省级人民代表大会及其常委会批准的，由最高人民检察院检察长颁发高级检察官任命书。

（4）一级检察官、二级检察官、三级检察官、四级检察官、五级检察官的选任或晋升，由所在检察院党组提出人选方案，省级检察院政治部审核，省级检察院党组决定，由省级检察院检察长颁发任命书。

方案二：根据检察官职务序列实施类型化管理。

（1）首席大检察官的选任或晋升，由中央组织部提出人选方案，报中共中央政治局常委决定，经全国人民代表大会选举产生最高人民检察院检察长的，由全国人大常委会委员长颁发首席大检察官任命书。

（2）一级检察官、二级大检察官的选任或晋升，由最高人民检察院党组提出人选方案，中央组织部门审核，报中共中央政治局决定。其中，经省、自治区、直辖市人民代表大会选举产生省级检察院检察长并经全国人民代表大会及其常委会批准的，由全国人大常委会委员长颁发大检察官任命书。其他检察官由最高人民检察院检察院检察长颁发任命书。

（3）一级检察官、二级高级检察官的选任或晋升，由省级检察院党组提出人选方案，省级党委组织部审核，省级党委常委会决定，报最高人民检察院备案。其中，经地、市、州人民代表大会选举产生地级检察院检察长并经省级人民代表大会及其常委会批准的，由省级人大常委会主任颁发高级检察官任命书。其他检察官由最高人民检察院检察院检察长颁发任命书。

（4）三级检察官、四级高级检察官的选任或晋升，由所在检察院党组提出人选方案，征求地级党委组织部意见，报省级检察院政治部审核，省级检察院党组决定。其中，经县、市、区人民代表大会选举产生县级检察院检察长并经市、州级人民代表大会及其常委会批准的，由市、州级人大常委会主任颁发高级检察官任命书。其他检察官由省级检察院检察长颁发任命书。

（5）一级检察官、二级检察官、三级检察官、四级检察官、五级检察官的选任或晋升，由所在检察院党组提出人选方案，省级检察院政治部审核，省级检察院党组决定，由省级检察院检察长颁发任命书。

方案三：根据检察官职务序列晋升方式实施层级管理。

（1）检察官等级按期晋升的，由本院党组审批，层报省级检察院备案，由有权批准晋升的同级检察院检察长颁发任命书。

（2）二级以上大检察官择优选升的，层报最高人民检察院党组提请中央组织部审核，中共中央政治局决定，由最高人民检察院检察长颁发任命书。

（3）一级高级检察官、二级高级检察官择优选升的，层报省级检察院党组提出人选方案，由省级党委组织部审批，由有权批准晋升的同级检察院检察长颁发任命书。

（4）三级高级检察官、四级高级检察官择优选升的，由所在检察院党组提出人选方案，层报省级检察院党组审批，由有权批准晋升的同级检察院检察长颁发任命书。

（5）一级高级检察官、二级高级检察官特别选升的，层报最高人民检察院党组提出人选方案、中央组织部审批，由有权批准晋升的同级检察院检察长颁发任命书。

（6）三级高级检察官、四级高级检察官特别选升的，层报省级检察院党组提出人选方案，报最高人民检察院政治部或省级党委组织部审批，由有权批准晋升的同级检察院检察长颁发任命书。

我们建议采纳第一种方案，主要理由是：（1）这一方案有利于贯彻党管干部的原则，是加强完善中央及领导下的中组部、高检院党组、省委组织部、省级检察院党组对检察官专业人才管理的实现形式。（2）完善中央统一领导下、人大监督下的一府两院的管理体制。（3）由一国国家代表向最高等级检察官颁发任命书是国际通行做法。

（四）检察官的交流与培训

检察官的交流与培训是检察人员分类管理制度运行的保障。建立健全检察官交流与培训机制，有利于促进各类检察人员立足本职岗位、钻研检察业务、提高专业水平。检察人员分类管理改革实施后，检察官的交流应当在员额比例和职数限额内，按照拟任职位资格条件和规定程序进行，其基本要求是：（1）检察官可以转任检察辅助人员，也可以交流到综合管理部门任司法行政人员。（2）检察官可以按照规定与实施公务员法的其他机关以及相关单位工作人员交流。

检察官的培训主要分为任职前和任职后两种培训方式。考察比较域外有关检察官培训，其通行做法，如法国规定检察官在其任职前必须接受国家司法官学校培训，所有获准进入司法官学校学习的学员同时被任命为初任司法官（包括法官和检察官），并开始享受薪金及其他待遇。司法官学校的培训期为31个月，分为四个阶段，即：第一阶段，非专业实习（2.5个月），主要在警察局、律师事务所、宪兵队以及各部委、公共管理部门或私人企业甚至其他欧盟国家进行，以获得对司法实务相关社会经历及经验。第二阶段，专业学习（8 个月），主要是学习与司法官工作相关的知识技能以及职业操守训练，以增强其对司法技能的掌握和职业操守的遵循。第三阶段，司法实践（14 个月），主要是到不同的初审法院或检察院体验并参与司法官工作，以掌握司法程序及其流程控制，增强从事司法工作的亲历感与积累司法初步经验。第四阶段，职业培训（6 个月），初任司法官被确定工作岗位之后，须再回到司法官学校接受岗前培训，以掌握所从事职业岗位的基本规则、运行程序、岗位责任及职业纪律等，以增强职业责任与职业荣誉感。

我国检察人员分类管理改革后，初入职检察官不仅须取得公务员考试与国家统一法律职业资格考试资格，还须担任助理检察官满一定年限等条件。借鉴域外检察官任职前须接受 3 至 5 年的职业培训，我国应建立检察官任职前接受专门培训制度，其期限可确定为 3 至 5 年，即：初任检察官须从入职 3 年以上并经统一岗前培训的助理检察官中择优选任。

在职检察官的培训可由国家检察官学院及各检察官学院省级分院制定发展规划、培训大纲，按照不同检察官等级、不同检察官业务岗位进行分类培训。检察官个人继续教育的，实行统一规划与个人选择相结合，在职继续学习与脱产继续学习相结合，国内定向委托培养与选派国外深造相结合，专业技能提升与学历教育相结合，着力培养复合型高素质的检察官。

（五）检察官任职条件

检察官的任职分为初任和改任。对于初任检察官，必须符合以下条件：（1）身份条件。具有中华人民共和国国籍，身体健康。（2）政治思想条件。拥护中华人民共和国宪法；有良好的思想政治素质、业务素质和良好品行。（3）专业条件。精通法律、具备较高专业素质和较强专业能力，具备本科以上学历。（4）资格条件。担任助理检察官职务 3 年以上。

现任其他职务改任检察官的，检察官职务所要求的思想政治素质、职业道德、业务能力和任职经历等方面的要求。

（六）检察官职业禁止、回避

1. 检察官职业禁止。（1）绝对禁止情形。根据《检察官法》第 11 条规定，曾因犯罪受过刑事处罚的或者曾被开除公职的，禁止担任检察官。（2）相对禁止情形。根据《检察官法》的规定，检察官的配偶、子女不得担任该检察官所任职检察院办理案件的诉讼代理人或者辩护人。如上海等地在司法改革试点中特别规定，配偶、子女担任同业竞争岗位职务的不能担任检察官，比如其配偶、子女从事律师职业且不愿退出职业的不能担任检察官。此外，曾担任检察官职务，因考核不合格或因违反检察官职业道德而被调离检察官岗位的，一般情况下不宜再次担任检察官职务。

2. 检察官职业回避。（1）夫妻亲属关系回避情形。根据《检察官法》第19条规定，检察官之间有夫妻关系、直系血亲关系、三代以内旁系血亲以及近姻亲关系的，不得同时担任下列职务：①同一人民检察院的检察长、副检察长、检察长助理、检察委员会委员；②同一人民检察院的检察长、副检察长、检察长助理、检察官、助理检察官；③同一业务部门的检察官、助理检察官；④上下相邻两级人民检察院的检察长、副检察长、检察长助理。（2）本人成长地回避情形。根据《党政领导干部任职回避暂行规定》的规定，人民检察院检察长、副检察长、检察长助理一般不得在本人成长地担任市（地、盟）、县（县级市、区）人民检察院正职领导成员。

（七）检察官免职暨职业退出

根据《检察官法》第14条规定和检察人员分类管理改革精神，检察官有下列情形之一的，应当依法定程序免去其检察官职务：（1）丧失中华人民共和国国籍的；（2）调往检察院以外单位任职的；（3）转任司法行政人员的；（4）任期内经考核确定为不称职且符合检察官职业退出条件规定的；（5）因健康原因长期不能履行职务经一定程序批准退职的；（6）经批准退休的；（7）辞职或者被辞退的；（8）其他法定情形与特定情形的。因上述情形被免去检察官职务的应当退出检察官岗位，不再具有检察官身份。

（八）检察官停职、撤职、开除

检察官任职后出现违反检察职业道德、违反法律、法规等法定事由行为的，由检察官惩戒委员会作出停职决定，并对其违规行为进行审查，根据查清的事实，按照《检察官法》和《检察人员纪律处分条例（试行）》的规定，视情节轻重依法定程序对违规检察官作出免职或其他处分建议，如担任检察长、副检察长、检察长助理或者检察委员会委员职务的，应同时建议撤职，报由有权批准任命的检察机关或人大决定。

四、检察官单独职务序列的适用

在推行检察人员分类管理、检察官员额制、检察官逐级遴选等改革过程中，改革后有关的检察官单独职务序列适用，有两种方案可供选择。第一种方案是先定检察官员额再评定检察官职务等级，第二种方案是先评定检察官职务等级再定检察官员额，其优劣比较分析如下。

（一）先定检察官员额再评定检察官职务等级方案的优劣

该方案的优点是：（1）有利于加快检察官的职业化。目前，上海、广东、湖北、贵州等 7 省、直辖市司法体制改革试点有关检察官员额确定为中央政法专项编制数的 39%；首轮遴选检察官员额大多控制在中央政法专项编制数的 36% 以内。根据过渡期间没有进入员额的检察官保留原检察官等级和待遇的规定，实际需要新评定检察官等级的人员数量将大为减少，这将有利于促进检察官员额制改革，加快推进检察官的职业化。（2）有利于加快检察官的专业化。检察官员额制改革后，根据检察人员分类管理改革要求，没有进入检察官员额的检察员或者助理检察员需要转任为检察辅助人员或者司法行政人员的，其中有检察官等级的保留原检察官等级，没有检察官等级的按照检察辅助人员或者司法行政人员职务序列新评定等级。这有利于整体上推进检察人员分类管理改革进度，加快检察官的专业化。

该方案的不足之处在于尚未对检察官员额外的检察员或者助理检察员的等级进行评定，可能造成其预期利益的损失。这将导致部分符合检察官等级晋升条件的检察员或者助理检察员不能晋升检察官等级，部分符合初任检察官条件可以评定检察官等级的准助理检察员不能被评定为检察官。尤其是与检察官单独职务序列配套的检察官单独工资制度推行后，这部分检察人员的工资、福利等待遇将不能提高，这可能成为影响和制约检察人员分类管理、检察官员额制等改革的阻力。

（二）先评定检察官职务等级再定检察官员额方案的优劣

该方案的优点是有利于改革的平稳过渡。自中组发〔2011〕19 号文件下发后，检察官职务等级事实上暂停评定近 4 年，积攒了检察官职务等级评定难题，不少检察人员因职务等级评定暂停而受到较大影响。该方案先对现有符合条件的检察人员进行检察官等级评定，可以解决这部分检察员或者助理检察员的检察官等级晋升或者初任检察官等级评定问题。尤其是与检察官单独职务序列配套的检察官单独工资制度推行后，这部分人即使没有进入检察官员额，他们依然可以获得因检察官等级的晋升或者评定而提升工资、福利待遇，这将有利于减少和消除改革的阻力。

该方案的不足之处是可能对检察人员分类管理、检察官员额制等改革产生一定的阻碍。该方案先进行检察官等级评定，这将扩大检察官基数，在检察官人数增多而检察官员额比例不变的情况下，进入检察官员额的竞争将更加激烈，矛盾冲突发生的概率随之增大。尤其是改革前检察官等级评定只涉及增发或者补发检察官津贴，津贴占原工资比例较低；而改革后检察官职务工资、津贴、福利随新的检察官单独职务工资制度的实行而大幅增加，这同实行检察人员分类管理、检察官员额制改革的初衷是相背的。

与此同时，因为改革过渡期间未进入员额的检察官其职务等级予以保留，一方面导致部分有检察官身份的人员较长时间难以进入员额，另一方面部分挂有检察官身份之"名"而从事检察辅助或司法行政工作之"实"的名不副实现象将长期存在，这可能对检察人员分类管理等改革产生新的阻碍。

（三）优先选择"先定检察官员额再评定检察官职务等级"的方案

从比较上述两种方案的利弊看，推进检察官员额与检察官单独职务序列改革，尤其是建立检察官单独职务序列工资福利制度，涉及检察官职业保障等问题，将对检察人员分类管理与员额制改革产生重要的影响，需妥善处理。综合权衡，我们认为第一种方案更为可取。同时，在推行这一改革方案过程中，需兼顾尚未进入检察官员额而转任检察官助理或者司法行政人员这部分检察人员的切身利益，尽快建立检察辅助人员的单独职务序列及其工资制度，提高转任为检察官助理的这部分检察人员的工资、福利待遇，激发其支持、参与改革的积极性。

第二编

检察官单独职务序列
工资制度研究

第五章 我国检察官工资制度的历史沿革

一、我国检察官基本工资制度沿革

长期以来，我国检察官的工资按照其行政职级来确定，检察官实行与普通公务员同样的工资制度。新中国成立以来，检察官工资制度历经了 8 个发展阶段。

（一）由供给制向多种工资制转型阶段（1949~1955）

新中国成立之初，受经济发展和财力的限制，与三年国民经济恢复阶段相适应，我国机关、事业单位由最初的军事供给制逐步发展成货币工资制度（薪金制）、实物工资制（供给制）并存的多种工资制度，自 1950 年，国家取消五类职务及工资制度，执行二十五级工资制。这成为开启检察官职务等级及工资福利待遇按照行政人员模式运行的先河。

（二）职务等级工资制确立运行阶段（1956~1966）

1956 年 6 月 16 日，国务院通过了《关于工资改革的决定》，将政府工作人员的工资分为 30 级。同时为反映出各地生活成本差异，全国被分为 11 类工资区，第 11 类区工作人员工资比第 1 类区同级别人员工资高出 30%。其特点是：（1）取消了工资分配制度和物价津贴制度，直接以货币规定工资标准。（2）统一和改进了工人工资等级制度，根据不同产业工人生产技术的特点，建立了不同的工资等级。（3）改进了企业职员和机关工作人员和职务等级工资制度，按照职务的高低确定职务等级的划分及工资标准。（4）建立与行政职级挂钩的检察长职务等级工资制度。其中，最高人民检察院检察长执行行政职级二级工资 505~656.5 元，省检察院检察长执行行政职级九级工资 220~286 元，省会城市检察院检察长执行行政职级十级工资 190~247 元，地区检察院检察长执行行政职级十二级工资 150~195 元，县检察院检察长执行行政职级十六级工资 96 ~ 125 元。① 从 1957 年下半年开始，受"左"的思想影响及反右扩大化，检察机关的性质、领导体制遭到批判，一大批检察人员受到不公正待遇，有关检察官工资福利制度未能提上议事日程。

（三）取消工资级别待遇阶段（1967 ~ 1977）

1967 年至 1977 年，是我国检察制度的中断时期。1975 年《宪法》规定"检察机关的职权由各级公安机关行使"，检察机关被撤销，大批检察人员被下放农场、工厂、基层劳动。伴随国家取消公职人员工资级别待遇，检察官工资制度建设成为"禁区"。

（四）恢复与公务员同等工资待遇阶段（1978 ~ 1984）

1978 年 3 月 1 日，在第五届全国人民代表大会第一次会议上，中共中央副主席叶剑英在《关于修改宪法的报告》中指出："鉴于同各种违法乱纪行为作斗争的极大重要性，宪法修改草案规定设置人民检察院。国家的各级检察机关按照宪法和法律规定的范围，对于国家机关、国家机关工作人员和公民是否遵守宪法和法律，行使检察权。"会议通过 1978 年《宪法》，重新设立人民检察院。中共中央《关于坚决保证刑法、刑事诉讼法切实实施的指示》（中发〔1979〕64 号文件）指出：对省、地、县司法机关的领导班子，进行必要的调整和充实。这三级的检察长，应当从具有相当于同级党委常委条件的干部中，慎选适当的同志担任，检察人员工资待遇适用党政机关工作人员的职务等级工资标准。

（五）适用公务员职务工资制度阶段（1985 ~ 1992）

1985 年的工资制度改革是我国进行的第二次全国工资制度改革，改革包括国营企业工资制度改革和机关、事业单位工资制度改革两个方面。此次工资制度改革中机关、事业单位工资制度改革表现为以下主要内容：（1）国家机关、事业单位行政人员、专业技术人员均改行以职务工资为主要内容的结构工资制，按照工资的不同职能，将工资分为基础工资、职务工资、工龄津贴和奖励工资四个部分。（2）建立了正常的晋级增资制度；每年根据国民经济计划的完成情况，适当安排国家机关、事业单位工作人员的

---

① 1956 年 7 月国务院制定的《干部、工人工资标准表》，载 http://www. 360doc. com/content/12/0207/15/8233633_ 184787355. shtml，访问日期：2015 年 9 月 10 日。

工资增长指标。（3）建立了分级管理的工资体制。1988 年，国务院工资制度改革小组和劳动人事部下发《关于地方各级人民检察院工作人员工资制度改革问题的通知》，确立检察人员的职务级别工资套用"行政职级"。

（六）公务员职级工资制阶段（1993～2005）

1993 年，我国进行了第三次全国工资制度改革，此次工资制度改革表现为以下特点：（1）国家机关、事业单位分别执行不同的工资制度，机关干部、机关工人、事业单位管理人员、事业单位技术人员及事业单位工人分别执行各自的工资标准。（2）引入竞争、激励机制，工资的增长与年度考核挂钩。（3）工作人员的工资随着国民经济的发展有计划地增长，随着生活费用价格指数的变动而调整，并在此基础上制定了正常的增资制度。1993 年工资改革的主要内容是机关实行职级工资制，分别由职务工资、级别工资、基础工资、工龄工资四个部分组成。国务院办公厅《关于印发机关、事业单位工资制度改革三个实施办法的通知》（国办发〔1993〕85 号）将检察院纳入机关工资制度改革方案的实施范围。同年，国务院颁布《国家公务员暂行条例》规定了公务员职位分类、公务员的管理、工资保险福利等内容，但未涉及检察官单独工资福利。检察官职级工资依照行政职级套改确定。

（七）职级工资与检察官专项津贴"结合运行"阶段（2006～2014）

2006 年 6 月 14 日，国务院《关于改革公务员工资制度的通知》出台，强调有效调控地区工资差距，逐步将地区工资差距控制在合理的范围内。这次改革仍然实行职级工资制，但取消了基础工资和工龄工资，加大了级别工资权重，公务员工资级别从原来的十五级调整为二十七级。检察官同普通公务员一样实行职级工资制，同时通过津贴补贴来体现其职业特点，享受相关待遇，即：（1）根据人事部、财政部《关于实行检察官检察津贴的通知》（国人部发〔2007〕106 号），按照检察官等级享受相应的津贴标准。（2）根据人社部、财政部《关于调整人民检察院办案人员岗位津贴标准的通知》（人社部发〔2007〕18 号），地方各级检察院检察官、书记员及其他办案辅助人员均享受每月 240 元办案岗位津贴。（3）参照国家相关规定，享受法定工作日以外加班补贴每月 300 元。

（八）检察官单独职务工资制度改革试点阶段（2015 至今）

中共中央办公厅、国务院办公厅 2015 年 4 月印发《关于贯彻落实党的十八届四中全会决定进一步深化司法体制和社会体制改革的实施方案》，就检察官单独职务工资制度达成共识。上海市率先推出检察官单独职务工资制度改革方案，开启了建立检察官单独职务工资制度的"破冰之旅"。

二、我国检察官津贴补贴制度沿革

我国并未设立单独的检察官津贴补贴制度，检察官一直套用公务员的津贴补贴制度。新中国成立以来，国家根据经济建设发展的需要，在全民所有制企事业单位和国家机关中逐步建立起了津贴、补贴制度。由于各个历史时期政治、社会形势和经济发展状况的不同，津贴、补贴制度的建立和发展经历了一些曲折变化的过程，大致可分为五个阶段：

（一）按照公务员津贴补贴制度的建立阶段（1949～1963）

这一时期随着工资制度的改革和调整，开始按照公务员标准建立检察人员津贴、补贴。但这些津贴、补贴多数是按照部门或地方自行出台的标准执行，执行经国家批准全国统一建立的只有地区津贴、技术津贴和卫生部门的疫区津贴。

（二）执行公务员津贴补贴初步调整标准阶段（1963～1965）

这一时期国民经济有了明显好转。随着1963年公务员工资的调整，经国家批准，先后在生产建设部门建立了一些津贴、补贴。检察人员执行公务员标准。

（三）执行公务员津贴补贴标准暂时停滞阶段（1966～1976）

这一时期检察人员执行公务员津贴、补贴标准的工作处于空白。

（四）执行公务员津贴补贴标准阶段（1977～1992）

随着改革开放的逐步深入，检察官按照公务员津贴、补贴标准执行有了较大进展，主要是：提高了原有津贴、补贴标准，扩大了实行范围，新建了很多津贴、补贴，如艰苦津贴、高原临时补贴等。

（五）执行公务员津贴补贴标准规范阶段（1993～2006）

1993年10月机关事业单位新工资制度实施后，各省、各地区对各类工资性津贴、补贴进行了归并管理。针对收入分配秩序混乱、工资收入水平整体偏低、工资制度不尽合理等现象，规范了公务员津贴、补贴制度，如对保留的津贴、补贴项目统一归并为工作性津贴和生活性补贴两大类。为调节差距，中央对各省直属机关设立津贴、补贴调控线，并分别采取将一部分津贴、补贴纳入基本工资和按照分档累进办法征收调解基金的方式进行调控。

（六）执行公务员津贴补贴与检察官津贴标准阶段（2007 至今）

在执行公务员津贴补贴规范标准的同时，人事部、财政部就检察人员专项津贴作出规定。（1）检察官津贴。《关于实行检察官检察津贴的通知》（国人部发〔2007〕106 号）明确规定，检察官按照等级执行相应的津贴标准。（2）办案岗位津贴。《关于调整人民检察院办案人员岗位津贴标准的通知》（人社部发〔2011〕31 号）明确规定，地方各级检察院检察官、书记员及其他办案辅助人员均享受每月 240 元办案岗位津贴。

第六章　现行检察官工资
制度的主要问题

我国现行检察官工资制度的产生、发展有着深刻的历史根源。其在保障检察机关及其检察人员享受相关政治、经济、社会待遇等方面起到了一定的历史性作用。但是，从贯彻落实党的十八届三中、四中全会关于全面深化司法体制改革的重大战略部署精神，加快推进检察官队伍正规化、专业化、职业化建设，保证公正司法、提高司法公信力层面审视，这种制度模式弊端日渐凸显。

一、依赖于行政职级，忽视了专业性

我国检察机关被定位为司法机关，检察权被定位为司法权。司法权的价值功能在于定纷止争、权利救济、制约公权、保障人权、维护公平、实现正义、促进和谐、增进人民福祉。其权力运行的规律在于亲历性、中立性、程序性、裁断性。[①] 国家要确保包括检察权在内的司法权公正高效行使，必须为行使司法权的检察官提供有别于普通公务员行政职级保障的单独职务序列与优厚的工资、福利、住房、医疗等职业保障制度。现行检察官职务序列与工资、福利、住房、医疗等职业保障制度和公务员行政职级保障模式混同，是淡化检察官司法属性、违背司法权运行规律在职业保障制度方面的具体表现，是导致检察权运行异化、检察人才大量流失，检察队伍规范化、专业化、职业化建设难以顺利推进的深层次制度根源，也是滋生检察人员执法不公、不严、不廉的源头性因素。长期依赖于行政职级的传统管理体制及"行政化"运行模式下，检察官不能在职务序列等级范围内依法独立公正行使职权，而是像普通公务员一样"个人承办、集体讨论、逐级请示、层层审批、上定下办"。这不仅违背了司法权运行亲历性、中立性、程序性、裁

---

① 参见徐汉明：《强化法治思维提升领导干部法治能力》（上、下），载《法制日报》2014 年 11 月 26 日、12 月 3 日。

断性的规律，检察官依法独立办案的主体地位难以落实、司法属性难以体现，而且导致司法成本增大、司法监督难以到位、办案质量难以保证、干预司法难以抵御、司法错案冤案难以追责、司法公信力难以提高。

二、弱化了检察官的主体地位，影响了执法公信力

目前，我国对检察机关实行与行政机关混同的"科层制"管理模式，集中体现在以行政职位决定检察官的政治地位、法律地位及职业保障，检察人员以行政职级的身份替代法律身份，检察机关的领导成为行政首长，检察官依法独立行使职权的主体地位得不到充分体现和保障。这种弱化检察官主体地位的工资福利管理制度，第一方面，直接导致执法办案一线尤其是基层检察官的职业奉献得不到应有的与职务等级序列相匹配的工资、福利、医疗、住房等保障，促使众多检察官不能依赖司法专业素质、能力及业绩获得晋升，而只能"千军万马"挤行政职级与工资待遇这种"独木桥"。第二方面，基层一线检察官办案辛苦，职级待遇低、工资收入微薄、生活艰苦，检察官人格尊严受到严重挑战，一批检察官到薪酬高、待遇好的东部发达地区和收入高的企业谋求发展，形成大批检察精英人才"孔雀东南飞"的奇特现象，不少基层院由此导致业务人才被掏空。一批精英型、专家型、素能型、品行高端型的检察官难以在检察业务岗位发展，不得不抛弃钟情的检察事业，基层人员反映，"从优待检、稳定基层、激活基层"的改革政策犹如"到站的火车吼得凶、跑得慢"，现行以行政职级工资福利待遇评价检察官业绩的传统模式是"劣币追逐良币"，已到了非改不可的时候了。第三方面，因工资福利待遇保障不统一、不公平、基层待遇普遍低，导致不少检察机关为了解决生存发展困境，尤其是解决检察人员工资福利保障难题，滋生"为钱办案""办案为钱"，插手经济纠纷，甚至有的地方给检察官下达办案追缴指标，把追缴赃款与补贴奖金福利待遇挂钩，成为执法不公、不严、不廉，损害司法权威的源头性根源。

三、工资标准不统一，地区差异大，有失公平性

现行检察官工资制度与普通公务员的工资保障模式混同，工资标准不统一，津贴补贴奖金调控机制一度失灵，导致东、中、西部地区检察人员工资待遇尤其是津贴补贴收入差距明显拉大，向基层、边远山区、贫困地区倾斜的工资保障政策难以落实，体现检察权运行规律的检察官单独职务工资制度至今未能建立，保证公正司法、提高司法公信力存在体制性障碍、机制性困

扰、保障性束缚的问题。从研究人员对上海、广东、吉林、湖北、海南、贵州、青海等省、直辖市检察机关人员工资待遇的调查情况看,①我国检察官实行行政级别工资制,面临的矛盾和困境居多。这集中表现在以下几个方面。

(一) 基本工资基本相等,但津贴补贴、奖金等待遇差距大

据调查,2011 年至 2014 年,7 省 (直辖市) 检察人员年人均基本工资为 1.71 万元,东中西部差别不大。吉林省检察人员年人均基本工资最高,为 1.98 万元,贵州省检察人员年人均基本工资最低,为 1.31 万元,两省检察人员年人均基本工资差异仅为 6700 元左右。但是,由于津贴补贴及奖金统一调控机制不同程度失灵,东中西部检察人员的津贴补贴奖金收入等保障水平相差悬殊。比如,东部的上海市、广东省检察人员年人均津贴补贴奖金分别为 12.15 万元、7.36 万元,中部的吉林省、湖北省、海南省检察人员年人均津贴补贴奖金分别为 3.78 万元、4.74 万元、5.18 万元,西部的贵州省、青海省检察人员年人均津贴补贴奖金分别为 3.92 万元、5.43 万元。东部省份检察人员年人均津贴补贴奖金明显高于中部及西部省份检察机关。东部的上海市检察人员年人均津贴补贴奖金分别是中部吉林省的 321% 和西部贵州省的 309.95% (见表 6 – 1)。

表 6 – 1   2011 ~ 2014 年 7 省 (直辖市) 检察机关人员经费收入

地区	人数 (人)	人员经费 (万元)	其中			
			基本工资 (万元)	人均 (万元)	津贴补贴 (万元)	人均 (万元)
上海	18527	252484.11	27348.66	1.48	225135.45	12.15
广东	63713	590955.48	122261.09	1.92	468694.39	7.36
吉林	26469	152323.91	52399.31	1.98	99924.60	3.78
湖北	43897	279414.05	71165.03	1.62	208249.02	4.74
海南	10097	69198.42	16944.87	1.68	52253.55	5.18
贵州	27478	143594.93	35875.98	1.31	107718.95	3.92

① 参见徐汉明等:《关于湖北、上海、广东等七省 (直辖市) 检察机关经费保障及改革情况调研报告》,载《中南财经政法大学法治发展与司法改革研究中心暨湖北法治发展战略研究院咨询报告》2015 年第 13 期。

续表*

地区	人数（人）	人员经费（万元）	其中			
			基本工资（万元）	人均（万元）	津贴补贴（万元）	人均（万元）
青海	8785	61851.24	14157.10	1.61	47694.14	5.43
合计	198966	1549822.14	340152.04	1.71	1209670.10	6.08

（二）同一省区内的省直、省会城市与市、县级院津贴补贴差距大

2011 年至 2014 年 7 省（直辖市）检察人员年人均津贴补贴奖金表明，津贴补贴奖金最高为上海市，检察人员年人均津贴补贴奖金为 12.15 万元，比最低的贵州省检察人员年人均津贴补贴奖金 3.92 万元高出 8.23 万元，是贵州的 309.95%。（1）按地区分，以东部地区的广东为例，广东省检察人员人均年工资总额为 12.4 万元，其中萝岗区检察院最高，人均工资总额为 27.12 万元，雷州市检察院最低，人均工资总额为 3.77 万元；萝岗区检察人员人均工资总额是雷州市检察人员的 719.36%。（2）按工资总额的构成分，广东省检察人员年人均基本工资总额为 2.11 万元，津贴补贴为 5.8 万元，奖金及其他补助（含奖金、社会保障缴费、伙食补助费、抚恤金、生活补助、救济费、医疗费、助学费、奖励金、住房公积金及其他对个人和家庭的补助支出，下同）为 4.5 万元，分别占检察人员年人均工资总额的 17.02%、46.73%、36.25%。广东全省检察人员年基本工资相当，但津贴补贴、奖金和其他补助相差悬殊，如深圳市检察人员年人均津贴补贴最高，为 13.6 万元，饶平县检察人员年人均津贴补贴最低，为 0.16 万元，两院检察人员年人均津贴补贴相差 13.44 万元，差距为 84 倍；萝岗区检察人员年人均奖金及其他补助最高，为 13.37 万元，徐闻县检察人员年人均奖金及其他补助最低，为 0.19 万元，两院年人均相差 13.18 万元，差距为 69 倍。以西部地区的贵州为例，贵州省检察人员年人均工资总额为 7.28 万元，白云区检察人员年人均工资总额最高，为 11.22 万元，德江县检察人员年人均工资总额最低，为 5.11 万元；白云区检察人员人均工资总额是雷州市检察人

＊　资料来源:根据最高人民检察院计划财务装备局提供数据资料整理制作。

制表单位:中南财经政法大学法治发展与司法改革研究中心暨湖北法治发展战略研究院。

员的 2.2 倍。按工资总额的构成分，贵州省检察人员年人均基本工资总额为 1.46 万元，津贴补贴为 3.92 万元，奖金及其他补助为 2.50 万元，分别占年人均工资总额的 20.11%、45.61%、34.28%。其基本工资全省基本相当，但津贴补贴、奖金和其他补助相差悬殊，丹寨县检察人员年人均津贴补贴最高，为 4.55 万元，筑城区检察人员年人均津贴补贴最低，为 1.30 万元，两院人均相差 3.25 万元，即相差 2.5 倍；贵阳市检察人员年人均奖金及其他补助最高，为 5.60 万元，镇远县检察人员年人均奖金及其他补助最低，为 0.30 万元，两院人均相差 5.30 万元，即相差 17.67 倍。

（三）基层检察人员工资、津贴、奖金等待遇普遍较低

以湖北抽样调查为例，湖北省检察人员年人均工资总额为 7.62 万元，但省、地市州与县区，尤其是贫困山区检察人员工资待遇差距大，基层检察人员的工资待遇普遍偏低。（1）按地区分，如武汉市东西湖区检察人员年人均工资总额最高，为 13.89 万元，郧西县检察人员年人均工资总额最低，为 3.76 万元、竹溪县检察人员年人均工资总额为 4.14 万元、孝昌县检察人员年人均工资总额为 4.3 万元、竹山县检察人员年人均工资总额为 4.34 万元，东西湖区检察人员年人均工资总额分别是郧西县的 3.69 倍、竹溪县的 3.36 倍、孝昌县的 3.23 倍、竹山县的 3.2 倍。（2）按工资总额的构成分，全省检察人员年人均基本工资总额为 1.77 万元，津贴补贴为 3.02 万元，奖金及其他补助为 2.84 万元，分别占人均工资总额的 23.24%、39.55%、37.2%；其基本工资全省基本相当。但是津贴补贴、奖金和其他补助相差悬殊，如武汉市汉阳区检察人员年人均津贴补贴最高，为 5.38 万元、房县检察人员年人均津贴补贴最低，为 1.23 万元，两院人均相差 4.15 万元，即相差 3.37 倍；东西湖区检察人员年人均奖金及其他补助最高，为 7.75 万元，安陆县检察人员年人均奖金及其他补助最低，为 0.53 万元，东西湖区是安陆县的 14.62 倍。

检察官单独职务序列工资制度是与检察官单独职务序列相配套的"姊妹"制度，是检察职业保障、职业荣誉、职业保护的极为重要的组成部分，对于遵循检察管理规律、激发检察官活力、释放检察官潜能、充分调动检察官积极性，对于保证公正司法、提高司法公信力，对于全面深化司法管理体制改革、加快推进法律监督体系和监督能力现代化具有重大现实意义和长远作用。建立科学完备的职业激励与职业惩戒制度，尤其是优化检察资源配置，形成有力的激励约束机制，最终体现在检察官职业待遇是否提升、提升的空间大小与渠道正常。破解我国现行检察官职务等级制度激励约束不足难

题，治本之策在于加快推进建立检察官单独职务工资、福利、退休等职业保障制度，彻底与行政职级待遇脱钩，使检察官单独职务序列管理与单独职务工资制度管理高度统一、有机衔接、协调运转，彻底改变检察官单独职务序列长期空转的尴尬局面。因此，扭住以建立检察官单独职务序列为基础、以检察官单独职务工资为保障的检察官激励约束机制这一中心环节，引导检察官通过正常的职务等级渠道提升待遇，实现检察官个体乃至群体的现代化发展。

第七章 域外主要国家和地区
检察官工资制度

一、域外主要国家和地区检察官工资制度考察

（一）美国、英国等英美法系国家检察官工资制度

1. 美国。美国公务员工资特点：

（1）工资体系多元化。美国的工资体系是多元结构的。美国实行普通公务员、检察官、法官、执法人员等多元工资体系。分为联邦检察官职务序列工资体系（Administratively Determined Pay Plan，简称 AD，其级别为 AD21 到 AD40）、联邦执法人员工资序列（General Law Enforcement Office Pay Scale，简称 GL，其级别为 GL1 到 GL15）、联邦律师以及公务员工资序列（General Schedule，简称 GS，其级别为 GS1 到 GS15，其中联邦律师入职级别直接从 GS11 开始）、高级行政人员工资序列（Senior Executive Service，简称 SES）、联邦法官工资序列与各州上述五类工资序列构成"双轨制"多元结构的工资体系。

（2）联邦检察官职务序列工资制度体系化。检察机关在国家机构的性质和地位具有独特性，其组织体系、检察官称谓、职务等级与职务序列工资制度、福利与退休制度具有自身的特点。其工资制度实行单独的等级工资制（Administratively Determined Pay Plan，简称 AD），共分为 40 级，每一级从低到高分别设置 1 到 5 档工资。检察官从 AD21 起薪，其中助理联邦检察官适用 AD21 到 AD29 的 9 个级别工资中采用"年度定期晋升法"，AD30 到 AD40 采用"年度绩效考评晋升法"；其工资结构为等级工资＋地区津贴，美国联邦在 94 个检察区内设定地区津贴 33 类。在各州实行相对独立的职务工资体系，其工资、津贴等，因各州财力状况差异而体现出不同的特点。

（3）与公务员、执法人员乃至高级公务员的薪酬标准相比起点高。联邦检察官职务序列工资的起步薪级标准（AD21 一级）相当于联邦普通公务员第 9 到第 10 级，分别高于普通公务员和执法人员起步薪级标准的 60%；中级薪级标准和最高级薪级标准分别高出普通公务员的 20.3%、16.7%，高

出执法人员的 15.7% 和 16.7%。综合折算，联邦检察官职务序列薪酬标准分别高出普通公务员 97% 和执法人员的 92.4%，高出两者近 1 倍（见表 7-1）。

表 7-1 美国联邦检察官工资比较表（单位：美元）*

	联邦检察官序列	联邦律师序列		联邦执法人员序列		联邦公务员序列	
			差幅		差幅		差幅
初始等级	AD21	GS11-1 阶		GL1-1 阶		GS1-1 阶	
起步年薪	$45447	$51298	低 11.4%	$18161	高 150.2%	$18161	高 150.2%
中级等级	AD25	GS13-5 阶		GL8-5 阶		GS8-5 阶	
中级年薪	$54652	$81230	低 32.7%	$46067	高 18.6%	$43507	高 25.6%
最高等级	AD40	GS15-10 阶		GL15-1 阶		GS15-10 阶	
最高年薪	$158700	$132122	高 20.1%	$132122	高 20.1%	$132122	高 20.1%

（4）进阶（档）与晋级年限设置方式独特。检察官工资晋级进档从 AD21 级起步。助理联邦检察官在 AD21 级至 AD29 级阶段，其晋升年限设定 9 年为 9 个等级，每个等级又设定 5 个档次。在该等级年限内绩效考核通过即可自动进阶（档）。工作表现出色者，可以破格提前进阶。对考评不合格的薪酬可以在其所处 AD 级别最低年薪之下确定（称为绿圈薪级）；对入职前已有联邦政府工作经验者，可在其所处 AD 级别最高年薪之上确定（称为红圈薪级）（见表 7-2）。对于工作满 9 年以上的检察官，其晋升薪级 AD30 级至 AD40 级，则根据年度绩效考核确定（见表 7-3）。

---

* 资料来源：美国联邦人事管理办公室网站，载 https：//www. opm. gov/policy-data-oversight/pay-leave/，访问时间日期：2015 年 8 月 15 日。

　　制表单位：中南财经政法大学法治发展与司法改革研究中心暨湖北法治发展战略研究院。

表 7 - 2   美国助理联邦检察官工资等级表（单位：美元）*

AD 级别	工作年限	最低（一级）年薪	二级年薪	中点（三级）年薪	四级年薪	最高（五级）年薪
AD21	0 ~ 3	$45447	$53435	$61394	$69352	$77311
AD24	4	$49855	$58578	$67302	$76027	$84752
AD25	5	$54652	$64216	$73780	$83344	$92909
AD26	6	$59911	$70396	$80880	$91365	$101849
AD27	7	$65678	$77171	$88665	$100158	$111652
AD28	8	$71999	$84598	$97198	$109798	$122398
AD29	9	$78928	$92740	$106552	$120365	$134177

表 7 - 3   美国联邦检察官工资等级表（单位：美元）**

AD 级别	最低（一级）年薪	二级年薪	中点（三级）年薪	四级年薪	最高（五级）年薪
AD30	$0	$0	$0	$0	$0
AD31	$103422	$116350	$129278	$142205	$155133
AD33	$108862	$122470	$136078	$149685	$158554
AD35	$114588	$128912	$143235	$157559	$158554
AD37	$120616	$135693	$150770	$158554	$158554
AD39	$0	n/a	$158700	n/a	n/a
AD40	n/a	n/a	$158700	n/a	n/a

*　资料来源：美国联邦司法部联邦检察官办公室职业发展中心网站，载 http：//www. justice. gov/usao/career - center/salary - information/administratively - determined - pay - plan - charts，访问日期：2015 年 8 月 19 日。

制表单位：中南财经政法大学法治发展与司法改革研究中心暨湖北法治发展战略研究院。

**　资料来源：美国联邦司法部联邦检察官办公室职业发展中心网站：载 http：//www. justice. gov/usao/career - center/salary - information/administratively - determined - pay - plan - charts，访问日期：2015 年 8 月 17 日。

制表单位：中南财经政法大学法治发展与司法改革研究中心暨湖北法治发展战略研究院。

（5）联邦与州工资体系双轨运行。美国因各州经济发展水平的差异性，其实行联邦检察官与州检察官两套职务序列工资体系，相互不援引替代。

（6）工资结构内容差异化。联邦范围内，检察官职务序列工资构成除工资等级档次外，还有地区津贴等。根据联邦经济发展状况划分33个地区津贴标准（见表7-4），随同检察官薪酬等级工资按月发放。而50个州的检察官薪酬标准与地区津贴则按照各州财力状况和司法任务量相应设立各自的工资与津贴补贴标准，各州虽无统一的职务序列工资津贴标准，但保障水平大体相当。

表7-4　美国地区津贴表*

区域	津贴率	区域	津贴率	区域	津贴率	区域	津贴率
阿拉斯加	24.69%	达拉斯	20.67%	印第安纳波利斯	14.68%	雷利	17.64%
亚特兰大	19.29%	代顿	16.24%	华盛顿特区	24.22%	费城	21.79%
波士顿	24.80%	丹佛	22.52%	萨克拉门托	22.20%	纽约市	28.72%
水牛城	16.98%	菲尼克斯	16.76%	密尔沃基	18.10%	底特律	24.09%
芝加哥	25.10%	哈特福德	25.82%	明尼阿波利斯	20.96%	旧金山	35.15%
辛辛那提	18.55%	夏威夷	16.51%	里奇蒙德	16.47%	西雅图	21.81%
克利夫兰	18.68%	休斯顿	28.71%	圣地亚哥	24.19%	全美其余地区	14.16%
哥伦布	17.16%	亨茨维尔	16.02%	匹兹堡	16.37%		
洛杉矶	27.16%	迈阿密	20.79%	波特兰	20.35%		

注：考虑到不同地区生活水平差异，美国联邦政府认定了在31个城市及两个州执行的地区津贴。其执行方式为：实际年薪＝等级工资×（1＋地区津贴率）。上述33个区域之外的美国其他地区全部执行14.16%的统一地区津贴。

2. 英国。英国的工资体系也是多元结构的。检察机关在国家机构的性质和地位具有独特性，其组织体系、检察官称谓、职务等级与职务序列工资制度、福利与退休制度与美国具有相似性。其特点是：

（1）工资体系多元化。英国皇家检察官职务序列工资薪酬制度有英格

* 资料来源：美国联邦人事管理办公室网站，载 https://www.opm.gov/policy-data-oversight/pay-leave/，访问日期：2015年8月19日。

制表单位：中南财经政法大学法治发展与司法改革研究中心暨湖北法治发展战略研究院。

兰及威尔士、苏格兰多套体系，相互平行，互不替代（见表7-5）。在英格兰及威尔士地区，实行检察官职务序列薪酬与公务员职务序列薪酬相对应的系统；在伦敦地区因为物价指数与消费水平等因素，又实行高于其他地区检察官职务序列薪酬标准的相对独立体系（见表7-6）。

表7-5 英国检察官工资比较表（单位：英镑/年）*

	皇家检察官序列	检察辅助/行政人员序列	差幅	警察序列	差幅	皇家文官序列	差幅
初始等级	助理检察官（1阶）	A1级		见习警员（0阶）		行政助理（AA）	
起步年薪	28296	16437	高72.1%	19191	高47.4%	15529	高82%
中级等级	皇家大律师	D级		高级督察		7级文官	
年薪下限	47065	45191	高4.1%	51258	低8.2%	43654	高7.83%
高等级	首席皇家检察官（伦敦区）	财务总监		伦敦市警察总监		资深文官2档	
年薪下限	115000	100000	高15%	164136	低29.9%	84184	高36.6%
最高等级	刑事检控专员	—		大伦敦区警察总监		资深文官4档	
年薪下限	195000			265317	低26.5%	144985	高34.5%

---

* 资料来源：根据下列互联网资料综合整理：government_ staff_ and_ salary_ data _ CPS_ junior_ data_ september_ 2014. csv，http：//www. cps. gov. uk/data/organogram/index. html；government_ staff_ and_ salary_ data_ CPS_ senior_ data_ september_ 2014. csv，http：//www. cps. gov. uk/data/organogram/index. html；20080620-Depts-and-Grade-Structure-Table-CSWM-Aug-08_ tcm6-8473. pdf，http：//www. civilservice. gov. uk/wp-content/uploads/2011/09/20080620-Depts-and-Grade-Structure-Table-CSWM-Aug-08_ tcm6-8473. pdf，访问日期：2015年8月26日。

制表单位：中南财经政法大学法治发展与司法改革研究中心暨湖北法治发展战略研究院。

表7-6 英国检察人员全国与伦敦地区工资表（单位：英镑/年）*

皇家检察官序列	全国工资标准	伦敦工资标准	行政辅助人员	全国工资标准	伦敦工资标准
			A1 级	16437 ~ 16950	17586 ~ 18100
			A2 级私人秘书	18366 ~ 19690	19724 ~ 21095
			A2 级法务助理	19851 ~ 21055	20585 ~ 22055
			B1 级	23276 ~ 26408	24296 ~ 27954
助理检察官1 阶	28296 ~ 32325	29313 ~ 33979	B2 级	27339 ~ 31231	28321 ~ 32830
助理检察官2 阶	31992 ~ 35416	33704 ~ 37069			
皇家检察官	31992 ~ 35416	33704 ~ 37069	B3 级	33924 ~ 40678	34988 ~ 42685
资深皇家检察官	42728 ~ 52140	44898 ~ 58679	D 级	45191 ~ 58490	48665 ~ 63760
特别检察官	50560 ~ 63752	54532 ~ 68518			
皇家大律师	47065 ~ 60477	50660 ~ 65097			

* 资料来源：根据英国皇家检察院信息公开网页组织信息页面资料文件综合整理，20080620 – Depts – and – Grade – Structure – Table – CSWM – Aug – 08_ tcm6 – 8473. pdf, http：//www. civilservice. gov. uk/wp – content/uploads/2011/09/20080620 – Depts – and – Grade – Structure – Table – CSWM – Aug – 08_ tcm6 – 8473. pdf, 访问日期：2015 年 8 月 26 日。

制表单位：中南财经政法大学法治发展与司法改革研究中心暨湖北法治发展战略研究院。

续表

皇家检察官序列	全国工资标准	伦敦工资标准	行政辅助人员	全国工资标准	伦敦工资标准
资深皇家大律师	61960 ~ 67255	64649 ~ 69997	E 级	62437 ~ 72460	65005 ~ 74450
首席皇家大律师	71114 ~ 114920	75252 ~ 82533			
副首席皇家检察官	—				
首席皇家检察官	—				
首席皇家检察官（伦敦区）	115000 ~ 119999	—			
刑事检控专员	195000 ~ 199999	—			

（2）工资标准等级化。在检察官职务序列工资制度安排方面，英格兰及威尔士地区按照皇家检察院的助理皇家检察官（1 阶和 2 阶）、皇家检察官、资深皇家检察官、特别检察官、皇家大律师、资深皇家大律师、首席皇家大律师、副首席皇家检察官、首席皇家检察官和刑事检控专员 11 个职务等级设置工资等级标准，并且与公务员职务等级的高级执行官（HEO）、资深执行官（SEO）、7 级公务员（Grade7）、6 级公务员（Grade6）、资深公务员 1 档（5 级）、资深公务员 1A 档（4 级）、资深公务员 2 档（3 级）、资深公务员 3 档（2 级）和资深公务员 4 档（1 级）9 个职务工资标准等级相对应（见表 7 - 7）。

表 7 - 7 英国检察官与对应行政人员工资比较表（单位：英镑/年）*

皇家检察官序列	全国工资标准	伦敦工资标准	对应公务员级别	全国工资标准	伦敦工资标准
			行政助理（AA）	15529 ~ 16368	17210 ~ 19785
			行政官（AO）	18398 ~ 19907	19510 ~ 23045
			执行官（EO）	22698 ~ 25903	24430 ~ 29063
助理检察官1阶	28296 ~ 32325	29313 ~ 33979	高级执行官（HEO）	27013 ~ 36000	28820 ~ 36000
助理检察官2阶	31992 ~ 35416	33704 ~ 37069			
皇家检察官	31992 ~ 35416	33704 ~ 37069	资深执行官（SEO）	33321 ~ 39799	35460 ~ 42542
资深皇家检察官	42728 ~ 52140	44898 ~ 58679	7级公务员（Grade7）	43654 ~ 52333	47860 ~ 58007
特别检察官	50560 ~ 63752	54532 ~ 68518			
皇家大律师	47065 ~ 60477	50660 ~ 65097			
资深皇家大律师	61960 ~ 67255	64649 ~ 69997	6级公务员（Grade6）	53236 ~ 63802	57500 ~ 69680
主办皇家大律师	71114 ~ 114920	75252 ~ 82533			

* 资料来源：根据英国皇家检察院信息公开网页组织信息页面资料文件综合整理，20080620 - Depts - and - Grade - Structure - Table - CSWM - Aug - 08_ tcm6 - 8473. pdf, http: // www. civilservice. gov. uk/ wp - content/ uploads/ 2011/ 09/ 20080620 - Depts - and - Grade - Structure - Table - CSWM - Aug - 08_ tcm6 - 8473. pdf. 访问日期：2015 年 8 月 29 日。

制表单位：中南财经政法大学法治发展与司法改革研究中心暨湖北法治发展战略研究院。

皇家检察官 序列	全国 工资标准	伦敦 工资标准	对应公务员 级别	全国 工资标准	伦敦 工资标准
副首席 皇家检察官	—	—	资深公务员 （SCS1，5 级）	65422 ~ 78275	
首席 皇家检察官	—	—	资深公务员 （SCS1A，4 级）	—	
首席皇家检察 官（伦敦区）	115000 ~ 119999	—	资深公务员 （SCS2，3 级）	84184 ~ 100091	
			资深公务员 （SCS3，2 级）	107464 ~ 132007	
刑事检控专员	195000 ~ 199999		资深公务员 （SCS4，1 级）	144985 ~ 178709	

（3）工资薪级起步高于普通公务员。助理检察官（1 阶）属于初等薪级，其起步年薪为 28296 英镑，比司法行政人员的 16437 英镑高 72.1%，比警察的 19191 英镑高 47.4%，比公务员行政助理的 15529 英镑高 82.2%；特别检察官属于中等薪级，其下限年薪为 50560 英镑，比同级公务员 43654 英镑高 15.8%；首席皇家检察官（伦敦区）属于高等薪级，其下限年薪为 115000 英镑，比同级公务员 84184 英镑高 36.6%；刑事检控专员属于最高薪级，其下限年薪为 195000 英镑，比同级公务员 144985 英镑高 34.5%。综合折算，皇家检察官的年薪标准是普通公务员的 168.9%。

苏格兰地区检察官工资体系特点是：①工资标准等级化。在检察官职务序列工资制度安排方面，苏格兰地区按照总检察长、首席检察长、皇家特派员、副检察长、地方检察长、主办地方检察官、资深地方检察官、地方检察官、实习检察官 2 年、实习检察官 1 年、法务学员 2 年、法务学员 1 年 12 个年薪工资等级标准，并且分别与公务员职务等级的 MSP（苏格兰议会议员）、MSP（苏格兰议会议员）、SCS2、AD、SCS1、G 薪级、F 薪级、E 薪级、D 薪级、C 薪级、B 薪级 12 个职务工资标准等级相对应。②工资薪级起步高于普通公务员。实习检察官 1 年属于初等薪级，其起步年薪为 30098

英镑，比政务辅助人员的起步年薪 16586 英镑高 81.5%（见表 7 - 8）。

表 7 - 8　苏格兰皇家公署、地方检察院人员薪酬表 *

检察官级别	检察官序列	年薪(英镑)	检察辅助人员级别	检察辅助人员职务序列	年薪(英镑)
MSP(苏格兰议会议员)	总检察长	58013 *			
MSP(苏格兰议会议员)	首席检察长	41951 *			
SCS2	皇家特派员	125000 ~ 130000			
AD	副检察长	87980 ~ 136761			
SCS1	地方检察长	68276 ~ 128900			
PPFD	主办地方检察官	48899 ~ 61705	G 薪级		53060 ~ 66034
SPFD	资深地方检察官	45084 ~ 53596	F 薪级		44263 ~ 53909
PFD	地方检察官	39000 ~ 47297	E 薪级	业务经理	
PFD Training	实习检察官 2 年	31256			33072 ~ 41176
PFD Training	实习检察官 1 年	30098			
Trainee Solicitor	法务学员 2 年	20000	D 薪级	资深政务员	25969 ~ 30333
			C 薪级	政务员	21123 ~ 25793
Trainee Solicitor	法务学员 1 年	16700	B 薪级	政务辅助人员	16586 ~ 18767

注：* 表示作为检察官履行检察职务时领取的年薪。

---

* 资料来源：苏格兰皇家公署/地方检察院 2013 年公平雇佣报告，载 http：//www. crownoffice. gov. uk/images/Documents/Equality_ Diversity/2013% 2004% 2030% 20Main streaming% 20Report% 20% 20Outcomes. pdf，访问日期：2015 年 8 月 29 日。

制表单位：中南财经政法大学法治发展与司法改革研究中心暨湖北法治发展战略研究院。

（二）德国、法国、日本等大陆法系国家检察官工资制度

1. 德国。德国设置联邦总检察院、州总检察院和州地方检察院。检察机关在国家机构的性质和地位具有独特性，其组织体系、检察官称谓、职务等级与职务序列工资制度、福利与退休制度具有自身特点。其实行严格的职务等级工资标准制度。

（1）工资体系实行"双轨制"。同德国公务员工资体系相对应，检察官工资体系实行联邦检察官职务工资序列体系与州检察官职务工资序列体系并行的"双轨制"。

（2）职务序列工资等级清晰。联邦总检察院分别为联邦总检察长、联邦检察官、高级检察官和检察官，其薪酬标准分别与公务员 R9、R7、R6、R3、R2 级别相对应。2014 年联邦总检察院检察官依职务等级每月基本工资收入分别为 10746.5 欧元、9639.65 欧元、9167.62 欧元、7714.27 欧元和 4826.20 欧元（见表 7-9）。

表 7-9　德国联邦检察官工资表（类别 R，单位：欧元/月，于 2015 年 3 月生效）*

层次	称谓	资历等级	公务员级别	对应工资	注：* R2 档，R1 档工资各分为 8 个等级		
联邦总检察院	联邦总检察长	高级职务	R9	10746.5		R 1	R 2
	联邦检察官	高级职务	R7	9639.65	1	3971.66	4826.20
		高级职务	R6	9167.62	2	4354.18	5073.87
	高级检察官	高级职务	R3	7714.27	3	4737.86	5320.36
	检察官	高级职务	R2	4826.20	4	5077.38	5657.53

*　资料来源：联邦德国司法部网站所公布的 *Bundesbesoldungsgesetz*《联邦公务员工资法》。

制表单位：中南财经政法大学法治发展与司法改革研究中心暨湖北法治发展战略研究院。

层次	称谓	资历等级	公务员级别	对应工资	注：＊R2 档，R1 档工资各分为 8 个等级		
州检察院	总检察长	高级职务	R5 \ R6	8678.13 \ 9167.62	5	5415.69	5997.01
	高级检察长	高级职务	R3	7714.27	6	5755.2	6335.36
	高级检察官	高级职务	R2 ＊	4826.20 ~ 7014.37	7	6092.37	6674.86
	检察官		R1 ＊	3971.66 ~ 6434.18	8	6434.18	7014.37
	见习检察官		R1（等级 1）	3971.66			

　　州检察院分别为总检察长、高级检察长、高级检察官、检察官和见习检察官，总检察长、高级检察长和高级检察官的职务等级为高级职务，其薪酬标准分别与公务员 R5（R6）、R3、R2、R1 和 R1（等级 1）级别相对应（见表 7-9）。16 个州的同一职务等级的工资水平大体相当。以汉堡州立总检察院为例，2014 年检察官依职务等级每月基本工资收入分别为 8468.73 欧元、8022.86 欧元、7139.13 欧元、4585.96 ~ 6499.67 欧元、4052.67 ~ 5966.78 欧元和 4052.67 欧元。州地方检察院的检察官职务称谓分别为高级检察长、高级检察官、检察官、见习检察官。其薪酬标准分别与公务员 R2（R3/R4）、R2、R1、R1（等级 1）相对应（见表 7-9）。以布兰登堡州检察院为例，2014 年检察官依职务等级每月基本工资收入分别为 7380.09 欧元、6973.92 欧元、4585.22 ~ 6342.88 欧元、4585.22 ~ 6342.88 欧元、3754.37 ~ 5816.99 欧元、3754.37 欧元、3449.22 ~ 4455.78 欧元、3449.22 ~ 4455.78 欧元和 3077.11 ~ 4009.22 欧元。此外，基层检察院的检察官职务称谓分别为高级检察官、首席高级基层检察官、高级基层检察官和基层检察官，其职务等级仅有高级检察官为高级职务等级，其他职务等级均为中高级职务。其薪酬标准分别与公务员 R2、A14、A13 和 A12 相对应。以柏林为例，2014 年基层检察官依职务等级每月基本工资收入分别为 7567.72 欧元、3530.96 ~ 4822.25 欧元、3354.14 ~ 4361.46 欧元和 2839.77 ~ 3914.60 欧元。

（3）工资起点高于对应的普通公务员。德国联邦、州、州地方及基层检察官的职务工资标准均高于对应的普通公务员工资标准。以巴登州为例，见习检察官初入职工资级别为 R1－1，其初入职起薪每月为 3971.66 欧元，普通公务员初入职工资级别为 A2－1，每月 1974.72 欧元；见习检察官起薪标准相当于普通公务员的 A12－4 级（每月 3386.86～4602.99 欧元），是普通公务员 A2－1 工资标准的 201.13%（见表 7－10）。

表 7－10　德国联邦普通公务员基本工资（单位：欧元/月）*

	1	2	3	4	5	6	7	8
A 2	1974.72	2018.71	2063.88	2097.74	2132.74	2167.73	2202.71	2237.70
A 3	2050.34	2096.61	2142.88	2180.14	2217.39	2254.62	2291.89	2329.12
A 4	2093.25	2148.53	2203.84	2247.86	2291.89	2335.90	2379.91	2420.56
A 5	2109.02	2177.87	2233.17	2287.37	2341.56	2396.87	2451.03	2504.08
A 6	2154.17	2234.33	2315.58	2377.66	2442.00	2504.08	2572.94	2632.76
A 7	2261.41	2332.52	2426.23	2522.14	2615.83	2710.65	2781.76	2852.86
A 8	2392.34	2478.13	2598.89	2720.81	2842.70	2927.35	3013.14	3097.80
A 9	2581.96	2666.62	2799.82	2935.26	3068.43	3158.96	3253.15	3344.99
A 10	2763.68	2879.94	3048.14	3217.06	3389.16	3508.93	3628.66	3748.44
A 11	3158.96	3336.85	3513.57	3691.46	3813.53	3935.62	4057.70	4179.79
A 12	3386.86	3597.29	3808.89	4019.32	4165.83	4309.99	4455.33	4602.99
A 13	3971.66	4169.32	4365.80	4563.45	4699.49	4836.69	4972.70	5106.41
A 14	4084.44	4339.05	4594.85	4849.46	5025.01	5201.76	5377.31	5554.05
A 15	4992.48	5222.70	5398.24	5573.81	5749.38	5923.78	6098.17	6271.40
A 16	5507.53	5774.96	5977.25	6179.56	6380.70	6584.18	6786.48	6986.46

（4）薪级工资晋升方式独特。德国检察官的工资按照职位和年龄来确定，检察官工资结构为基础工资＋年龄工资＋职务工资，每两年晋升一次。无论是在联邦总检察院、州总检察院还是州地方检察院，处于同一职务名称

---

*　资料来源：联邦德国司法部网站所公布的 *Bundesbesoldungsgesetz*《联邦公务员工资法》。
　制表单位：中南财经政法大学法治发展与司法改革研究中心暨湖北法治发展战略研究院。

检察官的基础工资与职务工资相同。工资结构中年龄工资比重较大，低一级职位上的年长检察官的工资可能比上一级职位上的年轻检察官的工资高。

2. 法国。法国的职务等级工资制度有自身特点：

（1）以检察官等级档次为基础。检察官分为三级，即二级、一级和最高级。其中，每个等级被细化成若干的层级，二级检察官工资分为 5 档，一级检察官工资分为 14 档，最高级检察官工资分为 10 档，共计 29 档。

（2）薪酬构成对应职务等级档次。法国检察官和法官采用同一薪酬体系，薪酬对应相应的等级与档次。其构成是：基本工资、住房补贴、职务津贴及绩效奖金。津贴标准按基本工资幅度确定。其中，住房补贴为基本工资的 1% 到 3%，职务津贴为基本工资的 34% 到 39%，绩效奖金为基本工资的 12%。比如，二级检察官月工资为 2677.44 ~ 3662.56 欧元不等（共 5 档）；一级检察官月工资为 3893.32 ~ 6597.33 欧元不等（共 14 档）；最高级检察官月工资为 6597.33 ~ 8881.26 欧元不等（共 10 档）（见表 7 - 11）。

表 7 - 11 2013 年法国司法官（法官、检察官）工资标准（单位：欧元/月）*

等级	档次	税前工资	扣除养老金工资	住房补贴	职务津贴	奖金	扣除养老金总收入
最高级司法官	G	6950.07	6348.19	69.5	2571.53	834.01	9823.23
	F	6338.87	5789.92	63.39	2345.38	760.66	8959.36
	E2	6111.99	5582.69	61.12	2261.43	733.44	8638.68
	E1	5880.47	5371.22	58.8	2175.77	705.66	8311.46
	D3	5880.47	5371.22	58.8	2175.77	705.66	8311.46
	D2	5635.06	5147.07	56.35	2084.97	676.21	7964.6
	D1	5389.66	4922.91	53.9	1994.17	646.76	7617.74
	C3	5389.66	4922.91	53.9	1994.17	646.76	7617.74
	C2	5273.90	4817.18	52.74	1951.34	632.87	7454.13
	C1	5162.78	4715.68	51.63	1910.23	619.53	7297.07

* 资料来源：载 http://www.enm - justice.fr/_ uses/lib/5827/grille - indiciaire - magistrats - 1 - 1 - 2013.pdf，访问日期：2015 年 8 月 5 日。

制表单位：中南财经政法大学法治发展与司法改革研究中心暨湖北法治发展战略研究院。

等级	档次		税前工资	扣除养老金工资	住房补贴	职务津贴	奖金	扣除养老金总收入
一级司法官	八档	BBIS3	5162.78	4715.68	51.63	1910.23	619.53	7297.07
		BBIS2	5028.50	4593.03	50.28	1860.54	603.42	7107.28
		BBIS1	4898.85	4474.61	48.99	1812.57	587.86	6924.03
	七档	B3	4898.85	4474.61	48.99	1812.57	587.86	6924.03
		B2	4648.81	4246.23	46.49	1720.06	557.86	6570.63
		B1	4458.97	4072.82	44.59	1649.82	535.08	6302.31
	六档	A3	4458.97	4072.82	44.59	1649.82	535.08	6302.31
		A2	4241.35	3874.05	42.41	1569.30	508.96	5994.72
		A1	4079.29	3726.02	40.79	1509.34	489.51	5765.66
	五档		3801.47	3472.26	38.01	1406.54	456.18	5373.00
	四档		3625.52	3311.55	36.26	1341.44	435.06	5124.31
	三档		3398.63	3104.31	33.99	1257.49	407.84	4803.63
	二档		3222.68	2943.60	32.23	1192.39	386.72	4554.94
	一档		3046.73	2782.88	30.47	1127.29	365.61	4306.25
二级司法官	五档		2866.15	2617.94	28.66	1060.48	343.94	4051.02
	四档		2694.83	2461.46	26.95	997.09	323.38	3808.87
	三档		2528.14	2309.20	25.28	935.41	303.38	3573.27
	二档		2296.62	2097.74	22.97	849.75	275.59	3246.05
	一档		2092.89	1911.65	20.93	774.37	251.15	2958.09
司法官学院学员			1662.27	1518.32	0	0	0	1518.32

（3）检察官工资水平高于普通公务员。据 2012 年统计，检察官最低级别的工资为 2677.44 欧元，比公务员 B 类序列的一般书记官的最低月收入的 1560 欧元，高出 71.6%。

3. 日本。日本公职人员工资制度实行多元化体系。国家法律对一般公务员与检察官等实行"分离管理"。其中日本政府于 1950 年公布《关于一般职员薪俸的法律》对一般公务员实行按照"十大类"单独管理，即按照工作性质分为行政职、税务职、公安职、海事职、教育职、研究职、医疗职、福利职、专业人员职、指定职十大类，进行类型化管理。担任行政职务的官员和办事员的月薪为 325724 日元和 383541 日元，行政职务岗的勤务员、警卫、司机、话务员蓝领工作人员等月薪为 287094 日元和 320514 日元。而日本检察官作为特别职，其薪俸由《关于检察官的薪俸等事项的法律》进行规定。其工资等级制度的特点是：

（1）工资结构多元化。日本的检察官俸给结构分别为：基本工资 + 各种津贴，包括：超额工作津贴、假日津贴、夜班津贴、值班津贴、单身赴任津贴、寒冷地区津贴、连续抚养津贴和地区津贴、远距离调动津贴、住房津贴、年底津贴、退休津贴和死亡抚恤金。

（2）实行固定薪金标准与等级薪金标准相结合。根据日本《检察厅法》《检察官俸给法》相关规定，对检事总长、东京高等检察厅检事长、次长检事、其他检事长实行固定薪金制。其固定月薪分别为：1465000 日元、1198000 日元、1301000 日元、1198000 日元。检事、副检事适用等级薪金，分别设定一至二十等和一至十七等。检事月薪标准为一等 1174000 日元至二十等 227500 日元；副检事月薪标准为一等 573000 日元至十七等 208200 日元（见表 7 - 12）。

表 7 - 12　日本检察官月工资统计表（单位：日元）*

检事总长	东京高等检察厅检事长	次长检事	其他检事长	检事		副检事
1465000						
	1301000					
		1198000	1198000			
				一等	1174000	
				二等	1034000	

*　资料来源：日本 2014 年修改的《关于检察官的薪俸等事项的法律》规定。

　制表单位：中南财经政法大学法治发展与司法改革研究中心暨湖北法治发展战略研究院。

检事总长	东京高等检察厅检事长	次长检事	其他检事长	检事		副检事	
				三等	964000		
				四等	817000		
				五等	705000		
				六等	633000		
				七等	573000	一等	573000
				八等	515000	二等	515000
				九等	419000	三等	436600
				十等	385500	四等	419200
				十一等	362600	五等	385500
				十二等	339300	六等	362600
				十三等	317000	七等	339300
				十四等	301700	八等	317000
				十五等	284100	九等	301700
				十六等	273700	十等	284100
				十七等	250400	十一等	273700
				十八等	241500	十二等	250400
				十九等	234000	十三等	241500
				二十等	227500	十四等	234000
						十五等	227500
						十六等	216000
						十七等	208200

（3）检事、副检事的等级薪金差距大。检事最高工资一等月薪为1174000日元，是检事最低工资二十等月薪227500日元的5.16倍；副检事最高工资一等月薪为573000日元，是副检事最低工资十七等月薪208200日元的2.75倍（见表7-12）。

（4）一般规定与特殊规定相结合。日本对检事职务工资等级作出一般规定的同时，对特殊等级也作出规定，比如，根据日本《检察厅法》《检察官俸给法》相关规定，对于次长检事和检事长，参照一般公务员给付单身赴任津贴；对于在寒冷地区工作的检事长，参照一般公务员给付寒冷地区津贴；对候任检事给付连续抚养津贴和地区津贴、远距离调动津贴、住房津贴、年底津贴、寒冷地区津贴；在特殊情况下，副检事的月薪可以达到633000日元，高出一般检事工资标准10.5%。

（5）与一般职公务员工资相比，工资起点高。日本特别职的次长检事（即副总检察长）月均基本工资为1198000日元，而一般行政职类同级别的国家机关的部长最高月工资为597300日元，次长检事月工资约为国家机关部长月工资的200.57%，低于内阁总理大臣、最高裁判官及众参两院议长的月工资；最低17级副检事月起点工资为208200日元，行政职1级科员月起点工资为137300日元，最低17级副检事起点工资是最低行政职1级科员起点工资的151.64%。[①]

（6）职务工资等级晋升。根据日本《检察厅法》《检察官俸给法》相关规定，法务大臣决定检事的初薪、提薪和其他的薪酬事项的给付标准，并且依此来确定所有的检事应当领受的薪俸的等级。

（三）俄罗斯、白俄罗斯等转型国家检察官工资制度

1. 俄罗斯。俄罗斯检察官工资等级体系特点是：

（1）工资体系多元化。2001年8月俄罗斯联邦启动了国家公务改革，并于2003年5月颁布了《俄罗斯联邦国家公务体系法》，建立了划分为国家文职公务人员、军职公务人员和护法公务人员三个分支体系。其中检察官属于护法公务人员体系。国家公职人员的薪酬按照月职务工资标准、月工资单位系数和浮动工资确定（见表7-13）。

---

① 参见刘昌黎：《日本国家公务员的工资水平与工资差距是多少》，载http://blog.sina.com.cn/s/blog_52ed126f0100dbhv.html，访问日期：2015年8月3日。

表 7 - 13　俄罗斯联邦中央部门国家公职人员月薪（单位：卢布）*

	国家公职人员的职务名称	月职务工资标准	月工资单位系数	浮动工资（%）
高级职务	院长	9500	8	150～200
	第一副院长	8406	5	150～200
	副院长	8406	5	150～200
中级职务	管理部门正职	7566	4	120～150
	管理部门副职	7229	3.5	120～150
	部门领导	6389	2.5	90～120
	部门领导副职	6222	2.5	90～120
助理职务	院长助理	6725	3	120～150
	其他辅助人员	6725	3	120～150
专业职务	部门领导	6222	2.5	90～120
	部门领导副职	6052	2.5	90～120
	咨询人员	6052	2.5	90～120
	主要接待人员	5970	2.5	90～120
	一般接待人员	5885	2.5	90～120
专业人员	专业人员的领导	5381	2.5	60～90
	主要专业人员	4877	2.5	60～90
	一般专业人员	4372	2.5	60～90
专业带头人	三等领头专家	5549	2.5	90～120
	一等主任级专家	4372	2.5	60～90

（2）工资结构多元化。检察官的工资由职务工资、检衔津贴（见表7-14）、工龄津贴、特殊职务条件津贴、烦琐性职务津贴、紧张性职务津贴和特殊业绩津贴等构成（见表7-15）。

---

* 资料来源：*O денежном содержании федеральных государственных служащих*，程道才（译）。

制表单位：中南财经政法大学法治发展与司法改革研究中心暨湖北法治发展战略研究院。

表7－14　俄罗斯检察官职务序列单独薪酬标准*

检衔等级	检衔津贴占职务工资的比例（％）
国家高级检察官	30
国家一级检察官	27
国家二级检察官	25
国家三级检察官	23
高级检察官	21
中级检察官	20
初级检察官	19
一级助理检察官	18
二级助理检察官	17
三级助理检察官	16
初级助理检察官	15

表7－15　俄罗斯检察官薪酬构成标准**

序号	种类	
	货币薪金	荣誉补贴
1	职务工资	取得职务所需的专业学位与学术成就的补贴
2	检衔津贴	"俄罗斯联邦功勋法律工作者"荣誉称号的补贴
3	工龄津贴	季度奖金与年度奖金
4	特殊职务条件津贴（占职务工资的50％）	
5	烦琐性职务津贴	俄罗斯联邦立法与其他规范性
6	紧张性职务津贴	法令决定的其他补贴款项
7	特殊业绩津贴（占职务工资的50％以下）	

＊　资料来源：《О денежном содержании федеральных государственных гражданских служащих》程道才（译）。

制表单位：中南财经政法大学法治发展与司法改革研究中心暨湖北法治发展战略研究院。

＊＊　资料来源：赵路：《俄罗斯联邦检察院组织法》（1995年11月17日第168号联邦法令颁布2009年11月28日第19次修正），载《中国刑事法杂志》2010年第5期。

制表单位：中南财经政法大学法治发展与司法改革研究中心暨湖北法治发展战略研究院。

（3）工资发放办法独特。检察官职务等级薪金比照公职人员薪酬的标准发放，按照月职务工资标准×职务的月工资单位系数×浮动工资＋检衔津贴＋工龄津贴＋相关特殊津贴综合计算发放。

（4）津贴标准依据职务工资不同类别的比例计算。其中，检衔津贴、特殊业务业绩津贴按照公职人员工资待遇的200%计算；特殊职务条件津贴按职务工资50%发放；烦琐性职务津贴、紧张性职务津贴和特殊业绩津贴各按职务工资50%以下发放（见表7－15）。

（5）检察官的工资高于普通公务员。联邦总检察长职务工资与总统、议会等国家高级别官员待遇相当；联邦第一副总检察长的职务工资为联邦最高法院院长职务工资的80%（见表7－16）。

表7－16　俄罗斯莫斯科和圣彼得堡检察院检察官月工资（单位：卢布）*

职位	月基本工资标准：25677	月工资	绩效工资比例（倍）	月绩效工资	月收入总额
检察长	86%	22082.22	3.75	82808.33	104890.55
第一副检察长	80%	20541.60	3.00	61624.80	82166.40
高级助理检察长；部门主任	71%	18230.67	2.00	36461.34	54692.01
下属区检察长、副检察长、首席副助理检察官；检察长的特别事务助理	69%	17717.13	1.75	31004.98	48722.11
助理检察员；检察部门职员	61%	15662.97	1.00	15662.97	31325.94

2. 白俄罗斯。白俄罗斯检察官工资等级体系特点是：

（1）工资体系多元化。白俄罗斯检察官的工资体系包括：职务工资、级别工资、工龄工资与廉政工资。

＊　资料来源：根据下述资料来源整理：http：//www.garant.ru/products/ipo/prime/doc/70255298/，http：//www.consultant.ru/popular/prosec/49_12.html#p1393，http：//www.solidarnost.org/articles/articles_1139.html，访问日期：2015年12月26日。

制表单位：中南财经政法大学法治发展与司法改革研究中心暨湖北法治发展战略研究院。

（2）工资结构多元化。工资由基本工资、检衔、津贴、奖金等构成。2014 年 12 月白俄罗斯公务员平均工资为 6806000 白俄罗斯卢布（折合人民币 4000 余元）。

（3）工资标准及调整方法独特。检察官工资主要根据工作年限和学历确定，其确定标准为：工作时间半年以下，初始工资；工作时间半年至 3 年，工资涨 10%；工作时间 3 至 8 年，工资涨 15%；工作时间 8 至 15 年，工资涨 20%；工作时间 15 至 20 年，工资涨 25%；工作时间 20 年以上，工资涨 30%。检察官具有硕士学历的，其工资另涨 5%；检察官具有博士学历的，其工资另涨 10%（见表 7 - 17）。

表 7 - 17　白俄罗斯检察官工资调整标准 *

工作时间	学历	工资涨幅
半年以下		0
半年至 3 年		10%
3 ~ 8 年		15%
8 ~ 15 年		20%
15 ~ 20 年		25%
20 年以上		30%
	硕士	另涨 5%
	博士	另涨 10%

（四）我国香港特区、澳门特区、台湾地区检察官工资制度

1. 香港特区。香港特区政府律政司的政府律师（检察官）工资制度特点是：

（1）政府律师工资分为两种。香港特区建立了政府律师的专门工资体系，政府律师工资分为两种，根据政府律师级别确定。

（2）两类职务工资等级层次差距大。律政专员、首席政府律师、副首席政府律师、助理首席政府律师适用首长级（律政人员）薪级工资表，由低至

---

* 资料来源：《白俄罗斯共和国公务员法》第七章第 48 条，载 http：// www. government. by/，访问日期：2015 年 9 月 7 日。

制表单位：中南财经政法大学法治发展与司法改革研究中心暨湖北法治发展战略研究院。

高为 1~6 点，共 6 点（见表 7-18）；高级政府律师、政府律师、见习律政人员适用总薪级工资表，由低至高为 0~49 点，共 50 点（见表 7-19）。

表 7-18　香港特区首长级（律政人员）薪级表（单位：港元/月）*

薪点	2014 年 9 月 30 日	2014 年 10 月 1 日	2015 年 4 月 1 日起
6	（220350）	（226950）	（235950）
	214000	220400	229150
5	（208900）	（215150）	（223650）
	202800	208900	217150
4	（202650）	（208750）	（217000）
	（196750）	（202650）	（210650）
	191000	196750	204550
3	（183700）	（189200）	（196700）
	（178300）	（183650）	（190900）
	（173250）	（178450）	（185500）
	168300	173350	180200
2	（158250）	（163000）	（169450）
	（153600）	（158200）	（164450）
	（149150）	（153600）	（159700）
	144700	149050	154950
1	（133300）	（137300）	（142750）
	（129400）	（133300）	（138600）
	（125450）	（129200）	（134300）
	121900	125550	130500

注：括弧内的数字为增薪后数额。

---

* 资料来源：香港特区公务员事务局网站，载 http://www.csb.gov.hk/tc_chi/admin/pay/49.html，访问日期：2015 年 10 月 20 日。

制表单位：中南财经政法大学法治发展与司法改革研究中心暨湖北法治发展战略研究院。

表 7 - 19 香港特区普通公务员总薪级表（单位：港元/月）*

薪点	2014 年 9 月 30 日	2014 年 10 月 1 日	2015 年 4 月 1 日起
49	109340	112620	117080
48	105540	108705	113010
47	101880	104935	109090
46（44B）	98300	101250	105260
45（44A）	94905	97750	101620
44	91590	91590	95215
43	88410	88410	91910
42	84770	84770	88125
41	81260	81260	84480
40	77905	77905	80990
39	74690	74690	77650
38	71385	71385	74210
37	68250	68250	70955
36（33C）	65165	65165	67745
35（33B）	62280	62280	64745
34（33A）	60690	60690	63095
33	59485	59485	62235
32	56820	56820	59445
31	54265	54265	56770
30	51825	51825	54220
29	49515	49515	51805
28	47280	47280	49465
27	45150	45150	47235
26	43135	43135	45130

* 资料来源：香港特区公务员事务局网站，载 http://www.csb.gov.hk/tc_chi/admin/pay/42.html，访问日期：2015 年 10 月 20 日。

制表单位：中南财经政法大学法治发展与司法改革研究中心暨湖北法治发展战略研究院。

续表

薪点	2014 年 9 月 30 日	2014 年 10 月 1 日	2015 年 4 月 1 日起
25	41200	41200	43105
24	39395	39395	41215
23	37620	37620	39360
22	35930	35930	37590
21	34305	34305	35890
20	32670	32670	34180
19	31120	31120	32560
18	29650	29650	31020
17	28255	28255	29560
16	26895	26895	28140
15	25600	25600	26785
14	24380	24380	25505
13	23210	23210	24280
12	21890	21890	22900
11	20600	20600	21550
10	19410	19410	20305
9	18310	18310	19160
8	17200	17200	17995
7	16140	16140	16890
6	15145	15145	15845
5	14245	14245	14905
4	13350	13350	13970
3	12540	12540	13120
2	11765	11765	12310
1	11060	11060	11575
0	10400	10400	10885

（3）政府律师（检察官）起薪点高于普通公务员。根据 2015 年 4 月 1 日起使用的新工资标准，初入职政府律师工资级别为总薪级第 32～44 点；没有额外经验的起薪为第 32 点，月工资约为 59445 港元（见表 7-19）；而普通公务员初入职工资级别为总薪级第 0 点，月工资约为 10885 港元（见表 7-19）；初入职政府律师月工资比普通公务员初入职高出 446%。

（4）政府律师（检察官）福利待遇高。政府律师（检察官）可以享有普通公务员的各项附带福利，包括有薪假期、医疗及牙科福利；在适当情况下还可获得房屋资助。

2. 澳门特区。澳门特区政府律师（检察官）工资制度特点是：

（1）工资体系独立化。澳门特区司法官的薪俸由独立法规《司法官薪俸制度》规定。

（2）工资标准比照行政长官按比例确定。司法官的月薪俸以行政长官的月薪俸百分比计算。检察长的薪俸为行政长官薪俸的 75%，助理检察长的薪俸为行政长官薪俸的 70%。

（3）工资标准及调整方法独特。检察官的薪俸按服务年限分别计算：服务未满 3 年者、满 3 年者、满 7 年者、满 11 年者、满 15 年者、满 18 年者的薪俸分别为行政长官薪俸的 35%、42%、50%、54%、57%、60%（见表 7-20）。

表 7-20　澳门特区检察官薪酬 *

职位		行政长官薪俸的百分比（%）
检察长		75
助理检察长		70
检察官	服务未满 3 年者	35
	服务满 3 年者	42
	服务满 7 年者	50
	服务满 11 年者	54
	服务满 15 年者	57
	服务满 18 年者	60

* 资料来源：澳门特区第 2/2000 号法律《司法官薪俸制度》。

制表单位：中南财经政法大学法治发展与司法改革研究中心暨湖北法治发展战略研究院。

（4）检察官福利待遇高。根据《司法官通则》规定，司法官的权利还包括：获得居所租赁或设备津贴（见表7-21）。此外，检察长有权以交际费名义获得相当于其薪俸25%的津贴（见表7-22）；公干获发津贴金额相当于澳门特区公共行政工作人员所定的最高标准；获得对澳门特区公共行政工作人员所定的福利性质的津贴，包括结婚津贴、出生津贴、家庭津贴等（见表7-23）；检察官及其家庭享有对澳门特区工作行政工作人员所定的医疗护理、药物、手术、最高等级住院等权利；享有澳门特区负担其居所电话的安装及用户费用等。

表7-21　澳门特区检察官居所权利（单位：澳门特区元/月）*

	房屋类型	租赁或居住津贴	设备津贴	备注
1	T3	83000	15000	仅法官或司法官及其配偶
2	T4	18000	96000	除上项所指人员外，另有1人或2人
3	T5	21000	106000	除第一项所指人员外，另有3人或3人以上

表7-22　2014年澳门特区行政长官及主要官员月薪（单位：澳门特区元/月）**

职位	行政长官薪俸的百分比（1）（%）	薪俸（2）	交际费占本身薪俸的百分比（3）（%）	交际费用（4）	总薪酬(5)=（2）+（4）
行政长官		199796	35	69929	269725
司长	75	149847	25	37462	187309
廉政专员	75	149847	20	29969	179816
审计长	75	149847	20	29969	179816
警察部门主要负责人	55	109888	20	21978	131866
海关主要负责人	50	99898	20	19980	119878

---

* 资料来源：澳门特区第398/2012号行政长官批示。

　　制表单位：中南财经政法大学法治发展与司法改革研究中心暨湖北法治发展战略研究院。

** 资料来源：澳门特区政府网，载 http://portal.gov.mo/web/guest/info_detail?infoid=291688，访问日期：2015年8月5日。

　　制表单位：中南财经政法大学法治发展与司法改革研究中心暨湖北法治发展战略研究院。

表 7 – 23　2014 年澳门特区公务员津贴标准（单位：澳门特区元/月）*

津贴项目	原津贴/补助金额	薪俸点	相应金额
房屋津贴	1500	30 点	2100
年资奖金	500	10 点	700
家庭津贴	400	10 点	700
结婚津贴	2300	45 点	3150
出生津贴	2300	45 点	3150
丧葬津贴	2700	55 点	3850
遗体运送费用的分担金额	香港特区—澳门特区 47000	由香港特区运回澳门特区 62410	
	澳门特区—葡萄牙 200000；其他地方—澳门特区 200000	由其他地方运回澳门特区 265580	

3. 台湾地区。台湾地区检察官工资制度特点是：

（1）工资体系一元化。检察官工资适用"公务员俸给法"规定，本俸的级数及点数，依照检察官俸表的规定计算，本俸按检察官俸表俸点依公务人员俸表相同俸点折算俸额。

（2）工资结构多元化。根据"公务员俸给法"规定，台湾地区公务员的俸给由三部分组成：本俸 + 年功俸 + 加给。本俸是指各官等、职等应领取的基本给予，分为 14 等 66 级；年功俸是指各职等高于本俸最高俸级的给予，是对任职年限长的公务员、本俸上已封顶，作为其奖励或补偿的一种给予，分为 14 等 80 级；加给是指本俸、年功俸以外，因所任职务种类、性质与服务地区的不同，另加之的给予。其中，加给又分为三种：职务加给是对主管人员、或职责繁重、或从事危险工作者加给；技术或专业加给是对技术或专业人员加给；地域加给是对服务边远地区、或特殊地区、或境外者

* 资料来源：澳门特别行政区政府网，载 http：// portal. gov. mo/web/guest/info_ detail？infoid = 291691，访问日期：2015 年 8 月 5 日。

制表单位：中南财经政法大学法治发展与司法改革研究中心暨湖北法治发展战略研究院。

加给。

（3）俸给制度一体化、法定化。除规定上列三个基本俸给构成外，没有其他津贴、奖金之类名目。

（4）检察官工资分类分级起算。检察官根据其类别，俸级作如下区分：实任检察官本俸分20级，从第1至第20级，并自第20级起算；试署检察官本俸分9级，从第14至第22级，并自第22级起算；候补检察官本俸分6级，从第19至第24级，并自第24级起算；律师、教授、副教授、助理教授及中央研究院研究员、副研究员、助研究员转任检察官的，依其执业、任教或服务年资6年、8年、10年、14年及18年以上者，分别自第22级、第21级、第20级、第17级及第15级起算。

（5）检察官的工资高于普通公务员。检察官各种加给给予条件、适用对象及支给数额依行政院所定各种加给表规定办理。公务人员各种加给年度通案调整时，以具检察官身份者为限，其各种加给应按照各该加给通案调幅调整。检察官生活津贴及年终工作奖金等其他给予，准用公务人员相关法令规定。检察官曾任公务年资，如与现任职务等级相当、性质相近且服务成绩优良者，得按年核计加级至所任职务最高俸级为止。依实际支薪情况，新入职候补检察官起薪按照公务员第24级工资起算，月薪为新台币98000元，是通过高普考新入职公务员月工资43350元新台币的2.26倍，是通过地方特考新入职公务员月工资36275元新台币的2.7倍，是通过初等考试新入职公务员月工资29345新台币元的3.34倍，初任检察官的工资平均是初任公务员工资的2.77倍（见表7-24）。

表7-24　我国台湾地区公务人员职等及薪资情况表（单位：新台币/月）

考试类别		初任各官等职务人员，等级起叙	薪资给予		
			俸额	专业加给	合计
高普考	高考三等/特考三等	叙委任第五职等本俸五级	24440	18910	43350
		叙荐任第六职等本俸一级	25435	20790	46225
地方特考	普通考试/特考四等	叙委任第三职等本俸一级	18445	17830	36275
初等考试	初等考/特考五等	叙委任第一职等本俸一级	11635	17710	29345

考试类别		初任各官等职务人员，等级起叙	薪资给予		
			俸额	专业加给	合计
特种考试	司法官特考（三等）	职前训练期间：比照委任第五职等本俸五级支给	43350		
		训练期满及格：分发担任候补法官或候补检察官	约98000		
	司法特考（四等）	叙委任第三职等本俸一级薪俸及第四职等专业加给	约36505		
	警察特考、一般警察特考	行政警察	以警正四阶任用，自四阶三级起叙，先以警佐一阶任用者，自一阶一级起叙	约52000		
		消防警察		约51150		
		行政警察	以警佐三阶任用，自三阶三级起叙	约42000		
		消防警察		约43730		

注：1. 薪资给予：（1）包含本俸＋专业加给，但尚未扣除公保、健保、退抚提存、所得税等。（2）指训练期满成绩及格者之给予。

2. 考试资格：公务人员高普考试只需具备独立学院以上的学历，即可报考；具备高中职以上的学历，即可报考普通考试；初等考试，则不限学历资格，凡年满18岁者，均可报考。

3. 司法特考以法院书记官为例，记录书记官可另按月增支专业加给4700新台币。

二、域外检察官工资制度可资借鉴的做法

（一）检察官工资起薪点（级）较高

工资制度设计充分尊重检察官的专业性、职业性特点，检察官的薪酬起点一般大大高于普通公务员。如美国，助理联邦检察官初入职起薪为 AD21

---

* 资料来源：我国台湾地区"最高法院检察署"（http：//www. tps. moj. gov. tw/mp002. html）、高等法院检察署（http：//www. tph. moj. gov. tw/mp003. html）发布的2015年度财政预算，访问日期：2015年8月22日。

制表单位：中南财经政法大学法治发展与司法改革研究中心暨湖北法治发展战略研究院。

级 1 档，年薪为 45447 美元；而联邦普通公务员初入职起薪为 GS1 级 1 档，年薪为 18161 美元；检察官起薪是普通公务员起薪的 160%，其工资水平相当于联邦公务员第 9 到第 10 级之间，检察官职务等级工资是普通公务员与执法人员的近 250%。英国助理检察官初入职工资级别为公务员的 B2 级，年薪为 28296～32325 英镑；而普通公务员初入职工资级别仅为 A1 级，年薪为 16437～16950 英镑；助理检察官初入职起薪工资级别比初入职普通公务员高三个档次，是其年薪的 182%。德国见习检察官初入职工资级别比普通公务员高。以巴登州为例，见习检察官初入职为 R1－1，起薪每月为 3885.58 欧元，而普通公务员初入职工资级别为 A1，是普通公务员初入职的 A1 工资的 200%。

我国香港特区，初任政府律师工资级别起薪为总薪级第 32 点，为 59445 港元；而普通公务员初入职工资级别为总薪级第 0 点，月工资约为 10885 港元；初入职政府律师月工资是普通公务员初入职的 546%。我国台湾地区，新入职候补检察官起薪按照公务员第 24 级工资起算，月薪为新台币 98000 元，是通过高普考新入职公务员月工资 43350 元新台币的 2.26 倍，是通过地方特考新入职公务员月工资 36275 元新台币的 2.7 倍，是通过初等考试新入职公务员月工资 29345 新台币的 3.34 倍，初任检察官的工资平均是初任公务员工资的 277%。

（二）检察官工资单独管理

检察官虽然作为国家公职人员，但是并不是简单套用普通公务员工资管理模式，而是实行与检察官单独职务序列相协调的检察官工资制度。如，美国专门制定了等级工资表（AD），适用于一般联邦检察官；担任联邦司法部助理总检察长以上职务的高级官员，适用高级行政人员工资表（SES）；从而与联邦公务员通用工资级别表（GS）区别开来。英国、德国，虽然没有单独的检察官工资体系，但是在确定检察官职务级别工资方面，建立从普通公务员职务等级工资较高级别起算的相协调制度。

（三）检察官工资构成多样化

如美国，联邦检察官工资由两部分组成，一部分是检察官等级工资，占检察官全部工资的 70%～85%；另一部分是地区津贴，一般占全部工资的 15%～30%，美国联邦在 94 个检察区设定了地区津贴 33 类，最低的是美国一般地区津贴，占全部工资的 14.16%，最高的是旧金山地区津贴，占全部工资的 35.15%。各州地方检察官工资由州地方财政负责，也实行相对独立的职务工资体系，其等级工资、津贴等因各州财力状况差异而有所不同。英国检察官工资就是职务等级工资，只在伦敦地区实行地区津贴，如前文列举的助理检察官在一般地区的起点年薪为28296~32325英镑，伦敦地区的起点年薪为29313~33979英镑，伦敦地区津贴占工资的4%~5%。德国检察官工资按照职位和年龄来确定，检察官工资一般包括基础工资+年龄工资+职务工资，实际中使用一揽子工资，不具体区分基础工资、年龄工资、职务工资。日本的检察官俸给结构分别为：基本工资、各种名目繁多的津贴，包括：超额工作津贴、假日津贴、夜班津贴、值班津贴、单身赴任津贴、寒冷地区津贴、连续抚养津贴和地区津贴、远距离调动津贴、住房津贴、年底津贴、退休津贴和死亡抚恤金。俄罗斯检察官的工资由职务工资、检衔津贴、工龄津贴、特殊职务条件津贴、烦琐性职务津贴、紧张性职务津贴和特殊业绩津贴等构成。

我国澳门特区对检察官给予高工资高福利待遇。司法官的权利还包括：获得家庭津贴、结婚津贴、出生津贴等，获得居所租赁或设备津贴；此外，检察长有权以交际费名义获得相当于其薪俸25%的津贴；公干获发津贴金额相当于澳门特区公共行政工作人员所定的最高标准；获得对澳门特区公共行政工作人员所定的福利性质的津贴，检察官及其家庭享有对澳门特区工作行政工作人员所定的医疗护理、药物、手术、最高等级住院等权利；享有澳门特别行政区负担其居所电话的安装及用户费用等。我国台湾地区，根据"公务员俸给法"规定，公务员的俸给由本俸+年功俸+加给三部分组成；而且给予其优厚的福利待遇，包括：未婚联谊津贴，结婚补助、生育补助、子女教育补助等生活津贴，辅购住宅贷款、筑巢优利贷等辅购住宅贷款，急难贷款、贴心相贷、参加退抚基金指定用途贷款等低利消费性贷款，优惠存款，膳食、购物、洗衣、美发等员工消费合作社，健康检查补助、心理健康、网路咨商、员工协助方案等健康管理，文康活动、庆生、社团、休假旅游补助、公教员工台湾地区休假、特约休闲中心、旅游连环抽奖活动等文康休闲，涉讼补助，公教人员保险、全民健保、劳工保险、团体保险，退休、退休服务、退抚照护等。

（四）检察官工资提档晋级周期短、跨度大

大多没有规定检察官晋升职务等级的具体年限。在检察官职务不变的情况，通过提升检察官工资等级来鼓励检察官积极从事检察工作。如美国检察官工资提档晋级程序便捷，检察官工资提档晋级由检察长决定。以助理联邦检察官为例，初入职者工资起点为AD21级1档，年度考评合格者第二年薪范围在 AD21 级内 1 到 4 档年薪之间确定；考评优秀者第二年薪范围应在 AD21 级内 2 到 5 档年薪之间确定。在入职第 4 年则自动晋级为 AD24 级 1 档，第三年工作考评优秀的，则在 AD24 - 2 到 AD24 - 5 级之间确定第 4 年的工资级别；在工作的前 9 年，都可以采用这种方式晋升工资等级，即工作 9 年的助理联邦检察官工资等级最高可以达到 AD29 - 5，年薪达到 134177 美元。

第八章　我国检察官单独职务序列工资制度构建

一、影响检察官工资相关因素

检察官工资福利制度的设计，还需要考虑影响检察官工资福利水平的相关因素。以检察官对其工资影响的程度，可以将影响检察官工资的因素分为内在因素和外在因素两大类。影响工资的内在因素，是指与检察官所承担的工作或职务的特性有关的因素，主要有：职务等级的高低，专业能力水平，工作的内容与时间、工龄等。影响工资的外在因素，是指与检察官工作的状况、特性无关，但对工资的确定构成重大影响的一些经济因素。与内在因素相比，外在因素更为具体而易见。如：生活费用与物价水平、财政负担能力、地区和行业间工资水平等。具体而言，影响检察官工资福利水平的主要因素有：

（一）经济发展水平

衡量国家经济发展水平的一个最重要的指标是 GDP，它是指一定时期内一个国家或地区的经济中所生产出的全部产品和提供劳务的市场价值的总值。GDP 的构成包含了大量的居民工资收入的成分，GDP 与工资之间存在一定的正相关关系。其中分配率则决定了劳动者在多大程度上可以分享国家经济发展的成果。分配率是指劳动者的工资性收入总额占 GDP 的比重，它是衡量国民收入初次分配的重要指标。分配率越高，表示劳动者的工资性收入占国民收入的初次分配所得份额越大。在 GDP 一定的条件下，分配率越高，劳动者享受到的国民收入的成果就越高。我国的 GDP 发展水平，以及劳动报酬分配率都是影响检察官工资收入的主要因素。

（二）财政承受能力

2006 年《公务员工资制度改革方案》规定，我国公务员工资由职务工资、级别工资、津贴和奖金等构成。其中，前两项实行全国统一标准，由中央和地方财政支付，已于 2006 年开始执行；后两项则主要由地方财政支付，各地、各级政府的标准并不统一。由于我国目前公务员工资中占较大比重的是津贴补贴部分，这部分资金主要来自地方财政，某种意义上左右着公务员的收入水平高低程度。现行检察官工资中有一部分来自于地方财政，其工资收入要受到当地财政实力的制约。在财政分灶吃饭体制下，各地财政收入的不平衡明显地反映到检察官的工资差距上来，一些地区之间包括省会省机关与市机关之间，由于财政资金来源不同造成工资差别较大，这就需要出台地区附加津贴制度，科学核定各地区附加津贴的水平。

（三）税收

税收是财政收入的最主要来源，税收对国家、企业和个人的影响都是直接的。对检察官工资收入影响最大的税收，就是个人所得税。我国检察官个人所得税主要包括以下内容：工资、薪金所得，劳务报酬所得，稿酬所得，利息、股息、红利所得，租赁所得，产权转让所得，偶然所得，其他所得。对于检察官来说，当工资收入一定的时候，个人所得税起征点越低，税收比例越大，个人所得税就越高，检察官直接可支配的收入就越小。特别是在实行检察官单独工资制度后，检察官增加的工资额度与缴纳税款的额度要相协调，需要进行通盘考虑，确保检察官工资福利待遇能够增加。不能出现工资增加数元，个税增加数百元，反而导致检察官到手工资减少的情况。

（四）人民群众认可度

我国以前也曾经多次调整过包括检察官在内的公务员工资，但那时社会上基本没有大的负面反应。但是，在现代资讯发达时代，今时不同以往，少数检察官存在的贪腐问题，人民群众容易以偏概全，主要原因是司法公信力不高，少数检察官存在司法腐败，加之检察官工资不够透明，使得检察官容易被公众猜测与误解，提升检察官工资就难以获得公众的普遍理解。因此，提高检察官工资，需要从提高司法公信力和工资收入透明度着手，以获得社会公众的认可和支持。

（五）检察官职业水准

不同行业对劳动者素质的要求不同，这是导致行业工资差异的重要因素。那些要求员工素质高的行业，工资平均水平会高一些，这是大家容易理解的普遍事实。检察业务工作作为有着特别技能要求的特殊行业，要求检察官必须具备较高的法律适用能力。具备较高专业劳动素质的检察官，其工资收入高于普通行业和一般公务员是大多数国家和地区的通行做法。如根据美国联邦人事管理局统计，2009 年美国居民人均年收入为 39055 美元，公务员人均年收入为 74403 美元，检察官人均年收入为 128422 美元，美国公务员人均收入是美国居民人均收入的 1.91 倍，检察官人均收入是公务员人均收入的 1.73 倍。

（六）物价因素

消费者物价指数（Consumer Price Index），是反映与居民生活有关的商品及劳务价格统计出来的物价变动指标，通常作为观察通货膨胀水平的重要指标，也是影响检察官实际工资收入的重要因素。在我国，随着经济水平的提高，食品支出占居民消费支出比重的恩格尔系数逐渐降低，但是我国恩格尔系数仍然与发达国家有较大差距，反映在 CPI 中食品的权重占到三成以上，所以，食品价格的变动对于 CPI 的变动有很大的影响。如果 CPI 不断增长，一定的检察官工资收入的购买力度就会不断下降，检察官的实际工资收入就会不断下降，影响实际消费和生活水平。在美国，考虑到不同地区物价因素的差异，美国联邦政府规定了在 31 个城市及 2 个州执行的地区津贴，从最低的亨茨维尔市的 16.02% 到最高的旧金山市的 35.15%，其执行方式为：实际年薪 = 等级工资 × （1 + 地区津贴率），33 个区域之外的美国其他地区全部执行 14.16% 的统一地区津贴。

二、检察官单独职务序列工资制度设计原则

制定检察官单独职务序列工资福利制度的指导思想是：坚持改革创新，科学设计制度体系；坚持依法实施，积极稳妥地有序推进；坚持以人为本，充分调动检察官的积极性；坚持实事求是，突出基层检察官重点；坚持统筹兼顾，推进检察官职业保障制度发展完善。同时，检察官工资福利制度的设置，还要符合以下原则。

（一）以检察官单独职务序列为基础的原则

检察官单独职务序列是确定检察官工资、福利待遇的依据，检察官工资福利制度的设计必须符合检察官等级的具体设置，与检察官等级晋升一起发挥激励作用，促使检察官积极努力从事检察业务工作。

（二）突出检察官主体地位与兼顾公平的原则

检察官工资福利制度设计应当突出检察官职业的司法属性，使工资等级与检察官等级相对应，设置合理差距的级别工资和档次工资，体现出不同等级检察官之间及同等级检察官之间不同职务、不同任职年限的工资差别。同时要在具体工资发放上兼顾公平，位于检察官工资等级顶端和底端的检察官

工资差距不应过大。

（三）与公务员的职级工资制度相协调原则

我国公务员工资制度经历了建国初的 5 类标准，1950 年的 25 级标准，1955 年的 30 级标准，1993 年的 15 级标准，形成 2006 年并适用至今的 27 级工资制度，经过多次改革后，就我国经济社会发展水平而言，现行的 27 级工资福利制度具有合理性。因此，检察官工资福利等级的设计不需要另起炉灶，应当与现行公务员职级工资相协调，按照检察官工资起点普遍高于普通公务员的通行做法，提高检察官初入职的工资等级，并随着公务员工资福利的增长而增长。

三、检察官单独职务序列工资制度的主要内容

（一）检察官单独职务序列工资制度的性质

体现"三相""六别"的主要特点。"三相"，即指在检察官单独职务序列工资制度的设计上与公务员工资制度体系相协调，与公务员工资结构相匹配，与公务员级别晋升方式相衔接。在设计上紧密结合职级工资制度的结构设置，专业等级工资对应职务工资，年资工资对应级别工资，尽管检察人员分类管理后与行政职级脱钩，但在工资制度以及标准的设计上仍然要与历史的行政职级衔接起来，年资工资档次比照公务员的级别工资档次来设置。

"六别"，即指检察官专业等级年资工资与公务员职级工资起点有别，与公务员工资结构有别，与公务员工资标准类型有别，与公务员晋升方式有别，与公务员晋升通道有别，与公务员工资、福利、退休等职业保障配套制度有别。（1）"起点有别"，我国检察官的入职学历、年龄、能力等门槛越来越高，既要通过国家统一法律职业资格考试，又要通过职前培训、职业准入遴选、基层见习、任职；与公务员相比其入职起点环节多、标准严、要求高；职级晋升、遴选、转任的年限限制多，考核严，专业要求高，等等。对初任检察官的入职起点高于公务员起点，其类比起点按普通公务员级别的22 级起算。（2）"结构有别"，检察官实行单独职务序列，实行专业等级年资工资制，在检察官单独职务序列工资制度中设置了绩效奖金来促进检察官专注于司法办案，激发检察官办好案、办难案、办成精品案。（3）"标准有别"，设定不同于公务员职级工资的检察官专业等级年资工资标准，既符合我国现阶段国情，又遵从国际惯例。（4）"晋级有别"，与公务员"五年晋级"周期不同的"三年晋级"检察官工资晋级年限，以此凝聚法治精英人

才，稳定检察官队伍，激励检察官专注于公正司法、维护法治统一实施所涉法益事项。（5）"通道有别"，设定检察官专业等级与工资晋级晋档的单独通道，有利于根除司法行政化，避免千军万马挤行政职务"独木桥"，也属国际惯例。（6）"配套制度有别"，对与检察官单独职务序列工资制度相关的福利、休假、探亲假、年休假、病假、事假、丧假、产假、死亡后待遇、退休等待遇，住房、医疗待遇等福利待遇、职业荣誉、职业惩戒制度，需由其他配套制度予以规范，因此对其所涉事项设计提出另行制定相关制度或管理办法。

（二）检察官单独职务序列工资的基本结构

根据中央有关精神，建立检察官单独职务序列工资制度基本思路是，检察官的收入由基本工资、津贴补贴、奖金三部分构成。基本工资全国统一设定标准，津贴补贴按地区差异确定，奖金设置绩效考核奖金，由各检察院根据办案实际情况确定，既体现单独专业等级年资工资标准全国统一，又反映并照顾不同地区因财力支出能力条件下津贴补贴及奖金保障水平的差异性。基本工资的结构是专业等级工资＋年资工资。

（三）检察官单独职务序列工资制度的内容

检察官单独职务序列工资制度的主要内容包括，构建检察官单独职务序列工资制度的指导思想，工资结构与工资标准体系，见习检察官工资确定，检察官正常增长工资机制，工资标准调整，津贴补贴与绩效奖金的设定，工资奖励与降等降薪以及其他相关内容。

1. 指导思想。建立检察官单独职务工资制度，必须以《中华人民共和国公务员法》《检察官法》《人民检察院组织法》等法律法规为依据，以中央关于全面深化司法体制改革的部署精神为指导，以完善检察人员分类管理为抓手，加快推进有别于普通公务员的检察官单独职务工资制度的建立与实施。

2. 工资结构和工资标准。检察官的工资由基本工资、津贴补贴及奖金构成。检察官的基本工资按照检察官的职务等级、资历确定，由专业等级工资和年资工资构成。专业等级工资主要体现检察官的工作职责和岗位层次，一个检察官专业等级对应一个工资标准，检察官按照所任专业等级执行相应的工资标准。检察官的专业等级以检察官的职务序列为依据。依照《检察官法》的规定，检察官等级划分为四等十二级，即首席大检察官，一级大检察官、二级大检察官，一级高级检察官、二级高级检察官、三级高级检察官、四级高级检察官，一级检察官、二级检察官、三级检察官、四级检察官、五级检察官。年资工资主要体现检察官的工作实绩和资历。一个检察官专业等级对应若干年资工资档次。检察官根据德才表现、工作实绩和资历确定年资工资档次，执行相应的年资工资标准。

3. 见习检察官工资。见习检察官在试用期、见习期和培训期比照同等条件初任检察官确定工资待遇的 65% 确定核发；已有相关工作经历满 2 年以上的，比照同等条件检察官确定核发其工资。

4. 正常增资。检察官晋升等级的，从晋升等级的次月起执行新的等级工资和年资工资。原等级低于新任等级对应最低级别的，晋升到新任等级的最低级别。原等级在新任等级对应级别以内的，晋升一个级别，年资工资就近就高套入晋升后等级对应的年资工资档次标准。检察官按年度考核结果晋升年资工资级别档次。检察官年度考核累计 3 年称职以上的，从次年 1 月 1 日起在所任等级对应级别内晋升一个级别，年资工资就近就高套入晋升后级别的年资工资档次标准。检察官级别达到所任等级对应最高级别、年度考核结果累计 3 年为称职及以上的，不再晋升级别，而在本人年资工资档次标准内晋升一个年资工资档次。检察官的年度考核结果累计 3 年为称职及以上或按照套改规定晋升级别后，下一次按年度考核结果晋升级别的考核年限从晋升级别的当年起重新计算。检察官应当按照年度考核结果正常晋升年资工资档次。检察官年度考核累计 2 年为称职及以上的，从次年 1 月 1 日起在所任等级对应级别年资工资标准内晋升一个工资档次为正常晋档。下一次正常晋档的考核年限从工资档次晋升的当年起重新计算。检察官晋升等级相应增加年资工资时，如增资额超过下一级别的一个工资档差，正常晋档的考核年限从等级晋升的当年起重新计算；如增资额不超过下一级别的一个工资档差，正常晋档的考核年限从上一次正常晋档的当年起计算。晋升两个及以上级别的，逐级计算增资额是否超过下一级别的年资工资的一个工资档差。检察官的年资工资档次达到所任等级对应最高档次后，不再晋升。

5. 工资调查制度。国家建立工资调查制度，定期对检察官、检察辅助人员和司法行政人员的工资水平进行调查比较，调查比较的结果作为调整检察官工资水平的依据。

6. 津贴补贴。检察官的津贴补贴类型有：体现规范津贴补贴改革内容的规范性津贴补贴（地区附加津贴），从事艰苦地区、边远地区、基层检察工作的艰苦边远地区津贴、西藏特殊津贴、高海拔地区折算工龄补贴，体现检察官专业特点的检察官津贴、检察人员办案津贴、法定节假日之外办案加班补贴等，保证检察官遴选、异地交流的单身赴任津贴，从事办理跨区域重大复杂案件的烦琐性任务津贴，从事办理跨国、跨境重大复杂案件的紧张性任务津贴，从事应急性、日常性检察工作使用交通工具的交通补贴，保障检察官正常居住生活所需的住房公积金，保证检察官公正执法的廉政保证金。其中，规范津贴补贴中的生活性补贴和工作性补贴按照检察官职务等级确定。检察官的其他有关津贴补贴制度参照执行国家和所在省、市、自治区的相关法律法规、规范性文件和政策规定。

7. 奖金。检察官的奖金包括年终一次性奖金、获得奖励的一次性奖金及绩效考核奖金。检察官的绩效考核奖金由国家进行总量调控和政策指导。绩效考核奖金按照检察官的工作业绩表现按月发放，由其所在人民检察院根据办案实际情况确定，具体标准和办法由省级人民检察院会同省级人力资源社会保障、财政部门制定核发。

8. 奖励和惩处。被授予全国劳动模范、全国先进工作者和省部级劳动模范、省部级先进工作者、省级以上人民检察院批准给予一等功等荣誉称号，可按照有关规定给予一次性奖励。检察官的年度考核被确定为不称职或基本称职，以及不进行考核或参加年度考核不定等次的，考核年度不计算为晋升级别和考核年限，并相应推迟晋升级别。检察官受到处分的，其工资待遇处理由最高人民检察院另行制定。

9. 附则。检察官的工资套改年限比照执行有关公务员套改年限的相关规定。检察官曾被授予全国劳动模范、全国先进工作者和省部级劳动模范、省部级先进工作者、省级以上人民检察院批准给予一等功等荣誉称号至今仍保持荣誉的，套改时分高套两档和一档职务等级档次。因同一事迹获得多个荣誉称号的，按最高的荣誉称号高套工资，不得重复享受。按照有关规定确定为边远及欠发达地区的，所在的县级人民检察院实行年资累增制度，任检察官满15年的，基本工资按照150%领取；任检察官满20年的，基本工资按照200%领取；任检察官满30年的，基本工资按照250%领取；任检察官满40年及以上的，基本工资按照300%领取。检察官建立廉政保证金制度。保证金按照年度缴纳，单位和个人各按照上一年度本省（自治区、直辖市）检察官年均收入的10%～15%缴纳，缴纳的保证金纳入养老保险的基数。

四、检察官单独职务序列工资制度的实施方案设计

按照中央有关司法改革精神，检察人员实行分类管理，即检察官、检察辅助人员、司法行政人员三类。不同类的检察人员实行不同的工资制度，执

行不同的工资标准；同类的检察人员按照单独职务序列享受对应的工资待遇。检察官单独职务序列设置按照《检察官法》规定的四等十二级；检察辅助人员中，检察官助理、书记员职务各设置 8 个职务等级，其工资制度需另行制定；司法警察职务序列工资标准目前执行人民警察的职务工资序列标准，此次改革不再另行制定；检察技术人员的工资标准目前尚未按照有关专业技术人员工资标准执行，此次改革应予明确，制定检察技术人员单独的专业技术工资标准。司法行政人员的工资标准应按照略高于综合类公务员低于检察官职务序列工资标准另行制定。按照基本工资全国统一，津贴补贴考虑减小地区间差异，绩效考核奖金体现办案业绩的原则，对于检察官单独职务序列工资制度的具体实施方案作如下设计。

（一）基本工资部分

方案一：工资结构由职务等级工资一项构成；工资标准按照检察官等级、资历、工作业绩确定，比例按照高于普通公务员基本工资的 35% 设计。

方案二：工资结构由专业等级工资 + 年资工资两项构成；专业等级工资标准按照检察官等级确定，年资工资标准按照任职年限、工龄等资历性条件确定；比例按照高于普通公务员基本工资的 35% 设计。

我们倾向于采取方案二，其理由如下：（1）基本工资实行专业等级年资工资制，与普通公务员职级工资制相对应、相衔接。专业等级工资对应现普通公务员的职务工资，年资工资对应现普通公务员的级别工资，仍然存在历史的行政对应关系，在相对应的行政级别上，提高工资标准，更有依据和可比较性。（2）基本工资是以检察官等级、资历为基础。在专业等级工资基础上，通过年资工资体现资历差别。（3）工资结构设计越细化越科学。基本工资由专业等级工资 + 年资工资两项构成的细化更为科学合理。（4）高出普通公务员的比例设计不宜过高。基本工资由中央财政保障。

（二）津贴补贴部分

方案一：津贴补贴种类由检察官津贴一项构成；津贴补贴标准按照检察官等级确定；比例按照不同地域确定高于相对应普通公务员津贴补贴的 50% 设计。

这个方案优点在于操作简便，缺点在于：（1）对省区内纵向津贴补贴标准执行差异巨大，发达城区与农村尤其是基层津贴补贴收入导致的差距尚未进行调剂平衡，未能体现以四等十二级检察官职务序列为基础的工资收入的公平性、公正性，亦不能有效破解鼓励和支持检察人员扎根基层、稳定基层的难题，"掏空基层"的问题仍难以防止和解决。（2）对东中西部尤其是中部和西部欠发达地区因津贴补贴标准的巨大差距所导致的检察人员收入差距巨大，尚未进行调剂平衡，未能解决东中西部检察人员收入两极分化的深层次矛盾，亦不能有效防止高素质检察人员"孔雀东南飞"人才不正常流动现象。

方案一测算结果呈现出以下趋势和特点：同一省区内，省会城市，副省级城市，其他省以下市、州、县，国家级、省级贫困县的检察官年工资收入有较大提升，均高出相对应普通公务员约67%。

方案二：津贴补贴种类由地方津贴补贴＋检察官津贴两项构成；地方津贴补贴标准依据地方或中央授权规定，需要按照职务确定的按照检察官等级确定标准，检察官津贴按照检察官等级确定（将原检察津贴、办案岗位津贴纳入基本工资）；比例按照不同地域确定高于相对应普通公务员津贴补贴设计。其中，地方津贴补贴包括：规范性津贴补贴、艰苦边远地区津贴、西藏特殊津贴、高海拔地区折算工龄补贴、改革性补贴、交通补贴、住房公积金等。

该方案的津贴补贴比例设计如下：以同一（省份）地区，按照省会城市、副省级城市和其他省以下市州县、国家级省级贫困县四个层次高于普通公务员现有平均津贴补贴水平的50%、80%、100%、120%的比例设计。

方案二测算结果呈现出以下趋势和特点：（1）省会城市的检察官年工资收入略有提升。高出相对应普通公务员约68%。（2）副省级城市的检察官年工资收入增幅较大。高出相对应普通公务员约92%。（3）其他省以下市、州、县的检察官年工资收入增幅很大。高出相对应普通公务员约108%。（4）国家级、省级贫困县检察官年工资收入增幅最大。高出相对应普通公务员约120%。

方案三：津贴补贴种类由检察津贴、办案岗位津贴、规范性津贴补贴、特殊津贴、住房公积金和廉政风险津贴等构成，其比例按照不同地域确定高于相对应普通公务员津贴补贴标准设计。津贴补贴种类包括：（1）检察津贴；（2）办案岗位津贴；（3）规范性津贴补贴；（4）特殊津贴，包括：艰苦边远地区津贴、西藏特殊津贴、高海拔地区折算工龄补贴、基层津贴；（5）住房公积金；（6）廉政风险津贴。该方案的津贴补贴比例设计如下：同一（省份）地区，按照省会城市、副省级城市和其他省以下市县区、国家级省级贫困县四个层次高于普通公务员现有平均津贴补贴水平的30%、150%、160%、180%的比例设计。

　　方案三测算结果呈现出以下趋势和特点：（1）省会城市的检察官年工资收入略有提升。高出相对应普通公务员约51%。（2）副省级城市的检察官年工资收入增幅较大。高出相对应普通公务员约149%。（3）其他省以下市、州、县的检察官年工资收入增幅很大。高出相对应普通公务员约159%。（4）国家级、省级贫困县检察官年工资收入增幅最大。高出相对应普通公务员约168%。（5）省会城市与其他城市检察官工资收入差距缩小。以湖北省一级检察官为例，测算后，省会城市武汉与副省级城市宜昌工资年收入差距由现在110617元缩小至86869元（见表9－8、表9－9、表9－10、表9－11、表9－12）。

　　方案四：津贴补贴种类由地方津贴补贴＋检察官津贴两项构成；地方津贴补贴标准依据地方或中央授权规定，需要按照职务确定的按照检察官等级确定标准，检察官津贴按照检察官等级确定（将原检察津贴、办案岗位津贴纳入基本工资）；比例按照不同地域确定高于相对应普通公务员津贴补贴设计。其中，地方津贴补贴包括：规范性津贴补贴、艰苦边远地区津贴、西藏特殊津贴、高海拔地区折算工龄补贴、改革性补贴、交通补贴、住房公积金等。该方案涉及的津贴补贴比例设计如下：（1）以东中西部省、自治区、直辖市检察官现有平均津贴补贴水平分别高出区域内普通公务员的50%、120%、140%的比例设计；（2）同一（省份）地区，按照省会城市、副省级城市和其他省以下市县区、国家级省级贫困县四个层次高于检察官现有平均津贴补贴水平的30%、150%、160%、180%的比例设计。

　　方案四测算结果呈现出以下趋势和特点：（1）发达地区广东的检察官年平均工资收入略有提升。检察官的年平均工资收入较之前高出约42%，与相对应公务员相比高出约58%。（2）中等发达地区海南的检察官年平均工资收入增幅较大。检察官的年平均工资收入较之前高出约93%，与相对应公务员相比高出约95%。（3）欠发达地区贵州的检察官年平均工资收入增幅最大。检察官的年平均工资收入较之前高出约98%，与相对应公务员相比高出约109%。（4）东部发达地区和西部欠发达地区检察官年均工资收入差距缩小。以四级高级检察官为例，测算后，东西部检察官年均工资收入差距由现88692元缩小至79515元（见表9－5、表9－6、表9－7）。

　　从以上测算趋势看，目前造成全国检察机关工资待遇不平衡、"两极分化"、基层检察干警工资待遇低、生活清苦的主要原因是：各省对省以下津贴补贴的种类、标准及其起点实行财政"分灶吃饭、分级负担"的政策，造成津贴补贴待遇"五花八门""各自为政"，形成了现有的3000多个标准。改革的重点是建立以省相对均等化的工资待遇保障体系，改革后各省、自治区、直辖市形成省会城市、副省级城市、其他省以下市州县和贫困地区三至四类津贴补贴标准体系，从而缩小省内工资津贴补贴奖金保障水平的差距悬殊过大，建立以省为主体的相对均等化的工资保障体系。

通过上述测算，建立检察官单独职务工资制度，提高检察官工资津贴补贴待遇，形成高于普通公务员年工资收入的工资制度体系，需遵循以下方法：（1）同一地区的地县两级检察官工资水平应保持基本持平。（2）津贴设计比例是影响测算结果的主要因素，应把津贴比例权重大小作为提高检察官工资待遇的制度设计重要因素考量。（3）破解国家级、省级贫困县基层检察官工资水平偏低的难题在于确定相对合理的津贴补贴提高幅度。（4）尽管东中西部的津贴补贴种类、标准和适用范围差异较大，但仍可用此方法对东部、西部地区进行抽样测算。（5）建立省、自治区、直辖市相对均等化工资保障制度需要渐进性推进。

我们倾向于方案二兼顾方案四，其理由如下：（1）检察官津贴补贴要以检察官等级为基础。不同等级的检察官享受与之对应的津贴补贴标准，以体现职务等级差别。（2）检察官津贴补贴要体现区域属性。检察官在地方生活，其津贴补贴受地方经济发展水平影响，不可避免具有地域差异性。（3）要通过检察官津贴补贴的比例设计缩小地区间同等职务等级检察官津贴补贴收入的差异。

鉴于检察官单独职务序列工资及津贴补贴制度建立同现有普通公务员工资制度、财力保障、经济发展水平的密切关联与复杂性，各省、自治区、直辖市可分步实施，逐步到位。实现类型化标准保障可分步走，即第一步，由目前全国县级以上司法机关实行津贴补贴多达3000余个，逐步过渡到相同职务等级的检察官以省为单位的相对均等化（100类左右）津贴补贴保障标准体系。第二步，创造条件实现以省、自治区、直辖市统一津贴补贴的均等化保障标准。第三步，为向津贴补贴全国统一保障均等化创造条件。所谓津贴补贴相对均等化是指在省、自治区、直辖市范围内，根据省级财政负担能力，形成以省会中心城市津贴补贴标准不降低、副省级城市津贴补贴标准略有提高，其他省、自治区、直辖市以下津贴补贴提高标准省区范围内统一均等化的标准体系。

采用这一方案可能面临新问题：（1）经济发达地区地方财力强地方津贴补贴高与经济欠发达地区地方财力弱地方津贴补贴低的矛盾；（2）发达地区案件数量多、工作任务重与欠发达地区案件数量少、工作任务相对较轻的矛盾。（3）绩效考核奖金是为了鼓励多办案，办好案，向办案一线倾斜，实行检察官单独职务序列工资制度后，可能造成经济发展水平不同地区新一轮更大差距。破解这些难题的途径和方法是，按照上述比例设计，此轮检察官单独职务序列工资制度改革中，经济发达地区可以一次性到位，因为地方财力较强，检察官津贴补贴设计提高的比例不高，可以做到一次性到位；经济欠发达地区可分步实施，3年内解决，因为地方财力较弱，检察官津贴补贴设计提高的比例较高，只能采取逐步解决的办法。

（三）奖金（绩效考核奖金）部分

方案一：奖金结构由绩效考核奖金一项构成；奖金标准按照检察官等级确定；比例按照当地普通公务员工资收入的15%~20%设计。

方案二：奖金结构由基础奖金+超额办案数奖金+质量奖金三项构成；奖金标准按照检察官办案数量和质量确定；比例设计实行总额控制，按照高于当地普通公务员工资总额的50%左右扣除其他工资项目的差额确定。总额比例按照当地普通公务员工资收入的15%~20%设计。

我们倾向于选择方案二，其理由如下：（1）绩效考核奖金由国家进行总量控制和政策指导。绩效考核奖金的发放总量由国家控制，检察官个人绩效考核奖金所占工资收入的比重为15%左右，不宜过高，同时需考虑与当地普通公务员的待遇平衡问题。（2）绩效考核奖金按照办案数量和质量确定，不与检察官等级简单挂钩。根据中央设置绩效考核奖金的目的，是鼓励多办案，办好案，所以要与办案的数量、质量挂钩，应与检察官等级没有必然联系。（3）绩效考核奖金由各地检察院在总量内自主分配。因为各地工资收入分配情况难以做到全国统一，所以绩效考核奖金的分配权在总量控制条件内由各地检察院自主分配。（4）绩效考核奖金的发放由各院制定标准。因为检察机关内设自侦、公诉、批捕等部门，其办案数量和质量的评价标准不统一，所以应当按照不同部门根据上年度的办案平均数量和质量综合设置不同系数，在一定标准的基础奖金基础上，计算绩效考核奖金的数额，即绩效考核奖金=基础奖金×系数。

有关检察官绩效奖金发放方式问题，国外通行做法是检察官的薪酬等级档次及绩效奖金均由检察长根据检察官考评业绩情况决定，这一做法值得借鉴。改革之后，我国检察官执法办案是通过检察官领导的办案团队运行模式实现的。为了突出检察官主体地位，提高检察官团队协作效能，建议绩效奖金的发放方式规定由所在检察院按照一定标准整体"打包"发放给检察官，再由检察官对其团队的检察官助理、书记官等检察辅助人员的工作业绩大小进行认定与发放。这样做既有利于提高检察官工资待遇，也有利于相应提高检察辅助人员及其他司法行政人员的工资待遇。为此，建议在建立检察辅助人员、司法行政人员工资福利制度中作出相关规定。

由于我国检察官工资制度长期与行政职级挂钩，按照行政管理模式运行，受到传统观念束缚与经济发展水平等各方面限制，制度顶层设计复杂且难度大，难以做到均衡统一，改革阻力仍然很大，依然存在许多现实的矛盾和问题，需要考虑和解决。（1）检察官单独职务序列工资制度的设计要考虑地区间（如艰苦、边远、贫困地区，基层）的差异，相对解决"孔雀东南飞"的问题。（2）检察官单独职务序列工资制度的设计要考虑检察机关内部检察官、司法辅助人员、司法行政人员的待遇平衡问题。（3）检察官单独职务序列工资制度的设计要考虑与当地公务员工资待遇的平衡问题。（4）各检察院要建立科学合理的绩效考核奖金发放规定和办法。（5）检察官单独职务序列工资制度的设计要考虑当地检察机关的正职的工资收入上限不能超过同级党委政府的正职。

第九章 检察官单独职务序列工资制度和实施方案的专家建议稿及说明

一、检察官单独职务序列工资制度（专家建议稿）

总　则

第一条　为全面深化司法体制改革，完善检察人员分类管理，建立有别于普通公务员的检察官单独职务序列工资制度，根据《中华人民共和国公务员法》《中华人民共和国检察官法》《中华人民共和国人民检察院组织法》等法律法规，制定本规定。

一、基本原则

第二条　制定与实施检察官单独职务序列工资制度的基本原则是，坚持改革创新，科学设计制度体系；坚持依法实施，积极稳妥地有序推进；坚持以人为本，充分调动检察官的积极性；坚持实事求是，突出基层检察官重点；坚持统筹兼顾，推进检察官职业保障制度发展完善。

第三条　检察官单独职务序列工资制度以检察官专业职务序列为依据。

第四条　本规定所称检察官，是指根据相关规定已纳入员额制管理范围内的检察官。

二、工资结构和基本工资

第五条　检察官的工资由基本工资、津贴补贴及奖金构成。

第六条　检察官的基本工资按照检察官的职务等级、资历确定，由专业等级工资和年资工资构成。

第七条　专业等级工资主要体现检察官的工作职责和岗位层次，一个检察官专业等级对应一个工资标准，检察官按照所任专业等级执行相应的工资标准。

检察官的专业等级以检察官的职务序列为依据。依照《中华人民共和国检察官法》的规定，检察官等级划分为四等十二级，即首席大检察官，一级大检察官、二级大检察官，一级高级检察官、二级高级检察官、三级高级检察官、四级高级检察官，一级检察官、二级检察官、三级检察官、四级检察官、五级检察官。

第八条　年资工资主要体现检察官的工作实绩和资历。一个检察官专业等级对应若干年资工资档次。检察官根据德才表现、工作实绩和资历确定年资工资档次，执行相应的年资工资标准。

三、见习检察官工资

第九条　见习检察官在试用期、见习期和培训期比照同等条件初任检察官确定工资待遇的 65% 确定核发；已有相关工作经历满 2 年以上的，比照同等条件检察官确定核发其工资。

四、正常增资

第十条　检察官晋升等级的，从晋升等级的次月起执行新的等级工资和年资工资。

原等级低于新任等级对应最低级别的，晋升到新任等级的最低级别。

原等级在新任等级对应级别以内的，晋升一个级别，年资工资就近就高套入晋升后等级对应的年资工资档次标准。

第十一条　检察官按年度考核结果晋升年资工资级别档次。

检察官年度考核累计三年称职以上的，从次年 1 月 1 日起在所任等级对应级别内晋升一个级别，年资工资就近就高套入晋升后级别的年资工资档次标准。

检察官级别达到所任等级对应最高级别、年度考核结果累计三年为称职及以上的，不再晋升级别，而在本人年资工资档次标准内晋升一个年资工资档次。

检察官的年度考核结果累计三年为称职及以上或按照套改规定晋升级别后，下一次按年度考核结果晋升级别的考核年限从晋升级别的当年起重新计算。

第十二条　检察官应当按照年度考核结果正常晋升年资工资档次。

检察官年度考核累计两年为称职及以上的，从次年 1 月 1 日起在所任等级对应级别年资工资标准内晋升一个工资档次为正常晋档。下一次正常晋档的考核年限从工资档次晋升的当年起重新计算。

检察官晋升等级相应增加年资工资时，如增资额超过下一级别的一个工资档差，正常晋档的考核年限从等级晋升的当年起重新计算；如增资额不超过下一级别的一个工资档差，正常晋档的考核年限从上一次正常晋档的当年起计算。晋升两个及以上级别的，逐级计算增资额是否超过下一级别的年资工资的一个工资档差。

检察官的年资工资档次达到所任等级对应最高档次后，不再晋升。

五、工资标准调整

第十三条 国家建立工资调查制度，定期对检察官、检察辅助人员和司法行政人员的工资水平进行调查比较，调查比较的结果作为调整检察官工资水平的依据。国家根据工资调查比较的结果，结合国家经济发展情况，每两年调整一次检察官的基本工资标准。

六、津贴补贴

第十四条 检察官的津贴补贴包括规范性津贴补贴（地区附加津贴）、艰苦边远地区津贴、西藏特殊津贴、高海拔地区折算工龄补贴、改革性补贴、交通补贴、住房公积金、检察官津贴、检察人员办案津贴、单身赴任津贴、烦琐性任务津贴、紧张性任务津贴等。其中，规范津贴补贴中的生活性补贴和工作性补贴按照检察官职务等级确定。

第十五条 检察官的其他有关津贴补贴制度参照执行国家和所在省、市、自治区的相关法律法规、规范性文件和政策规定。

七、奖金

第十六条 检察官的奖金包括年终一次性奖金、获得奖励的一次性奖金及绩效考核奖金。

第十七条 检察官的绩效考核奖金由国家进行总量调控和政策指导。绩效考核奖金按照检察官的工作业绩表现按月发放，由其所在人民检察院根据办案实际情况确定，具体标准和办法由省级人民检察院会同省级人力资源社会保障、财政部门制定核发。

八、奖励和惩处

第十八条 被授予全国劳动模范、全国先进工作者和省部级劳动模范、省部级先进工作者、省级以上人民检察院批准给予一等功等荣誉称号，可按照有关规定给予一次性奖励。

第十九条 检察官的年度考核被确定为不称职或基本称职，以及不进行考核或参加年度考核不定等次的，考核年度不计算为晋升级别和考核年限，并相应推迟晋升级别。

第二十条 检察官受到处分的，其工资待遇处理由最高人民检察院另行制定。

附 则

第二十一条 检察官的工资套改年限比照执行有关公务员套改年限的相关规定。

第二十二条 检察官曾被授予全国劳动模范、全国先进工作者和省部级劳动模范、省部级先进工作者、省级以上人民检察院批准给予一等功等荣誉称号至今仍保持荣誉的，套改时分高套两档和一档职务等级档次。因同一事迹获得多个荣誉称号的，按最高的荣誉称号高套工资，不得重复享受。

第二十三条 按照有关规定确定为边远及欠发达地区的，所在的县级人民检察院实行年资累增制度，任检察官满十五年的，基本工资按照150%领取；任检察官满二十年的，基本工资按照200%领取；任检察官满三十年的，基本工资按照250%领取；任检察官满四十年及以上的，基本工资按照300%领取。

第二十四条 检察官建立廉政保证金制度。保证金按照年度缴纳，单位和个人各按照上一年度本省（自治区、直辖市）检察官年均收入的10%～15%缴纳，缴纳的保证金纳入养老保险的基数。

第二十五条 检察官的福利待遇、退休金等职业保障、职业荣誉和职业惩戒制度另行规定。

第二十六条 本规定由最高人民检察院会同国家人力资源和社会保障部负责解释。

二、检察官单独职务序列工资制度实施方案（专家建议稿）

按照中央司法体制改革的工作部署和安排，根据《中华人民共和国公务员法》《中华人民共和国检察官法》《中华人民共和国人民检察院组织法》《检察官单独职务序列工资制度》的有关规定，制定本实施方案。

一、指导思想和基本原则

以党的十八届三中、四中全会关于全面深化司法体制改革、建设公正高效权威社会主义司法制度的战略部署为指导，以全面推进检察队伍正规化、专业化、职业化为重点，以公务员法、检察官法等相关法律法规为依据，以建立检察官单独职务序列工资制度为目标，进一步激发检察官队伍活力，为充分发挥人民检察院维护宪法法律统一正确实施、维护社会公平正义、保障人民安居乐业的重大政治和社会责任提供制度保障。

实施检察官单独职务序列工资制度，应当坚持依法实施，积极稳妥地有序推进；坚持以人为本，充分调动检察官的积极性；坚持统筹兼顾，突出基层检察官重点；坚持改革创新，推进检察官单独序列工资制度发展完善。

二、实施范围

检察官工资制度方案的实施范围，以人民检察院 2015 年 12 月 31 日纳入员额范围内的在册检察官为准。

三、检察官单独工资结构的组成部分

检察官的工资由三部分构成，即基本工资、津贴补贴、奖金。

四、检察官实行专业等级年资工资制

检察官基本工资实行等级年资工资制，其工资结构由专业等级工资和年资工资组成。

（一）专业等级年资工资的构成

1. 专业等级工资。检察官按所任等级执行相应的等级工资标准。等级工资主要体现检察官的工作职责大小，一个等级对应一个工资标准。检察官等级划分为四等十二级，其对应的是四等十二级的相应的工资标准。

2. 年资工资。检察官的年资工资级别和档次，按现任等级、任职年限和套改年限确定。每一等级层次对应若干个级别，每一级别设若干工资档次。检察官根据所任等级、德才表现、工作实绩和资历确定级别和年资工资档次，执行相应的年资工资标准。

（二）工资标准及套改

见检察官等级与级别对应关系表、检察官等级与年资工资标准表、检察官等级和年资工资档次套改及级别对应关系简明表（见表 9 - 1、表 9 - 2、表 9 - 3、表 9 - 4）。

表 9 – 1　检察官专业等级与工资级别对应表

对应行政工资级别	检察官等级											
二级	首席大检察官											
三级												
四级		一级大检察官										
五级												
六级												
七级			二级大检察官									
八级												
九级				一级高级检察官								
十级												
十一级					二级高级检察官							
十二级												
十三级						三级高级检察官						
十四级												
十五级							四级高级检察官					
十六级												
十七级												
十八级								一级检察官				
十九级									二级检察官	三级检察官	四级检察官	五级检察官
二十级												
二十一级												
二十二级												

表 9－2　检察官专业等级和年资工资标准表 *

单位：元

检察官等级	专业等级工资	年资工资对应级别	级别	1	2	3	4	5	6	7	8	9	10	11	12	13	档次
											年资工资档次						
首席大检察官	5792	二级至四级	一	8282	8915	9548	10181	10814	11447								633
一级大检察官	4644	四级至八级	二	7594	8139	8684	9229	9774	10319	10864							545
			三	6966	7457	7948	8439	8930	9421	9912	10403						491
二级大检察官	3672	六级至十级	四	6373	6824	7275	7726	8177	8628	9079	9530	9981					451
			五	5829	6253	6677	7101	7525	7949	8373	8797	9221	9645				424
一级高级检察官	2876	八级至十三级	六	5331	5728	6125	6522	6919	7316	7713	8110	8507	8904	9301			397
			七	4890	5260	5630	6000	6370	6740	7110	7480	7850	8220	8590			370
二级高级检察官	2295	九级至十四级	八	4504	4847	5190	5533	5876	6219	6562	6905	7248	7591	7934			343
			九	4156	4472	4788	5104	5420	5736	6052	6368	6684	7000	7316			316
三级高级检察官	1836	十一级至十七级	十	3835	4125	4415	4705	4995	5285	5575	5865	6155	6445	6735			290
			十一	3537	3804	4071	4338	4605	4872	5139	5406	5673	5940	6207	6474		267
四级高级检察官	1458	十三级至十九级	十二	3260	3507	3754	4001	4248	4495	4742	4989	5236	5483	5730	5977	6224	247
			十三	3004	3234	3464	3694	3924	4154	4384	4614	4844	5074	5304	5534	5764	230
			十四	2766	2979	3192	3405	3618	3831	4044	4257	4470	4683	4896	5109	5322	213

* 说明：本表数据是以国办发〔2015〕3号为基数，根据检察官单独职务序列工资制度的基本工资比例设计安排，乘以 135% 计算所得。

制表单位：中南财经政法大学法治发展与司法改革研究中心暨湖北法治发展战略研究院。

续表

检察官等级	专业等级工资	年资工资对应级别	级别	年资工资档次														档次
				1	2	3	4	5	6	7	8	9	10	11	12	13	14	
一级检察官	1161	十五级至二十二级	十五	2547	2745	2943	3141	3339	3537	3735	3933	4131	4329	4527	4725	4923	5121	198
			十六	2346	2530	2714	2898	3082	3266	3450	3634	3818	4002	4186	4370	4554	4738	184
二级检察官	972	十六级至二十二级	十七	2163	2332	2501	2670	2839	3008	3177	3346	3515	3684	3853	4022	4191		169
			十八	1995	2150	2305	2460	2615	2770	2925	3080	3235	3390	3545	3700	3855		155
三级检察官	822	十七级至二十二级	十九	1843	1985	2127	2269	2411	2553	2695	2837	2979	3121	3263	3405			142
			二十	1705	1833	1961	2089	2217	2345	2473	2601	2729	2857	2985				128
四级检察官	710	十八级至二十二级	二十一	1581	1696	1811	1926	2041	2156	2271	2386	2501	2616					115
五级检察官	620	十九级至二十二级	二十二	1470	1571	1672	1773	1874	1975	2076	2177	2278						101

表 9 - 3 检察官专业等级和年资工资档次套改及级别对应关系简明表（一）

单位：元

检察官等级	专业等级工资	年资工资级别	任职年限	年资工资档次	3年以下	4~5年	6~7年	8~9年	10~12年	13~14年	15~17年	18~19年	20~22年	23~24年	25~27年	28~29年	30~32年	33~34年	35~37年	38~39年	40~42年	43~44年	45~47年	48年以上
首席大检察官 5792	二级至四级		1~5年	档次													4-1	4-2	4-3	4-4	4-5	4-6	4-7	4-8
				金额													6373	6924	7275	7726	8177	8628	9079	9530
			6~10年	档次														3-2	3-3	3-4	3-5	3-6	3-7	3-8
				金额														7457	7948	8439	8930	9421	9912	10403
		四级	11年以上	档次															2-2	2-3	2-4	2-5	2-6	2-7
				金额															8139	8684	9229	9774	10319	10864
一级大检察官 4644	四级至八级		11~15年	档次													8-1	8-2	8-3	8-4	8-5	8-6	8-7	8-8
				金额													4504	4847	5190	5533	5876	6219	6562	6905
			16~20年	档次														7-2	7-3	7-4	7-5	7-6	7-7	7-8
				金额														5260	5630	6000	6370	6740	7110	7480
		八级	21年以上	档次															6-2	6-3	6-4	6-5	6-6	6-7
				金额															5728	6215	6522	6919	7316	7713
				档次																5-3	5-4	5-5	5-6	5-7
				金额																6677	7101	7525	7949	8373
				档次																	4-4	4-5	4-6	4-7
				金额																	7726	8177	8628	9079

续表

年资工资档次及金额（套改年限）

检察官等级	专业工资	等级工资级别	任职年限	档次/金额	3年以下	4~5年	6~7年	8~9年	10~12年	13~14年	15~17年	18~19年	20~22年	23~24年	25~27年	28~29年	30~32年	33~34年	35~37年	38~39年	40~42年	43~44年	45~47年	48年以上
二级大检察官	3672	六级至十级	1~5年	档次												10-1	10-2	10-3	10-4	10-5	10-6	10-7	10-8	10-9
				金额												3835	4125	4415	4705	4995	5285	5575	8565	6155
			6~10年	档次													9-2	9-3	9-4	9-5	9-6	9-7	9-8	9-9
				金额													4472	4788	5104	5420	5736	6052	6368	6684
			11~15年	档次														8-2	8-3	8-4	8-5	8-6	8-7	8-8
				金额														4847	5190	5533	5876	6219	6562	6905
			16~20年	档次															7-3	7-4	7-5	7-6	7-7	7-8
				金额															5630	6000	6370	6740	7110	7480
			21年以上	档次															6-3	6-4	6-5	6-6	6-7	6-8
				金额															6125	6522	6919	7316	7713	8110
一级高级检察官	2876	八级至十三级	1~5年	档次										13-1	13-2	13-3	13-4	13-5	13-6	13-7	13-8	13-9	13-10	13-11
				金额										3004	3234	3464	3694	3924	4154	4384	4614	4844	5074	5304
			6~10年	档次											12-2	12-3	12-4	12-5	12-6	12-7	12-8	12-9	12-10	12-11
				金额											3507	3754	4001	4248	4495	4742	4989	5236	5483	5730
			11~15年	档次												11-2	11-3	11-4	11-5	11-6	11-7	11-8	11-9	11-10
				金额												3804	4071	4338	4605	4872	5139	5406	5673	5940
			16~20年	档次													10-3	10-4	10-5	10-6	10-7	10-8	10-9	10-10
				金额													4415	4705	4995	5285	5575	5865	6155	6445
			21年以上	档次													9-3	9-4	9-5	9-6	9-7	9-8	9-9	9-10
				金额													4788	5104	5420	5736	6052	6368	6684	7248

续表 *

检察官等级	专业技术等级工资级别	任职年限工资档次	年资工资档次/金额	3年以下	4~5年	6~7年	8~9年	10~12年	13~14年	15~17年	18~19年	20~22年	23~24年	25~27年	28~29年	30~32年	33~34年	35~37年	38~39年	40~42年	43~44年	45~47年	48年以上
二级高级检察官	九级至四级 2295	1~5年	档次									14-1	14-2	14-3	14-4	14-5	14-6	14-7	13-6	13-7	12-7	12-8	11-7
			金额									2766	2979	3192	3405	3618	3831	4044	4154	4384	4742	4989	5139
		6~10年	档次										13-2	13-3	13-4	13-5	13-6	13-7	13-8	13-9	12-8	12-9	11-9
			金额										3234	3464	3694	3924	4154	4384	4614	4844	4989	5236	5406
		11~15年	档次											12-2	12-3	12-4	12-5	12-6	12-7	11-6	11-7	11-8	11-9
			金额											3507	3754	4001	4248	4495	4742	4872	5139	5406	5673
		16~20年	档次												11-3	11-4	11-5	11-6	10-6	10-7	10-8	10-9	9-8
			金额												4071	4339	4605	4872	5285	5575	5865	6155	6368
		21年以上	档次												10-3	10-4	10-5	10-6	9-5	9-6	9-7	9-8	9-9
			金额												4415	4705	4995	5285	5420	5736	6052	6368	6684

* 数据来源：本表数据是以国办发〔2015〕3号为基数，根据检察官单独职务序列工资制度的基本工资比例设计安排，乘以135%计算所得。

制表单位：中南财经政法大学法治发展与司法改革研究中心暨湖北法治发展战略研究院。

表9－4　检察官专业等级和年资工资档次套改及级别对应关系简明表（二）

单位：元

检察官专业等级工资	年资工资级别	年资工资档次年限	档次/金额	3年以下	4~5年	6~7年	8~9年	10~12年	13~14年	15~17年	18~19年	20~22年	23~24年	25~27年	28~29年	30~32年	33~34年	35~37年	38~39年	40~42年	43~44年	45~47年	48年以上
三级高级检察官 1836	十一级至十七级	1~5年	档次							17-1	17-2	17-3	17-4	17-5	17-6	17-7							
			金额							2163	2332	2501	2670	2839	3008	3177							
		6~10年	档次								16-2	16-3	16-4	16-5	16-6	16-7	16-8	16-9					
			金额								2530	2714	2898	3082	3266	3450	3634	3818					
		11~15年	档次									15-2	15-3	15-4	15-5	15-6	15-7	15-8	15-9				
			金额									2745	2943	3141	3339	3537	3735	3933	4131				
	十七级	16~20年	档次										14-3	14-4	14-5	14-6	14-7	14-8	14-9	14-10			
			金额										3192	3405	3618	3831	4044	4257	4470	4683			
		21年以上	档次											12-3	12-4	12-5	12-6	12-7	12-8				
			金额											3754	4001	4248	4495	4742	4989	5139	5406	5673	5940
四级高级检察官 1458	十三级至十九级	1~5年	档次						19-1	19-2	19-3	19-4	19-5	19-6	19-7	19-8	19-9	19-10					
			金额						1843	1985	2127	2269	2411	2553	2695	2837	2979	3121	3263	3390	3545	3684	
		6~10年	档次							19-3	19-4	19-5	19-6	19-7	19-8	19-9							
			金额							2127	2269	2411	2553	2695	2837	2979	3121	3263	3390	3545	3684		
		11~15年	档次								17-2	17-3	17-4	17-5	17-6	17-7	17-8	16-9	16-10				
			金额								2332	2501	2670	2839	3008	3177	3346	3450	3634	3818	4002	4131	4329
	十九级	16~20年	档次									16-3	16-4	16-5	16-6	16-7	16-8	16-9				
			金额									2714	2898	3082	3266	3450	3634	3818	3933	4131	4257	4470	
		21年以上	档次									15-3	15-4	15-5	15-6	15-7	15-8	15-9	15-10	13-7	13-8		
			金额									2943	3141	3339	3405	3618	3831	3924	4154	4384	4614		

续表

检察官等级	专业等级工资	年资工资级别	任职年限	年资工资档次	套改年限																			
					3年以下	4~5年	6~7年	8~9年	10~12年	13~14年	15~17年	18~19年	20~22年	23~24年	25~27年	28~29年	30~32年	33~34年	35~37年	38~39年	40~42年	43~44年	45~47年	48年以上
一级检察官	1161	十五级至二十二级	1~5年	档次					22-5	22-6	22-7	22-8	22-9	21-8	21-9	21-10	20-9	20-10	20-11	19-10	19-11	19-12		
				金额					1874	1975	2076	2177	2278	2386	2501	2616	2729	2857	2985	3121	3263	3405		
			6~10年	档次						21-4	21-5	21-6	21-7	21-8	21-9	21-10	20-9	20-10	20-11	19-10	19-11	18-10		
				金额						1926	2041	2156	2271	2386	2501	2616	2729	2857	2985	3121	3263	3390		
			11~15年	档次							19-2	19-3	19-4	18-5	18-6	18-7	18-8	17-7	17-8	17-9	16-8	16-9		
				金额							1985	2127	2269	2615	2770	2925	3080	3177	3346	3515	3634	3818		
			16年以上	档次								18-3	18-4	17-3	17-4	17-5	16-4	16-5	16-6	15-5	15-6	15-7		
				金额								2305	2460	2504	2670	2839	2898	3082	3266	3339	3537	3735		
二级检察官	972	十六级至二十二级	1~5年	档次					22-1	22-2	22-3	22-4	22-5	22-6	22-7	22-8	22-9	21-8	21-9	21-10	20-9	20-10		
				金额					1470	1571	1672	1773	1874	1975	2076	2177	2278	2386	2501	2616	2729	2857		
			6~10年	档次					21-4	21-5	21-6	22-5	22-6	22-7	21-6	21-7	21-8	21-9	20-8	20-9	20-10	20-11		
				金额					1571	1672	1773	1874	1975	2076	2156	2271	2386	2501	2601	2729	2857	2985		
			11~15年	档次						21-2	21-3	21-4	20-3	20-4	20-5	19-4	19-5	19-6	18-5	18-6	18-7	18-8		
				金额						1696	1811	1926	1961	2089	2217	2269	2411	2553	2615	2770	2925	3080		
			16年以上	档次							18-1	18-2	18-3	17-2	17-3	17-4	17-5	16-4	16-5	16-6	16-7	16-8		
				金额							1995	2150	2305	2332	2501	2670	2839	2898	3082	3266	3450	3634		
三级检察官	822	十七级至二十二级	1~5年	档次				22-3	22-4	22-5	22-6	22-7	22-8	22-9	21-8	21-9	21-10	20-9	20-10	19-10	19-11			
				金额				1672	1773	1874	1975	2076	2177	2278	2386	2501	2616	2729	2857	2985	3121	3263		
			6~10年	档次					22-3	22-4	22-5	21-4	21-5	21-6	21-7	20-6	20-7	19-6	19-7	19-8	18-7	18-8		
				金额					1672	1773	1874	1926	2041	2156	2271	2345	2473	2553	2695	2837	2925	3080		
			11~15年	档次						21-2	21-3	21-4	20-3	20-4	20-5	19-4	19-5	19-6	18-5	18-6	18-7	18-8		
				金额						1696	1811	1926	1961	2089	2217	2269	2411	2553	2615	2770	2925	3080		
			16年以上	档次							19-2	19-3	19-4	18-5	18-6	18-7	18-8	17-7	17-8	17-9	17-10	17-11		
				金额							1985	2127	2269	2615	2770	2925	3080	3199	3346	3515	3684	3853		

续表 *

检察官等级	专业等级工资级别	任职年限	年资工资档次	3年以下	4~5年	6~7年	8~9年	10~12年	13~14年	15~17年	18~19年	20~22年	23~24年	25~27年	28~29年	30~32年	33~34年	35~37年	38~39年	40~42年	43~44年	45~47年	48年以上
四级检察官	710	十八级至二十二级 1~5年	档次			22-2	22-3	22-4	22-5	22-6	22-7	22-8	22-9	21-6	21-7	19-6	19-7	19-8	18-7	18-8	18-9		
			金额			1571	1672	1773	1874	1926	2041	2156	2271	2345	2473	2553	2695	2837	2925	3080	3235		
		6~10年	档次				23-3	23-4	23-5	23-6	23-7	23-8	22-7	21-8	21-9	21-10	20-9	20-10	19-8	19-9	20-10~20-11		
			金额				1549	1637	1725	1813	1901	1989	2076	2177	2278	2386	2501	2616	2729	2857	2985		
		11~15年	档次					22-2	22-3	22-4	22-5	21-4	21-5	21-6	21-7	20-6	20-7	19-6	19-7	19-8	18-7		
			金额					1571	1672	1773	1874	1926	2041	2156	2271	2345	2473	2553	2695	2837	2925		
		16年以上	档次						20-1	20-2	20-3	19-3	19-4	19-5	18-3	18-4	18-5	18-6	18-7	18-8	18-9		
			金额						1705	1833	1961	1985	2127	2269	2305	2460	2615	2770	2925	3080	3235		
五级检察官	620	十九级至二十二级 1~5年	档次	22-1	22-2	22-3	22-4	22-5	22-6	22-7	22-8	21-5	21-6	21-7	20-5	20-6	20-7	19-6	19-7	19-8	19-9~19-10		
			金额	1470	1571	1672	1773	1874	1926	2076	2177	2278	2386	2473	2501	2616	2729	2837	2925	2857	2857		
		6~10年	档次		23-4	23-5	23-6	23-7	23-8	22-5	22-6	22-7	22-8	21-7	20-6	20-7	19-7	19-8	19-9	19-9~19-10			
			金额		1549	1637	1725	1813	1901	1989	2076	2156	2345	2473	2553	2616	2695	2729	2837	2925	2925		
		11~15年	档次		22-2	22-3	22-4	22-5	21-4	21-5	21-6	21-7	20-5	20-6	20-7	19-4	19-5	19-6	19-7	19-8	19-10~19-11		
			金额		1571	1672	1773	1874	1926	2041	2156	2271	2345	2411	2473	2553	2695	2837	2925	2925	3121		
		16年以上	档次			21-2	21-3	21-4	21-5	20-3	20-4	20-5	19-4	19-5	19-6	19-7	19-8	18-6	18-7	18-8	18-9		
			金额			1696	1811	1926	2089	2217	2269	2411	2553	2695	2837	2925	3121	3121	3263	3263	3263		

---

* 数据来源：本表数据是以国办发〔2015〕3号为基数，根据检察官单独职务序列工资制度的基本工资比例设计安排，乘以135%计算所得。

制表单位：中南财经政法大学法治发展与司法改革研究中心暨湖北法治发展战略研究院。

表9-5　检察官单独职务序列工资抽样对比测算表（广东样本）*

检察官等级	现工资年收入（元/年）				检察官执行单独职务序列工资制度后年工资收入（元/年）								检察官执行单独职务序列工资制度与相对应公务员相比								
	基本工资	各种津补贴	年终奖金	总额	基本工资	同比增加（%）	各种津补贴	同比增加（%）	奖金	总额	增资资源	同比增加（%）	公务员基本工资	同比增加（%）	公务员各种津补贴	同比增加（%）	公务员年终奖金	同比增加（%）	公务员工资总额	检增资资源	检公同比增加（%）
二级高级检察官	61,422	188,573	15,200	265,195	82,920	35	272,024	44	51,594	406,537	141,342	53	61,422	35	181,349	50	15,200	239	257,971	148,566	58
三级高级检察官	48,504	180,886	13,412	242,802	65,480	35	260,781	44	47,154	373,415	130,613	54	48,504	35	173,854	50	13,412	252	235,770	137,645	58
四级高级检察官	41,208	161,491	12,103	214,802	55,631	35	231,833	44	41,573	329,037	114,235	53	41,208	35	154,555	50	12,103	243	207,866	121,171	58
一级检察官	27,780	138,140	10,439	176,359	37,503	35	196,392	42	33,829	267,724	91,365	52	27,780	35	130,928	50	10,439	224	169,147	98,577	58
二级检察官	27,600	137,995	10,424	176,019	37,260	35	196,355	42	33,785	267,400	91,381	52	27,600	35	160,903	50	10,424	224	168,927	98,473	58
三级检察官	24,360	122,326	9,404	156,090	32,886	35	173,031	41	29,824	235,741	79,651	51	24,360	35	115,354	50	9,404	217	149,188	86,623	58
四级检察官	24,432	122,177	9,308	155,917	32,983	35	172,988	42	29,813	235,784	79,867	51	24,432	35	115,325	50	9,308	220	149,065	86,719	58

注：
1. B基本工资=（职务工资+级别工资）×12，C各种津补贴=生活性津贴+工作性津贴+规范后津贴+改革保留津贴+住房补贴+住房公积金+交通补贴+检察津贴+办案奖两年一次纳人未纳人津贴=C检察官现各种津补贴+（综合治理奖金+档案达标奖金+党建先进单位奖+文明城市创建奖+目标责任奖）另加目标责任奖（1万元）；文明单位奖两年一次纳人津贴（第13个月工资）×17。

2. P公务员现各种津补贴=C检察官现各种津补贴-（检察官津贴+办案津贴）×17。

3. O的35%，表示根据基本工资比例设计，检察官执行单独职务序列工资制度后，检察官基本工资高出当地公务员的35%。

3. O的50%，表示根据各种津补贴比例设计，检察官执行单独职务序列工资制度后，检察官各种津补贴高出当地公务员的50%。

4. Q的50%，表示根据各种津补贴比例设计，检察官执行单独职务序列工资制度后，东部各种津补贴不得超过当地普通公务员工资总额的20%。

5. J检察官绩效奖金=T公务员工资总额×0.2，根据绩效奖金比例设计，检察官绩效奖金不得超过当地普通公务员工资总额的20%。

* 数据来源：广东省检察院。

制表单位：中南财经政法大学法治发展与司法改革研究中心暨湖北法治发展战略研究院。

表9－6　检察官单独职务序列工资抽样对比测算表（海南样本）*

检察官等级	现工资年收入（元/年）				检察官执行单独职务序列工资制度后年均工资收入（元/年）								检察官执行单独职务序列工资制度与相对应公务员相比（元/年）								
	基本工资	各种津贴	年终奖金	总额	基本工资	同比增加（%）	各种津贴	同比增加（%）	奖金	总额	增资源	同比增加（%）	公务员基本工资	检公同比增加（%）	公务员各种津贴	检公同比增加（%）	公务员年终奖金	检公同比增加（%）	公务员工资总额	检增资源	检公同比增加（%）
一级高级检察官	97,872	99,372	8,156	205,400	132,127	35	197,023	35	39,117	368,267	162,867	79	97,872	35	89,556	120	8,156	380	195,584	172,683	88
二级高级检察官	77,495	87,503	6,458	171,455	104,618	35	171,333	35	32,366	308,316	136,862	80	77,495	35	77,879	120	6,458	401	161,831	146,486	91
三级高级检察官	61,625	77,284	5,135	144,044	83,194	35	149,274	35	26,922	259,390	115,346	80	61,625	35	670741	120	5,135	424	134,615	124,778	93
四级高级检察官	48,894	69,778	4,075	122,747	66,007	35	133,105	35	22,694	221,806	99,059	81	8,894	35	60,502	120	4,075	457	113,471	108,335	95
一级检察官	35,862	64,128	2,989	102,979	48,414	35	121,107	35	18,772	188,203	85,224	83	35,862	35	55,008	120	2,989	528	93,859	94,344	101
二级检察官	30,605	59,325	2,550	92,480	41,316	35	110,715	35	16,696	168,727	76,247	82	30,605	35	50,325	120	2,550	555	83,480	85,247	102
三级检察官																					
四级检察官	25,116	55,380	2,399	82,895	33,907	35	102,564	35	14,827	151,298	68,403	83	25,116	35	46,620	120	2,399	518	74,135	77,163	104

注：
1. B基本工资＝（职务工资＋级别工资）×12，C各种补贴＝生活性津贴＋工作性津贴＋规范后津贴电话费＋工改保留津贴＋住房公积金＋交通补贴＋检察津贴＋办案补贴＋独生子女费＋（综合治理奖＋档案达标奖＋党建先进单位奖＋目标责任奖＋文明城市创建奖）另加目标责任奖（1万元）。文明公务员奖两年一次纳入奖金计算基数；年终奖金（第13个月工资）×17。
2. P公务员各种津贴＝C检察官现有各种津贴－检察官执行单独职务序列工资制度后（第13个月工资）×17。
3. O的120%，表示根据基本工资现有比例设计，检察官执行单独职务序列工资制度后，检察官各种津贴高出当地公务员的35%。
4. Q的120%，表示根据各种津贴比例设计，检察官各种津贴高出当地公务员的120%。
5. J检察官绩效奖金＝T公务员工资总额×0.2，根据绩效奖金比例设计，检察官绩效奖金不得超过当地普通公务员工资总额的20%。

* 数据来源：海南省检察院。

制表单位：中南财经政法大学法治发展与司法改革研究中心暨湖北法治发展战略研究院。

表 9－7　检察官单独职务序列工资抽样对比测算表（贵州样本）＊

检察官等级	现工资年收入（元/年）				检察官执行单独职务序列工资制度后年均工资收入（元/年）								检察官执行单独职务序列工资制度与相对应公务员相比								
	基本工资	各种津贴	年终奖金	总额	基本工资	同比增加(%)	各种津贴	同比增加(%)	奖金	总额	增资源	同比增加(%)	公务员基本工资	检公同比增加(%)	公务员各种津补贴	检公同比增加(%)	公务员年终奖金	检公同比增加(%)	公务员工资总额	检增资源(元/年)	检公同比增加(%)
一级高级检察官	68,232	107,936	12,286	188,454	92,113	35	241,824	124	36,256	370,193	181,739	96	68,232	35	100,760	140	12,286	195	181,278	188,915	104
二级高级检察官	54,468	97,984	11,139	163,391	73,532	35	217,920	123	31,281	322,733	159,342	98	54,468	35	90,800	140	11,139	181	156,407	166,326	106
三级高级检察官	46,968	88,232	10,514	145,714	63,407	35	195,456	122	27,784	286,647	140,933	97	46,968	35	81,440	140	10,514	164	138,922	147,725	106
四级高级检察官	36,216	80,276	9,618	126,110	48,892	35	176,736	120	23,895	249,522	123,412	98	36,216	35	73,640	140	9,618	148	119,474	130,048	109
一级检察官	28,452	75,080	8,971	112,503	38,410	35	164,640	119	21,205	224,255	111,752	99	28,452	35	68,600	140	8,971	136	106,023	118,232	112
二级检察官	22,044	71,840	8,437	102,321	29,759	35	157,152	119	19,192	206,104	103,783	101	22,044	35	65,480	140	8,437	127	95,961	110,143	115

注：
1. B 基本工资＝（职务工资＋级别工资）×12，C 各种津补贴＝生活性津贴＋工作性津贴＋规范后津贴电话费＋工改保留津贴＋住房补贴＋住房公积金＋交通补贴＋检察津贴＋办案津贴＋独生子女费＋（综合治理费＋档案达标单位奖＋党建先进单位奖＋目标责任奖＋文明城市创建奖（1万元）；文明单位各种津补贴一次纳入奖基数；年终奖金（第13个月工资）×17。
2. P 公务员各种现各种津补贴＝C 检察官现各种津补贴－（检察津贴＋办案津贴）×17。
3. O 的35%，表示根据基本工资比例设计，检察官执行单独职务序列制度后工资比高出当地公务员的35%。
4. Q 的140%，表示根据各种津补贴比例设计，检察官高出普通公务员的140%。
5. J 检察官绩效奖金＝T 公务员工资总额×0.2，根据绩效奖金比例设计，检察官绩效奖金不得超过当地普通公务员工资总额的20%。

＊　数据来源：贵州省检察院。

制表单位：中南财经政法大学法治发展与司法改革研究中心暨湖北法治发展战略研究院。

表9-8　检察官单独职务序列工资抽样对比测算表（中部省会城市样本）*

检察官等级	现工资年收入（元/年）				检察官执行单独职务序列工资制度后年工资收入（元/年）									检察官执行单独职务序列工资制度与相对应公务员相比（元/年）								
	基本工资	各种津贴	年终资金	总额	基本工资	同比增加(%)	各种津贴	同比增加(%)	奖金		总额	增资源	同比增加(%)	公务员基本工资	检公同比增加(%)	公务员各种津补贴	检公同比增加(%)	公务员年终奖金	检公同比增加(%)	公务员工资总额	检增资源	检公同比增加(%)
									年终奖金	绩效奖金												
二级高级检察官	32,052	211,831	2,671	246,554	43,270	35	246,286	25	3,606	47,604	358,766	112,212	46	32,052	35	203,297	30	2,671	1,817	238,020	120,746	51
三级高级检察官	24,948	192,020	2,079	219,047	33,680	35	238,885	24	2,807	42,157	317,529	98,482	45	24,948	35	183,758	30	2,079	2,063	210,785	106,744	51
四级高级检察官	23,784	174,658	1,982	200,424	32,108	35	216,602	24	2,676	38,477	289,863	89,439	45	23,784	35	166,617	30	1,982	1,976	192,383	97,480	51
一级检察官	23,328	173,253	1,944	198,525	31,493	35	215,063	24	2,624	68,141	287,321	88,796	45	23,328	35	165,433	30	1,944	1,997	190,705	96,616	51
二级检察官	18,120	156,671	1,510	176,301	24,462	35	193,727	24	2,039	33,730	253,958	77,657	44	18,120	35	149,021	30	1,510	2,269	168,651	85,307	51
三级检察官	13,428	133,006	1,119	147,553	18,128	35	163,184	23	1,511	28,015	210,837	63,284	43	13,428	35	125,524	30	1,119	2,539	140,073	70,764	51
四级检察官	12,624	135,840	1,052	149,516	17,042	35	167,089	23	1,420	28,441	213,993	64,477	43	12,624	35	128,530	30	1,052	2,739	142,206	71,787	50

注：

1. B 基本工资＝（职务工资＋级别工资）×12，C 各种津贴＝生活性津贴＋工作性津贴＋规范后津贴＋电话费＋工改保留津贴＋住房补贴＋交通补贴＋住房公积金＋交通补贴（上一年度月平均收入）另加项目检察责任奖＋办案补贴＋物业补贴＋独生子女费＋（综合治理奖＋档案达标先进单位奖＋党建先进奖＋目标责任奖＋文明城市创建奖）标责任奖（1万元）；文明单位奖两年一次未纳入一次未纳入的人津贴基数；年终奖金（第13个月工资）×17。

2. Q 公务员各种津补贴＝C 检察官现各种津补贴－（检察官执行单独职务序列工资制度后各种津补贴＝C 检察官现各种津贴。检察官执行单独职务序列工资制度后基本工资是公务员基本工资。

3. G、P 的 35%，表示根据基本工资比例设计，检察官执行单独职务序列工资制度后基本工资是公务员的135%。

4. R 的 30%，表示根据各种津补贴比例设计，检察官执行单独职务序列工资制度后的各种津补贴高出当地公务员的30%。

5. K 检察官绩效奖金＝U 公务员工资总额×0.2，根据绩效奖金比例设计，省会城市的检察官绩效奖金不得超过当地普通公务员工资总额的20%。

* 数据来源：武汉市检察院。

制表单位：中南财经政法大学法治发展与司法改革研究中心暨湖北法治发展战略研究院。

表 9－9　检察官单独职务序列工资抽样对比测算表（中部省级城市样本）＊

检察官等级	现工资年收入（元/年）基本工资	各种津补贴	年终奖金	总额	执行后基本工资	同比增加(%)	各种津补贴	同比增加(%)	奖金年终奖金	绩效奖金	总额	增资源	同比增加(%)	公务员基本工资	同比增加(%)	公务员各种津补贴	同比增加(%)	公务员年终奖金	同比增加(%)	公务员工资总额	检增资额	检增资源同比增加(%)
三级高级检察官	21,780	89,751	1,815	113,346	29,403	35	204,938	128	2,450	21,114	257,905	144,559	128	21,780	35	81,975	150	1,815	1,198	105,570	152,335	144
四级高级检察官	17,520	88,135	1,460	107,115	23,652	35	201,418	129	1,971	19,909	246,950	139,835	131	17,520	35	80,567	150	1,460	1,399	99,547	147,403	148
一级检察官	13,668	73,101	1,139	87,908	18,452	35	164,353	125	1,538	16,110	200,542	112,544	128	13,668	35	65,741	150	1,139	1,449	80,548	119,904	149
二级检察官	12,468	72,124	1,039	85,631	16,832	35	162,310	125	1,403	15,686	196,231	110,600	129	12,468	35	64,924	150	1,039	1,545	78,431	117,800	150
三级检察官	11,412	73,565	951	85,928	15,406	35	166,713	127	1,284	15,810	199,212	113,284	132	11,412	35	66,685	150	951	1,697	79,048	120,164	152
四级检察官	10,272	69,315	856	80,443	13,867	35	156,088	125	1,156	14,713	185,823	105,380	131	10,272	35	62,435	150	856	1,754	73,563	112,260	153
五级检察官	10,272	69,125	856	80,253	13,867	35	156,013	126	1,156	14,707	185,742	105,489	131	10,272	35	60,405	150	856	1,753	73,533	112,209	153

注：

1. B基本工资＝（职务工资＋级别工资）×12，C各种津补贴＝C检察官现各种津补贴＋办案津贴＋物业补贴＋独生子女费（第13个月工资）＝月基本工资。C各种津补贴＝生活性津贴＋工作性津贴＋规范后津贴电话费＋工改保留津贴＋住房公积金＋交通补贴＋检察津贴（第13个月工资）×16。

2. Q各种津补贴＝C检察官现各种津补贴－（检察官执行单独职务序列工资制度后－检察官执行单独职务序列工资制度后基本工资）×16。

3. G，P的35%，表示根据基本工资比例设计，检察官执行单独职务序列工资制度后基本工资是公务员工资的135%。

4. R为150%，表示根据各种津补贴比例设计，检察官执行单独职务序列工资制度后的各种津补贴高出当地公务员的150%。省会以外的副省级城市的各种津补贴不得超出当地公务员工资总额的150%。文明单位奖两年一次未纳入一次奖基数；年终奖一次未纳入当年基数。

5. K检察官绩效奖金＝U公务员工资总额×0.2，根据绩效奖金比例设计，检察官绩效奖金不得超过当地普通公务员工资总额的20%。

＊数据来源：宜昌市检察院。

制表单位：中南财经政法大学法治发展与司法改革研究中心暨湖北法治发展战略研究院。

表 9 - 10 检察官单独职务序列工资抽样对比测算表（中部其他城市样本）*

检察官等级	现工资年收入（元/年）				检察官执行单独职务序列工资序列后年工资收入（元/年）				奖金					检察官执行单独职务序列工资制度与相对应公务员相比（元/年）								
	基本工资	各种津贴	年终奖金	总额	基本工资	同比增加(%)	各种津贴	同比增加(%)	年终奖金	绩效奖金	总额	增资源	同比增加(%)	公务员基本工资	同比增加(%)	公务员各种津贴	同比增加(%)	公务员年终奖金	同比增加(%)	公务员工资总额	检增资源	检公比增加(%)
二级高级检察官	29,184	104,120	2,432	135,736	39,398	35	255,050	145	3,283	25,942	323,674	187,938	138	29,184	35	98,096	160	2,432	1,102	129,712	193,962	150
三级高级检察官	21,324	92,436	1,777	115,537	28,787	35	225,170	144	2,399	21,941	278,298	162,761	141	21,324	35	86,604	160	1,777	1,270	109,705	168,593	154
四级高级检察官	16,080	86,400	1,340	103,820	21,708	35	209,882	143	1,809	19,629	253,028	149,208	144	16,080	35	80,724	160	1,340	1,500	98,144	154,884	158
一级检察官	14,352	75,384	1,196	90,932	19,375	35	181,646	141	1,615	17,082	219,719	128,787	142	14,352	35	69,864	160	1,196	1,463	85,412	134,307	157
二级检察官	12,024	71,052	1,002	84,078	16,232	35	170,695	140	1,353	15,736	204,016	119,938	143	12,024	35	65,652	160	1,002	1,605	78,678	125,338	159
三级检察官	11,172	70,588	931	82,691	15,082	35	169,801	141	1,257	15,482	201,622	118,931	144	11,172	35	65,308	160	931	1,698	77,411	124,211	160
四级检察官	11,412	70,060	951	82,423	15,406	35	168,740	141	1,284	15,453	200,883	118,460	144	11,412	35	64,900	160	951	1,660	77,263	123,620	160
五级检察官																						

注：

1. B基本工资＝（职务工资＋级别工资）×12，C各种津贴＝（综合治理奖＋档案达标奖＋目标责任奖＋党建先进奖＋文明单位奖两年一次纳入津贴计算基数；年终奖金（第13个月工资）＝月基本工资。

2. Q公务员各种津贴＝C检察官现各种津贴－（检察官津贴＋办案津贴）×16。

3. G、P的35%，表示根据基本工资比例设计，检察官执行单独职务序列工资制度后基本工资是公务员的135%。

4. R的160%，表示根据各种津贴比例设计，检察官执行单独职务序列工资制度后的各种津贴高出当地公务员的160%。

5. K检察官绩效奖金＝U公务员工资总额×0.2，根据绩效奖金比例设计，检察官绩效奖金不得超过当地普通公务员工资总额的20%。

检察官津贴＋办案津贴＋物业补贴＋独生子女费＋（综合治理奖＋档案达标奖＋目标责任奖＋党建先进奖＋文明单位奖一次纳入津贴计算基数）＝月工资＝月基本工资。

检察官津贴＋办案津贴＝生活性津贴＋工作性津贴＋规范后津贴电话费＋工改保留津贴＋住房补贴＋住房公积金＋交通补贴＋年终奖金（第13个月工资）＝C检察官现各种津贴－（检察官津贴＋办案津贴）×16。

* 数据来源：荆门市检察院。

数据来源：荆门市检察院。

制表单位：中南财经政法大学法治发展与司法改革研究中心暨湖北法治发展战略研究院。

表 9-11　检察官单独职务序列工资抽样对比测算表（中部贫困地区样本）*

检察官等级	现工资年收入（元/年）				检察官执行单独职务序列工资制度后年工资收入（元/年）				奖金		总额	增资源	同比增加(%)	检察官执行单独职务序列工资制度与相对应公务员相比（元/年）								
	基本工资	各种津贴	年终奖金	总额	基本工资	同比增加(%)	各种津贴	同比增加(%)	年终奖金	绩效奖金				公务员基本工资	检察官同比增加(%)	公务员各种津贴	检察官同比增加(%)	公务员年终奖金	检察官同比增加(%)	公务员工资总额	检察增资源	检察官同比增加(%)
一级高级检察官	33,624	100,885	2,802	137,311	45,392	35	259,988	158	3,783	25,856	335,019	197,708	144	33,624	35	92,853	180	2,802	958	129,279	205,740	159
三级高级检察官	26,508	82,762	2,209	111,479	35,786	35	209,244	153	2,982	20,689	268,701	157,222	141	26,508	35	74,730	180	2,209	972	103,447	165,254	160
四级高级检察官	20,496	74,000	1,708	96,204	27,670	35	186,010	151	2,306	17,727	233,712	137,508	143	20,496	35	66,432	180	1,708	1,073	88,636	145,076	164
一级检察官	14,352	62,085	1,196	77,633	19,375	35	153,230	147	1,615	14,055	188,274	110,641	143	14,352	35	54,725	180	1,196	1,210	70,273	118,001	168
二级检察官	14,472	59,903	1,206	75,581	19,537	35	147,120	146	1,628	13,644	181,930	106,349	141	14,472	35	52,543	180	1,206	1,166	68,221	113,709	167
三级检察官	12,024	58,625	1,002	71,651	16,232	35	144,886	147	1,353	12,954	175,425	103,774	145	12,024	35	51,745	180	1,002	1,328	64,771	110,654	171
四级检察官	10,872	54,041	906	65,819	14,677	35	132,499	145	1,223	11,820	160,219	94,400	143	10,872	35	47,321	180	906	1,340	59,099	101,120	171
五级检察官	9,912	53,489	826	64,227	13,381	35	130,953	145	1,115	11,501	156,951	92,724	144	9,912	35	46,769	180	826	1,427	57,507	99,444	173

注：

1. B 基本工资=（职务工资+级别工资）×12，C 各种补贴=生活性津贴+工作性津贴+规范后津补贴+工改保留津贴+工改地区津贴+艰苦地区津贴+住房公积金+交通补贴+检察官办案津贴+物业补贴+独生子女费+（综合治理费+目标责任奖+档案达标奖金+办案津贴）×16。

2. Q 公务员各种补贴=C 检察官现有各种津补贴－（检察官津贴+办案津贴）×16。

3. G，P 的 35%，表示检察官执行单独职务序列后基本工资是公务员基本工资的135%。

4. R 的 180%，表示检察官执行单独职务序列后工资制度设计，检察官绩效奖工资制度设计，重点是向基层和办案一线倾斜，因此对于国家级、省及贫困县的津补贴高出当地公务员工资工资额的20%。

5. K 检察官绩效奖金=U 公务员工资总额×0.2，根据公务员工资总额×0.2，检察官绩效奖金不得超过当地普通公务员工资总额的20%。

* 数据来源：恩施州检察院。

* 制表单位：中南财经政法大学法治发展与司法发展战略研究中心暨湖北法治发展战略研究院。

表 9－12 检察官单独职务序列工资抽样对比测算表（中部贫困县样本）.*

检察官等级	现工资年收入（元/年）				检察官执行单独职务序列工资制度后年工资收入（元/年）									检察官执行单独职务序列工资制度与相对应公务员相比（元/年）								
	基本工资	各种津贴	年终奖金	总额	基本工资	同比增加（%）	各种津贴	同比增加（%）	年终奖金	绩效奖金	总额	增资源	同比增加（%）	公务员基本工资	检公同比增加（%）	公务员各种津贴	检公同比增加（%）	公务员年终奖金	检公同比增加（%）	公务员工资总额	检增资源	检公同比增加（%）
四级高级检察官	18,756	69,195	1,563	89,514	25,321	35	172,556	149	2,110	16,389	216,375	126,861	142	18,756	35	61,627	180	1,563	1,084	81,946	134,429	164
一级检察官	13,668	55,787	1,139	70,594	18,452	35	135,596	143	1,538	12,647	168,232	97,638	138	13,668	35	48,427	180	1,139	1,145	63,234	104,998	166
二级检察官	12,024	54,984	1,002	68,010	16,232	35	133,795	143	1,353	12,162	163,542	95,532	140	12,024	35	47,784	180	1,002	1,249	60,810	102,732	169
三级检察官	11,208	51,111	934	63,253	15,131	35	123,399	141	1,261	11,243	151,033	87,780	139	11,208	35	44,071	180	934	1,239	56,213	94,820	169
四级检察官	11,208	50,937	934	63,079	15,131	35	123,360	142	1,261	11,240	150,991	87,912	139	11,208	35	44,057	180	934	1,238	56,199	94,792	169
五级检察官	9,456	47,026	788	57,270	12,766	35	112,857	140	1,064	10,110	136,796	79,526	139	9,456	35	40,306	180	788	1,318	50,550	86,246	171

注：
1. B 基本工资＝（职务工资＋级别工资）×12，C 各种津贴＝生活性津贴＋工作性津贴＋规范后津补贴＋住房补贴＋住房公积金＋交通补贴＋检察津贴＋办案补贴＋物业补贴＋独生子女费＋（综合治理奖＋档案达标奖＋目标责任奖＋党建先进奖）＋文明单位一次未纳津补贴计算基数；年终奖金（第13个月工资）＝月基本工资。
2. Q 公务员（第13个月工资）＝C 检察官津补贴＋办案津贴）×16。
3. G、P 的35%，表示根据基本工资比例设计，检察官现基本工资是公务员基本工资的135%。
4. R 的180%，表示根据各种津补贴比例设计，检察官执行单独职务序列工资制度后，重点是向基层和办案一线倾斜，因此对于国家级、省级贫困县的津补贴是高出当地公务员工资总额的20%。
5. K 检察官绩效奖金＝U 公务员工资总额×0.2，根据绩效奖金比例设计，检察官绩效奖金不得超过当地普通公务员工资总额的20%。

* 数据来源：黄冈市英山县检察院。

制表单位：中南财经政法大学法治发展与司法改革研究中心暨湖北法治发展战略研究院。

（三）正常增加工资的办法

1. 晋升等级调整工资

检察官晋升等级的，从晋升等级的次月起执行新的等级工资和年资工资。

（1）原等级低于新任等级对应最低级别的，晋升到新任等级的最低级别。

（2）原等级在新任等级对应级别以内的，晋升一个级别，年资工资就近就高套入晋升后等级对应的年资工资档次标准。

2. 按年度考核结果晋升年资工资级别档次

（1）检察官年度考核累计三年称职以上的，从次年1月1日起在所任等级对应级别内晋升一个级别，年资工资就近就高套入晋升后级别的年资工资档次标准。

（2）检察官级别达到所任等级对应最高级别、年度考核结果累计三年为称职及以上的，不再晋升级别，而在本人年资工资档次标准内晋升一个年资工资档次。

（3）检察官的年度考核结果累计三年为称职及以上或按套改表规定晋升级别后，下一次按年度考核结果晋升级别的考核年限从晋升级别的当年起重新计算。

（4）检察官的年度考核被确定为不称职或基本称职，以及不进行考核或参加年度考核不定等次的，考核年度不计算为晋升级别和考核年限，并相应推迟晋升级别。

3. 正常晋升年资工资档次

（1）检察官年度考核累计两年为称职及以上的，从次年1月1日起在所任等级对应级别年资工资标准内晋升一个工资档次（简称"正常晋档"）。下一次正常晋档的考核年限从工资档次晋升的当年起重新计算。

（2）检察官晋升等级相应增加年资工资时，如增资额超过下一级别的一个工资档差，正常晋档的考核年限从等级晋升的当年起重新计算；如增资额不超过下一级别的一个工资档差，正常晋档的考核年限从上一次正常晋档的当年起计算。晋升两个及以上级别的，逐级计算增资额是否超过下一级别的年资工资的一个工资档差。

（3）检察官的年资工资档次达到所任等级对应最高档次后，不再晋升。

4. 调整工资标准

国家建立工资标准调整制度。根据工资调查比较的结果，结合国家经济发展情况，每两年调整检察官基本工资标准。

（四）津贴补贴

（1）规范性津贴补贴（地区附加津贴）；

（2）艰苦边远地区津贴；

（3）西藏特殊津贴；

（4）高海拔地区折算工龄补贴；

（5）改革性补贴等津贴补贴；

（6）交通补贴；

（7）住房公积金；

（8）检察官津贴

调整执行国家规定的检察官津贴（国人部发〔2007〕106号）（提高200%）；

（9）检察人员办案津贴

调整执行国家规定的人民检察院办案人员岗位津贴（人社部发〔2011〕18号）（提高150%）；

（10）单身赴任津贴；

（11）烦琐性任务津贴；

（12）紧张性任务津贴；

（13）比照执行授权地方制定标准的其他津贴补贴。

其中，对按照职务确定标准的津贴补贴，按照检察官的职务等级制定具体标准。

（五）奖金

有关奖金制度的设计，前第二编第八章第三部分有关"检察官单独职务序列工资制度"的奖金制度已阐释，为此不再赘述。

五、检察官受处分工资待遇的处理

检察官受到处分的，其工资待遇处理办法由最高人民检察院另行制定。

六、其他相关政策

1. 检察官的工资套改年限执行有关普通公务员套改年限的相关规定。

2. 检察官被授予全国劳动模范、全国先进工作者、省部级劳动模范、省部级先进工作者、省级以上人民检察院批准给予一等功等荣誉称号的，按照有关规定给予一次性奖励。

有关其他相关政策，前第二编第八章第三部分有关"检察官单独职务序列工资制度"的附则内容已阐释，为此不再赘述。

七、组织领导

最高人民检察院的检察官单独工资制度方案的实施，由中共中央组织部、中央政法委员会、国家人力资源和社会保障部组织协调，最高人民检察院负责实施。

省级以下人民检察院的检察官单独工资制度方案的实施，结合实际情况，由省人力资源和社会保障厅审批。

八、附则

本实施方案由最高人民检察院会同国家人力资源和社会保障部负责解释。

三、检察官单独职务序列工资制度和实施方案（专家建议稿）的说明

根据中央关于建立"检察官单独职务序列及工资制度"的部署要求，现就"检察官单独职务序列工资制度（建议稿）"（以下简称"建议稿"）及"实施方案"作如下说明。

（一）制定"检察官单独职务序列工资制度"的必要性

检察官单独职务序列工资制度是落实检察官职务序列的关键举措，也是对检察官工作的激励机制，其激励作用实现的程度最终体现在检察官职业待遇是否提升、提升了多少。我国现行检察官等级制度之所以对检察官缺乏足够激励，主要原因就是检察官的工资及其他待遇仍取决于检察官个人的行政职级，而非检察官职级，导致检察官职级管理制度事实上的程序空转。因此，要实现对检察官的激励，要在检察官单独职务序列的基础上，建立与检察官职级相适应的检察官单独工资制度，引导检察官通过提高检察官职务等级来提升自身地位和待遇，切实加大检察官单独职务序列的"含金量"，建立检察官职务等级与个人工资待遇相挂钩的良性循环机制。

（二）指导思想和基本原则

建立"检察官单独职务序列工资制度"及"实施方案"，对于发展完善中国特色社会主义检察制度关系重大。必须坚持以党的十八届三中、四中全会关于全面深化司法体制改革、建设公正高效权威社会主义司法制度的战略部署为指导，以全面推进检察队伍专业化、职业化为重点，以公务员法、检察官法等相关法律法规为依据，以建立检察官单独职务序列工资制度为目

标，进一步激发检察官队伍活力，为充分发挥人民检察院维护宪法法律统一
正确实施、维护社会公平正义、保障人民安居乐业的重大政治和社会责任提
供保障，确保该制度遵循规律性、具有特色性、体现时代性、彰显科学性，
形成科学完备的检察职业保障体系。

制定与实施检察官单独职务序列工资制度的基本原则是：坚持改革创
新，科学设计制度体系；坚持依法实施，积极稳妥地有序推进；坚持以人为
本，充分调动检察官的积极性；坚持实事求是，突出基层检察官重点；坚持
统筹兼顾，推进检察官职业保障制度发展完善。

（三）起草过程

1. 学习领会中央精神，统一起草思想

最高人民检察院在组织专门起草小组，吸收专家参与，委托参与起草过
程中，组织起草人员深入学习领会党的十八届三中、四中全会精神，深刻领
会《关于深化司法体制和社会体制改革的意见》《关于司法体制改革试点若
干问题的框架意见》，中央领导同志关于司法体制改革的一系列讲话精神，
统一思想，明确起草工作的性质、任务、重点及相关要求，牢牢把握起草工
作的正确方向。

2. 深入调研，总结国内试点经验

最高人民检察院先后派出若干调研组，对 2001 年以来上海、重庆、山
东等地检察机关人员分类管理的试点工作以及本轮司法体制改革 7 个试点省
市薪酬制度改革的构想、方案及相关措施进行系统梳理、凝练经验，分析试
点中的制约检察改革体制性障碍、保障性困扰、机制性束缚等深层次难题，
广泛听取基层党政干部、政法干警、社区群众、律师执业者以及检察官的意
见和建议，学习、了解与吸收党的组织部门、政府人事部门等关于公务员工
资制度建设与管理的基本经验和合理化建议。在此基础上起草组对我国公务
员工资制度建立以来三次较大范围的改革进行回顾梳理；对检察职业保障以
职务序列工资制度为主要内容的职业保障制度、职业荣誉制度、职业惩戒制
度的重点、难点、薄弱点问题及根源进行厘定整理；对海关、税务、金融、
工商等中央垂管部门的工资制度及实施办法进行调研比较。按照以保证公正
司法、提高司法公信力为出发点，以推进检察官队伍正规化、专业化、职业
化为基准点，以建立检察官单独职务序列工资制度为切入点，以检察官职务
序列工资制度保障标准化、检察官福利待遇、职业保护、职业荣誉体系化、
检察官职业廉政风险金激励与惩戒规范化为落脚点的思路，数易其稿，形成
了检察官单独职务序列工资制度、实施方案及检察官福利与退休制度的建

议稿。

3. 比较借鉴国外检察官薪酬制度

起草组对国外及我国港澳台地区有关检察官薪酬制度进行系统梳理，对具有典型代表的国家检察官薪酬制度进行剖析。其中，一些有益的制度设计技术和方法值得学习借鉴（详见本篇第七章关于域外主要国家和地区检察官工资制度）。

（四）基本结构、主要内容及特点

1. 工资制度的结构

根据中央有关精神，建立检察官单独职务序列工资制度基本思路是，检察官的工资由基本工资、津贴补贴、奖金三部分构成。基本工资全国统一设定标准，津贴补贴按地区差异确定，绩效奖金由各检察院根据办案实际情况确定，既体现单独专业职务等级工资标准全国统一，又反映并照顾不同地区因财力支出能力条件下津贴补贴及绩效奖金保障水平的差异性。基本工资的结构由职务等级工资构成。

2. 工资制度的内容

"建议稿"分为指导思想和基本原则、工资结构和基本工资、见习检察官工资、正常增资、工资标准调整、津贴补贴、奖金、奖励和惩处、其他相关规定等八章内容。

3. 工资制度的主要特点

"建议稿"设计体现了"三相""六别"的主要特点。"三相"，即指在检察官单独职务序列工资制度的设计上与普通公务员工资制度体系相协调、与普通公务员工资结构相匹配、与普通公务员级别晋升方式相衔接。制度"建议稿"在设计上紧密结合职级工资制的结构设置，尽管检察人员分类管理后与行政职级脱钩，但在工资制度以及标准的设计上仍然要与历史的行政职级衔接起来，职务等级工资档次比照普通公务员的级别工资档次来设置。"六别"，即指检察官职务等级工资与普通公务员职级工资起点有别，与普通公务员工资结构有别，与普通公务员工资标准类型有别，与普通公务员晋升方式有别，与普通公务员晋升通道有别，与普通公务员工资、福利、退休等职业保障配套制度有别。"起点有别"是因为，我国检察官的入职学历、年龄、能力等门槛越来越高，既要通过国家统一法律职业资格考试，又要通过职前培训、职业准入遴选、基层见习、任职；与公务员相比其入职起点环节多、标准严、要求高；职级晋升、遴选、转任的年限限制多，考核严，专业要求高，等等。"建议稿"对初任检察官的入职起点高于公务员起点，其类比起点按公务员级别的 22 级起算。"结构有别"是因为，检察官实行单独职务序列，实行专业等级年资工资制，"建议稿"在检察官单独职务序列工资制度中设置了绩效奖金来促进检察官专注于司法办案，激发检察官办好案、办难案、办成精品案。"标准有别"，"建议稿"设定不同于普通公务员职级工资的检察官职务等级工资标准，既符合我国现阶段国情，又遵从国际惯例。"晋级有别"，"建议稿"设定与公务员"五年晋级"周期不同的"三年晋级"检察官工资晋级年限，以此凝聚法治精英人才，稳定检察官队伍，激励检察官专司于公正司法、维护法治统一实施所涉法益事项。"通道有别"，"建议稿"设定检察官职务等级与工资晋级晋档的单独通道，有利于根除司法行政化，避免千军万马挤行政职务"独木桥"，也属国际惯例。"配套制度有别"，对与检察官单独职务序列工资制度相关的福利费、休假、探亲假、年休假、病假、事假、丧假、产假、死亡后待遇、退休等待遇，住房、医疗待遇等福利待遇、职业荣誉、职业惩戒制度，需由其他配套制度予以规范，因此"建议稿"对其所涉事项设计提出另行制定相关制度或管理办法。

（五）其他需要说明的问题

1. 以检察官单独职务序列为基础

按照中央有关司法改革精神，检察人员实行分类管理，即检察官、检察辅助人员、司法行政人员三类。不同类的检察人员实行不同的工资制度，执行不同的工资标准；同类的检察人员按照单独职务序列享受对应的工资待遇。检察官单独职务序列设置按照检察官法规定的四等十二级，检察辅助人员中，检察官助理、书记员职务各设置 8 个职务等级，其工资制度需另行制定；司法警察职务序列工资标准目前执行人民警察的职务工资序列标准，此次改革不宜再另行制定；检察技术人员的工资标准目前尚未按照有关专业技术人员工资标准执行，此次改革应予明确，或者制定检察技术人员单独的专业技术工资标准。司法行政人员的工资标准应按照略高于综合类公务员低于检察官职务序列工资标准，另行制定。上述典型国家大多采用这种方式。

2. 检察官工资待遇与普通公务员工资待遇的比例设计

借鉴国外和我国港澳台地区检察官工资普遍高于普通公务员的通例，以及上海等先行试点单位的经验，将检察官津贴（国人部发〔2007〕106 号）、人民检察院办案人员岗位津贴（人社部发〔2011〕18 号）纳入检察官的基本工资，所以应当较大幅度提高检察官的基本工资，基本工资部分可以考虑设定为普通公务员基本工资（级别工资）的 135%（见表 15 - 1、表 15 - 2，表 15 - 3）。同时，考虑到我国东、中、西部地区差异，在提高检察官与普通公务员工资待遇比例的同时，还要考虑减小地区间的检察官的待遇差别。

经研究人员对上海、广东、吉林、湖北、海南、贵州、青海等省、直辖市检察机关人员工资待遇的调查表明，我国检察官实行行政级别工资制，面临的矛盾和困境居多。

（1）基本工资基本相等，但津贴补贴、奖金等福利待遇差距大。（2）同一省区内的省直、省会城市与市、县级院津贴补贴差距大。（3）基层检察人员待遇普遍低。

所以，检察官职务序列工资待遇的比例设置应当坚持：

（1）基本工资全国统一标准。

（2）津贴补贴待遇与绩效奖金实行省、自治区、直辖市类型化标准保障。其范围包括规范性津贴补贴、地区性津贴补贴、艰苦边远地区津贴、基层津贴等。实现类型化标准保障可分三步走，即第一步，由现在全国 3500 多个津贴补贴、绩效奖金保障标准过渡到以省、自治区、直辖市类型相对均等化（32 类）保障标准；第二步，创造条件实现以省、自治区、直辖市统一津贴补贴的均等化保障标准；第三步，为向津贴补贴全国统一保障均等化创造条件。所谓类型相对均等化是指在省、自治区、直辖市范围内，根据其经济发展水平和财政负担能力，形成以省会中心城市津贴补贴标准不降低、副省级城市津贴补贴标准略有提高，其他省、自治区、直辖市以下津贴补贴提高标准省区范围内统一均等化 3 套标准，既破解建立检察官专业等级年薪改革带来省会中心城市保障水平下滑，基层待遇普遍偏低难以提升，"一刀切"提升标准造成新一轮"两极分化"固化新难题。实行省以下财政统一保障制度后，可以考虑较大幅度提高国家级省级贫困县的津贴补贴标准。因此，检验建立检察官职务序列专业年薪工资制度，其标准之一在于，缩小地区间的差异，直面基层检察官工资保障两极分化问题，回应东中西部检察官保障水平日渐拉大困惑。因此，其思路可概括为：基本工资标准按照高于公务员的 35% 的比例设计并由国家统一规定，主要津贴补贴以东中西部省、自治区、直辖市检察官现有平均津贴补贴水平分别高于公务员的 20%、80%、100% 的比例设计；同一（省份）地区，按照省会城市、副省级城市和其他省以下市县区、国家级省级贫困县四个层次检察官现有平均津贴补贴水平分别高于公务员的 50%、170%、180%、200% 的比例设计。

3. 增加津贴补贴种类

检察官工资性津贴补贴是检察官工资收入的重要组成部分。其主要功能之一是为了补偿某些特殊岗位检察官额外的或特殊的劳动（脑力、体力）消耗。目前，检察官所享有的津贴补贴与普通公务员大致相同。为了同现有规范性津贴补贴制度相协调，借鉴吸收一些国家体现检察官津贴特点的有益做法，我们建议，检察官津贴继续保留的有：（1）规范性津贴补贴（生活性补贴、工作性津贴）；（2）1993年工改后保留津贴；（3）住房补贴；（4）住房公积金；（5）交通补贴；（6）艰苦地区津贴；（7）社会治安综合治理先进单位奖、目标责任奖等奖励性补贴。借鉴日本、俄罗斯等国做法，针对检察官遴选异地交流任职增加检察官个人经济负担，办理跨区域、跨境、跨国特别重大敏感案件增加检察官智力体能负担，车改以后公车不一定能满足办案需要，可使用私家车、租车等方式弥补用车需求的不足，需增加相应津贴：（1）增设单身赴任津贴（即异地交流津贴）；（2）执行繁重性任务津贴；（3）执行紧张性任务津贴；（4）办案交通补贴。

4. 提高专项津贴标准

按照国家工资体系的整体设计，鉴于检察工作的特殊属性，应当保留检察官津贴（国人部发〔2007〕106号）、人民检察院办案人员岗位津贴（人社部发〔2011〕18号），并分别按照200%和150%的比例相应提高原标准。这样设定，既与公务员工资体系相衔接，又体现了检察官薪酬的相对独立性。

5. 设置绩效奖金

检察官的绩效考核奖金由国家进行总量调控和政策指导。从总体趋势看，要大幅提高基本工资在工资收入中的比重，减少津贴补贴在工资收入中的比重，增加设置绩效考核奖金。有的设计认为，各地区员额内检察官绩效考核奖金的总体水平，应当按照高于当地其他普通公务员工资收入50%左右的水平扣除其他工资项目的差额确定。并且按照检察官的工作业绩表现按月发放，由检察官所在人民检察院根据办案实际情况，对办案数量、质量、效率、效果综合考评后确定发放。并将检察官现享有的法定工作日之外加班补贴并入绩效考核奖金。我们认为，上述思路是可取的，但是短期内达到这种工资比例结构，是不太现实的。从节约改革成本的角度并与普通公务员工资制度相衔接、相配套的角度出发，在总量调控下，向办案一线及基层倾斜，可借鉴一些国家的做法，按照检察官基本工资待遇的30%（省会城市）、150%（省会城市以外的副省级城市）、160%（其他地市县）、180%（国家级、省级贫困地区）的比例核算。

另外，有关检察官绩效奖金发放方式问题，国外通行做法是检察官的薪酬等级档次及绩效奖金均由检察长根据检察官考评业绩情况决定，这一做法值得借鉴。改革之后，我国检察官执法办案是通过检察官领导的办案团队运行模式实现的。为了突出检察官主体地位，提高检察官团队协作效能，建议绩效奖金的发放方式规定由所在检察院按照一定标准整体"打包"发放给检察官，再由检察官对其团队的检察官助理、书记官等检察辅助人员的工作业绩大小进行认定与发放。这样做既有利于提高检察官工资待遇，也有利于相应提高检察辅助人员及其他司法行政人员的工资待遇。为此，建议在建立检察辅助人员、司法行政人员工资福利制度中作出相关规定。

按照以上2、3、4设计比例，课题组对经济发展程度不同地区进行采样，对经济发达地区广东、中等发达地区海南、欠发达地区贵州进行抽样测算，对中部地区湖北省按照省会城市、副省级城市、其他市州与贫困地区、国家级贫困县检察人员等三个类别五种样本进行测算，具有以下特点及趋势：

（1）经济发展程度不同地区抽样测算

①发达地区广东的检察官年平均工资收入略有提升。检察官的年平均工资收入较之前高出约42%，与相对应公务员相比高出约48%（见表9－5）。

②中等发达地区海南的检察官年平均工资收入增幅较大。检察官的年平均工资收入较之前高出约72%，与相对应公务员相比高出约85%（见表9－6）。

③欠发达地区贵州的检察官年平均工资收入增幅最大。检察官的年平均工资收入较之前高出约89%，与相对应公务员相比高出约98%（见表9－7）。

④东部发达地区和西部欠发达地区检察官年均工资收入差距明显缩小。以四级高级检察官为例，测算后，东西部检察官年均工资收入差距由现88692元缩小至70675元。

（2）中部湖北省按照省会城市、副省级城市、其他市州与贫困地区、国家级贫困县检察人员等三个类别五种样本抽样测算

①省会城市的检察官年工资收入略有提升。检察官的年工资收入较之前高出约35%，与相对应公务员相比高出约41%（见表9－8）。

②副省级城市的检察官年工资收入增幅较大。检察官的年工资收入较之前高出约120%，与相对应公务员相比高出约139%（见表9－9）。

③其他省以下市、州、县的检察官年工资收入增幅很大。检察官的年工资

收入较之前高出约132%，与相对应公务员相比高出约148%（见表9-10）。

④国家级、省级贫困县检察官年工资收入增幅最大。国家级、省级贫困县检察官年工资收入较之前高出约133%，与相对应公务员相比高出约158%（见表9-11、表9-12）。

⑤省会城市与其他城市检察官工资收入差距缩小。以湖北省一级检察官为例，测算后，省会城市武汉与副省级城市宜昌工资年收入差距由现在的110617元缩小至75854元。

从以上测算趋势看，目前造成全国检察机关工资待遇不平衡、"两极分化"、基层检察干警工资待遇低、生活清苦的主要原因是：各省对省以下津贴补贴的种类、标准及其起点实行财政"分灶吃饭、分级负担"的政策，造成津贴补贴待遇"五花八门""各自为政"，形成了现有的3000多个标准。改革的重点是建立以省相对均等化的工资待遇保障体系，改革后各省、自治区、直辖市形成省会城市、副省级城市、其他省以下市州县和贫困地区三至四类津贴补贴标准体系，从而缩小省内工资津贴补贴奖金保障水平的差距悬殊过大，建立以省为主体的相对均等化的工资保障体系。

通过上述测算，建立检察官单独职务工资制度，提高检察官工资津贴补贴待遇，形成高于普通公务员年工资收入的工资制度体系，需遵循以下方法：①同一地区的地县两级检察官工资水平应保持基本持平。②津贴设计比例是影响测算结果的主要因素，应把津贴比例权重大小作为提高检察官工资待遇的制度设计重要因素考量。③破解国家级、省级贫困县基层检察官工资水平偏低的难题在于确定相对合理的津贴补贴提高幅度。④尽管东中西部的津贴补贴种类、标准和适用范围差异较大，但仍可用此方法对东部、西部地区进行抽样测算。⑤建立省、自治区、直辖市相对均等化工资保障制度需要渐进性推进。

6. 设置津贴补贴率调整地区工资收入差异

这已成为幅员辽阔、经济发展水平不一的国家，采取平衡地区工资差异的首选政策措施。为此，可借鉴美国、俄罗斯等国家采取津贴率或工资系数等方法调整地区工资保障水平差异。结合国家正在研究制定地区性附加津贴，建议按照一定的指标确定津贴率或工资系数，设定各地区的津贴率，然后按照基本工资×（1+津贴率）确定检察官职务等级工资待遇。

第三编

检察官福利与退休制度研究

第十章 我国检察官福利与退休制度沿革与现状

党的十八届四中全会提出：加快建立符合职业特点的法治工作人员管理制度，完善职业保障体系，建立法官、检察官、人民警察专业职务序列及工资制度。这对于破解与检察官职务序列、工资制度相配套的检察官福利与退休制度体制性障碍，形成科学完备的检察官单独职务序列为基础、检察官单独职务序列工资为关键，检察官福利退休制度为保障的检察官职业保障体系，提升检察官职业保障能力，助推法律监督体系和法律监督能力现代化，发展和完善具有中国特色社会主义司法职业保障、职业荣誉、职业保护制度体系，促进保证公正司法、提高司法公信力，意义重大。"检察官福利和退休制度"是"检察官单独职务序列工资制度"的重要组成部分。制定检察官福利和退休制度的出发点是与检察官单独职务序列工资制度相配套；落脚点是与单独职务序列工资制度共同作为对检察官执法办案的激励约束；目标是形成职务序列工资制度与福利制度相统一，检察官获得职务序列工资待遇与福利待遇相一致，检察官履职待遇与退休待遇相衔接；重点是解决检察官的后顾之忧，激发检察官的职业尊严感、荣誉感。

一、我国检察官福利制度沿革及现状

（一）我国检察官福利制度历史沿革

我国检察官福利制度一直套用普通公务员的福利制度，经历了五个阶段：

1. 供给制阶段（1949～1966）。国家对检察官实行福利统包供给，受当时经济发展水平制约，这种福利是典型的救济式福利。

2. 停滞阶段（1966～1976）。随着十年"文化大革命"，检察机关被砸乱，检察官被扫地出门，检察官福利荡然无存。

3. 恢复重建阶段（1976～1993）。与检察机关恢复重建相适应，检察官福利待遇套用公务员的福利制度，在住房、教育、医疗等福利待遇方面实行统一政策与单位提供相结合，形成个人福利集体化、集体福利单位化的格局。

4. 转变阶段（1993～2005）。伴随国家住房、医疗制度改革，检察官的福利待遇从政策福利与集体福利向货币化福利与个人分摊化转型，住房由福利性补贴、福利分房转化为住房公积金与个人承担相结合，医疗由国家统包向核定基数、门诊垫付、核定报销、节约奖励、重病特批的机制转型。

5. 法制统一与保障体制多轨运行并存阶段（2005 至今）。国家公务员法虽然对公务员享有福利的范围作了明确规定，但财政保障实行分级负担、分级负责的原则，用于公务员福利的财政支出受经济发展水平的制约，其保障标准、保障水平则呈现多轨化、多样性，差距极大。检察官福利待遇按照这种运行模式，其保障水平、保障标准极不平衡。

（二）我国检察官福利制度的现状

我国检察官福利制度体系是按照公务员福利制度体系运行的，主要包括经济性福利、服务型福利和非物质性福利三个方面。

1. 经济性福利。主要包括了为了满足检察官群体的不同需要，解决基层检察官家庭生活负担而建立的各种福利、补助和补贴。典型的有：（1）福利费制度。解决基层检察官在生活困难而建立起来的一种专项费用制度。（2）医疗福利待遇。根据国家规定，检察官享有的公费医疗的权利。（3）冬季采暖补贴。是国家为居住在寒冷地区的检察官因宿舍取暖所支出的费用而建立的一种福利性补贴制度。（4）交通补贴制度。主要有上下班交通补贴和出差补贴两种，这项福利制度是为了确保检察官能够正常开展工作、合理承担交通费用而设立的一种福利性补贴制度。

2. 非物质性福利待遇。非物质性福利待遇主要包括检察官的工时制度、探亲制度和休假制度。工时制度是国家为了合理安排检察官作息时间，保障检察官休息权利，调动其工作积极性而制定工作时间的规定。国家机关统一实行 8 小时工作制，早上 8 点到中午 12 点，下午 2 点到下午 6 点，每周工作 5 天，周六和周日休息。探亲假制度是国家为解决检察官探望分居两地的配偶、父母而建立的一种福利制度；年休假制度包括休假天数和休假方式等内容，是国家为保护检察官身体健康，每年安排检察官集中轮休一段时间的一种福利制度。

3. 服务性福利待遇。主要指为满足检察官集体需要，方便检察官生活并使其获得便捷的生活、文化、体育服务而建立的集体福利设施，主要包括：食堂、图书室、体育场地等。

（三）我国检察官福利制度存在的主要问题

虽然我国检察官福利制度在切实改善检察官待遇水平，提高检察官生活质量方面起到了积极作用。但由于未建立检察官单独福利退休制度，相关法律法规以及监督机制尚未健全，加之人财物保障地方化、分灶吃饭，在实践过程中暴露出不少突出问题。

1. 福利制度不健全。检察官单独福利保障制度长期缺失。我国检察官福利保障一直套用普通公务员福利保障制度，使检察官职业保障呈现滞后性、落后性的特点，难以适应现代检察官日益繁重的法律监督职业发展的需要。

2. 分级保障检察官福利的体制弊端居多。由于我国财政、医疗卫生、住房管理体制一直实行中央与地方分设，医疗住房保障分级承担，财政实行"分灶吃饭、分级负担"的管理体制，检察机关与检察官受这种体制的制约，形成东中西部的检察官福利保障千差万别，基层检察官福利保障十分低，住房、医疗等保障成为困扰检察职业发展的一大难题。

3. 福利保障水平低。由于检察官福利待遇制度的缺陷，导致基层检察院执法办案与解决检察官福利待遇挂钩，助长"办案为钱、为钱办案"的不良风气，是长期以来困扰保证公正执法、提高执法公信力的难题之一，已经到了非改革不可的时候。

二、我国检察官退休制度沿革及现状

（一）我国检察官退休制度历史沿革

我国检察官退休制度一直套用普通公务员退休制度，经历了五个时期：[1]

1. 创建时期（1950～1958）。新中国成立初期的中国社会保障制度效仿苏联的做法，选择的是国家保险模式，退休制度带有浓厚的福利性色彩。1950年颁布的《关于退休人员处理办法的通知》是新中国成立后颁布的第一部关于退休及养老方面的法规，但其适用范围狭窄，规定在当时的党政机关（包括检察机关）以及海关、铁路、邮电等公共服务部门领取工资的工作人员，退休时可以一次性领取一笔退休费。1951年颁布的《中华人民共

---

[1]　参见张明丽等：《我国退休制度的历史沿革与创新发展研究》，载《湖北社会科学》2011年第7期。

和国劳动保险条例》标志着新中国职工养老制度的建立，职工的退休养老保障是其中及其重要的内容。该条例规定男职工的退休年龄为60周岁，女职工的退休年龄为50周岁。1955年国务院颁布的《国家机关工作人员退休处理暂行办法》，将一次性发放退休金改为按月发放，按个人工作年限规定了不同的待遇标准，并把女干部的退休年龄提高到55周岁，这一规定一直沿用至今。

2. 调整时期（1958～1966）。1958年颁布的《国务院关于工人、职工退休处理的暂行规定》是对机关事业单位工作人员和企业职工实行了统一的退休办法，将企业和机关女职员的退休年龄统一规定为55周岁，女工人为50周岁。

3. 停滞时期（1966～1977）。在"文化大革命"的十年中，我国的社会保障制度受到了严重的冲击，社会保险事务处于无人管理的状态，混乱的制度执行环境完全摧毁了退休制度。

4. 重建时期（1978～1986）。为弥补"文化大革命"期间对退休制度的破坏，1978年国务院同时颁发了《国务院关于安置老弱病残干部的暂行办法》和《国务院关于工人退休、退职的暂行办法》，对干部和工人的退休、退职待遇进行了修改，区分了退休和离休人员两个群体不同的待遇，并在1980年针对干部群体制定了在退休待遇上更为优厚的离休制度。

5. 创新改革时期（1986至今）。传统退休制度由于存在诸多弊端，已无法适应政治、经济和社会的发展，原有的退休养老制度在这一时期开始了改革，养老保险逐步在国营企业中实行退休费的社会统筹，并正式提出了社会统筹与个人账户相结合的养老保险模式。1997年7月国务院出台了《关于建立统一的企业职工基本养老保险制度的决定》，统一了全国各地的养老保险制度，实现了中国养老保险制度由原来的退休制度向社会保险制度的转型，一定程度上消除了退休制度中的弊端。

（二）我国检察官退休制度的现状

我国《检察官法》规定：检察官的退休制度，根据检察工作特点，由国家另行规定。检察官退休后，享受国家规定的养老保险金和其他待遇。由于我国并未对检察官退休另行规定，实践中检察官退休参照《公务员法》规定的公务员退休制度执行。我国《公务员法》规定：公务员达到国家规定的退休年龄或者完全丧失工作能力的，应当退休。

我国对于公务员的退休年龄依然执行1993年颁布的《国家公务员暂行条例》第78条规定：除国家另有规定外，国家公务员符合下列条件之一的，应当退休：（1）男年满 60 周岁，女年满 55 周岁；（2）丧失工作能力的。《公务员法》第 88 条规定：公务员符合下列条件之一的，本人自愿提出申请，经任免机关批准，可以提前退休：（1）工作年限满 30 年的；（2）距国家规定的退休年龄不足 5 年，且工作年限满 20 年的；（3）符合国家规定的可以提前退休的其他情形的。2015 年 3 月 1 日起实行的中组部、人社部联合下发的《关于机关事业单位县处级女干部和具有高级职称的女性专业技术人员退休年龄问题的通知》规定：为充分发挥女领导干部和女性专业技术人员的作用，党政机关、人民团体中的正、副县处级及相应职务层次的女干部，事业单位中担任党务、行政管理工作的相当于正、副处级的女干部，具有高级职称的女性专业技术人员，年满 60 周岁退休。

根据有关规定，目前，最高人民检察院副检察长、省级检察院检察长退休为 65 岁，常务副检察长（正厅级、一级高级检察官）退休为 63 岁，其他检察官退休为 60 岁。

（三）我国检察官退休制度存在的主要问题

我国检察官退休制度存在以下问题：

1. 检察官提前退休现象一度存在，导致退休年龄的低龄化。不少地方检察机关执行"任职年龄层层递减"的"一刀切"土政策，导致很多基层检察院的领导班子成员未达到退休年龄提前离岗，退居二线。针对这类情况，中共中央组织部、最高人民法院、最高人民检察院等有关部门于 2010 年 7 月联合发布《关于切实解决法官、检察官提前离岗、离职问题的通知》（法发〔2010〕14 号），要求严格执行国家关于公务员退休年龄的规定，今后对未达到退休年龄的法官、检察官不得强制提前离岗退养，也不得简单地划分年龄界限使得担任院级或内设机构领导职务的法官、检察官改任非领导职务。尚未达到退休年龄、不再担任领导职务的法官、检察官，可以改任同一职务层次的审判员、检察员，继续从事执法办案工作。检察官提前离岗离职等现象才有所改善。

2. 退休年龄缺乏调整，滞后于人口老龄化。尽管我国现阶段实行了基本养老保险制度，但除了对某些特殊群体的法定退休年龄适当放宽外，检察官正常退休年龄一般为男性 60 周岁，女性 55 周岁。当前，我国社会经济格局、人口状况、检察工作已经发生了巨大变化，一直未作调整的法定退休年龄与逐渐提高的人口预期寿命之间形成了巨大的反差。

3. 退休制度缺乏弹性，造成人力资源的浪费。长期以来实行"一刀切"的退休制度，导致一些具有丰富实践经验的检察官提前退出检察工作岗位。

这一部分人身体状况良好，工作经验丰富，生活无后顾之忧，可全身投入检察工作，搞好传帮带。由于地方各级人民检察院的检察官普遍存在提前离岗、离职现象，这部分检察官不得不退居二线，在一定程度上加剧了人民检察院案多人少的矛盾，造成司法资源浪费。

第十一章　域外主要国家和地区检察官福利与退休制度

福利、住房、医疗与退休制度是现代社会职业保障体系的基本内容，是提高人的生活质量，实现人的全面现代化的基本标志。构建科学的福利、住房、医疗与退休制度是现代法治国家致力于推进国家与社会现代化的根本任务之一。与此同时，世界大多数国家高度重视保障检察官的福利、住房、医疗和退休待遇，并通过法律法规等强制性规范保障检察官的福利、住房、医疗等待遇。

一、美国、英国等英美法系国家检察官福利与退休制度

1. 美国。美国在保障检察官福利、住房、医疗待遇的同时，鼓励检察官延长退休。法律对退休年龄没有规定，退休由个人决定，其中任职最高年龄的国会议员 90 岁；美国鼓励延迟退休，62 岁提前退休的拿工资总额的 75%，66 岁退休的拿工资总额的 100%，70 岁退休的拿工资总额的 132%。

2. 英国。英国高度重视检察官福利、住房、医疗保障，同时鼓励检察官延迟退休。据有关资料，英国目前检察官平均退休年龄为男性 64.7 岁，女性 63.1 岁。

3. 加拿大。加拿大检察官的福利、医疗待遇较为健全。检察官的退休年龄根据相关法律规定，已从 60 岁提高到 65 岁，退休后才可享有全额退休金。

二、德国、法国等大陆法系国家检察官福利与退休制度

1. 德国。德国重视检察官的福利、住房、医疗等保障制度建设。根据法律规定，检察官退休年龄为 67 岁。

2. 法国。法国建立了住房补贴制度，住房补贴标准为基本工资的 1% 到 3%。法国规定检察官的退休年龄为 65 岁，而普通公务员的退休年龄为 60 岁。

3. 日本。日本检察官的福利、医疗、住房待遇保障一直处于发达国家的保障水平。其退休年龄有别于普通公务员，日本检事总长的退休年龄为65岁，其他检察官的退休年龄为63岁。

三、俄罗斯、保加利亚等转型国家检察官福利与退休制度

1. 俄罗斯。根据《俄罗斯联邦检察院组织法》第44条第4项规定，检察官与侦查官，需要改善住房条件的，由联邦财政根据俄罗斯联邦立法规定标准，按照俄罗斯联邦政府规定程序拨付俄罗斯联邦检察机关经费、保障提供单元房屋。检察官与侦查官，未依照俄罗斯联邦立法与俄罗斯联邦各主体房屋居住法规规定标准与要求分配住房的，视为需要改善居住条件的人员。检察官与侦查官，未获得依照法定程序应当分配的长期住宅之前，享有得到租住（转租）住房费用补偿的权利。所以，在俄罗斯，检察官的住房保障是享有特殊待遇的。俄罗斯检察官可以工作至70岁。

2. 保加利亚。保加利亚的检察官福利与退休制度较为规范，根据《公务员法》和《司法法案》规定，检察官享有强制医疗保险金、赔偿金、年假、一般带薪休假、享受社保休假、非带薪休假、住房公积金、强制社会保险、补偿金和退休金等福利与退休金待遇。

3. 哈萨克斯坦。享有年假，每一年有权享受带薪休假30天，并在该休假期享有双倍工资待遇。哈萨克斯坦共和国以立法规定的方式为公务员提供住房。

四、我国香港特区、澳门特区、台湾地区检察官福利与退休制度

1. 香港特区。香港特区政府律师可享有公务员的多项附带福利，根据个人职级、服务年资、聘用条款及其他规例设定。这些福利包括：医疗及牙科福利、教育津贴、房屋福利、假期、旅费、退休福利等。政府律师（总薪级34点及以上）及高级政府律师除每月工资外，每月尚可领取发放的购房补助金，数额根据工资和职级而定，最多为期10年。符合资格的检控官子女，可申请香港特区本地或海外教育资助。香港特区2015年修法时将检控官退休年龄60岁延长至65岁。

2. 澳门特区。根据《司法官通则》规定，司法官的权利还包括：收取假期津贴及圣诞津贴；收取居所租赁或设备津贴；检察长有权以招待费名义收取相当于其薪俸25%的津贴，公干获发津贴金额相当于澳门特区公共行

政工作人员所定的最高标准，收取对澳门特区公共行政工作人员所定的结婚津贴、出生津贴及等津贴，司法官及其家庭享有对澳门特区工作行政工作人员所定的医疗护理、药物、手术、最高等级住院等权利，享有澳门特别行政区负担其居所电话的安装及用户费用等。

3. 台湾地区。依据"公务人员福利条例草案"，包括检察官在内的公务人员适用台湾地区相关公务人员福利制度规定，其内容包括基本福利以及弹性福利，并且该草案提出由于福利措施易放难收，考虑财政负担能力及机关特性，对于拟办理的福利事项宜采渐进与保障性原则。拟将"生活津贴"、"福利互助"、"急难贷款"和"住宅辅购"等四项作为基本福利事项，由行政部门订定相关规定统筹办理，其余为弹性福利，由各机关视个别需要决定。现行公教人员可以享受的福利，散见于各相关法规，具体如下：未婚联谊；结婚补助、生育补助、子女教育补助等生活津贴，公教人员辅购住宅贷款、筑巢优利贷等辅购住宅贷款，急难贷款、贴心相贷、参加退抚基金指定用途贷款等低利消费性贷款，优惠存款；膳食、购物、洗衣、美发等员工消费合作社，健康检查补助、心理健康、网路咨商、员工协助方案等健康管理，文康活动、庆生、社团、休假旅游补助、公教员工台湾地区休假、特约休闲中心、旅游连环抽奖活动等文康休闲，涉讼补助；公教人员保险、全民健保、劳工保险、团体保险，退休、退休服务、退抚照护。台湾地区公务员退休年龄为65岁。

第十二章 我国检察官福利与退休制度构建

一、指导思想与总体要求

建立"检察官福利退休制度",对于巩固和发展检察官职务序列制度、检察官单独职务序列工资制度改革成果,发展完善中国特色检察官职业保障制度,建立科学完备的现代化检察管理制度,推进检察职业保障体系和职业保障能力现代化,促进中国特色社会主义检察制度发展完善关系重大。发展完善检察官福利和退休制度必须坚持以党的十八届三中、四中全会关于全面深化司法体制改革、建设公正高效权威社会主义司法制度的战略部署为指导,必须以全面推进检察队伍正规化、专业化、职业化为重点,必须坚持以公务员法、检察官法等相关法律法规为依据,必须以建立检察官单独职务序列工资及福利等职业保障制度为目标,通过建立与检察官单独职务等级、检察官单独职务序列工资制度相配套的检察官福利和退休制度,进一步激发检察官队伍活力,畅通与检察官职业准入、职业晋升相衔接的职业退出保障渠道,让检察官忠诚于检察事业,扎根基层检察工作,确实承担起维护宪法法律统一正确实施、维护社会公平正义、保障人民安居乐业的重大政治责任,保障检察事业持续健康协调发展。

制定与实施检察官福利和退休制度的总体要求是,坚持改革创新,注重与检察官单独职务序列、单独职务工资制度相衔接、相配套,使该制度形成结构严密、科学规范的制度体系;坚持从国情出发,福利标准体系的构建需充分考虑经济发展水平、财政承受能力、人民群众认可度、物价因素等实际情况,积极稳妥地有序推进;坚持以人为本,充分调动办案一线、基层检察官的积极性。

二、主要内容

检察官福利和退休制度的主要内容分为第一章指导思想和基本原则、第二章检察官的福利制度、第三章检察官的退休制度、第四章其他相关规定等内容。其中第二章检察官的福利制度包括福利费的提取、检察官的休假制度、检察官的福利补贴制度、检察官的死亡抚恤制度、检察官的丧葬费等五节内容；第三章检察官的退休制度包括检察官的退休条件、检察官的退休待遇等两节内容；第四章为检察官的意外伤害保险等其他相关内容。

（一）福利制度

1. 福利费的提取。检察官福利费由各检察院按照检察官工资总额的 5% 比例提取。检察官福利费的使用范围为检察官及其家属的困难补助、住院慰问、集体福利设施。

2. 检察官的休假制度。检察官按照国家规定享受法定节假日休假、探亲假、年休假、病假、事假、婚假、产假、丧假等假期。检察官在假期的工资待遇参照普通公务员的相关管理规定。

3. 检察官的福利补贴制度。检察官工资收入构成规范以外的津贴补贴是福利补贴，按照国家规定适时进行调整。检察官享受优诊（比照厅级以上公务员）医疗待遇。检察官享受住房公积金待遇，住房公积金的缴纳标准按照高于地区普通公务员的 10% 提取；检察官无固定住房的，国家提供周转房、公租房待遇。

4. 检察官的死亡抚恤制度。检察官死亡（含退休）后给予一次性抚恤金、丧葬费、死者遗属生活困难补助。检察官被追认为烈士和因公牺牲的，其一次性抚恤金按照上一年度全国城镇居民人均可支配收入的 40 倍加本人生前 50 个月基本工资发放。检察官病故的，为上一年度全国城镇居民人均可支配收入的 4 倍加本人生前 50 个月基本工资或退休费发放。检察官因公牺牲的，享受特别补助金和慰问金。检察官遗属生活困难补助的对象按照国家有关规定确定。检察官遗属生活困难补助的发放标准根据其遗属所在地的最低生活保障线的 200% 确定。死亡检察官系因公牺牲并被授予烈士称号的，其遗属生活困难补助标准为当地最低生活保障线的 280%。死亡检察官系新中国成立前参加革命工作的，其遗属生活困难补助标准为当地最低生活保障线的 280%。其他居住城市的遗属，其生活困难补助标准为当地最低生活保障线的 260%。居住农村的遗属，其生活困难补助标准为当地最低生活保障线的 200%。以上遗属补助的对象孤身一人的，在规定标准的基础上提高 10%。按照上述方法计算的遗属补助标准低于当地企业职工遗属标准的，可执行企业职工遗属标准。停止享受遗属生活困难补助的条件及范围按照国家有关规定执行。

5. 检察官丧葬费。检察官（含退休）死亡后，不分职务级别，其丧葬费标准为每人 20000 元，包干使用。

（二）退休制度

1. 检察官的退休条件。检察官按照法定年龄年满 65 周岁正常退休，有特殊规定的除外。检察官提前退休、延长退休、暂缓退休参照国家公务员退休人员有关规定执行。

2. 检察官的退休待遇。检察官退休后继续享受检察官津贴。检察官退休后其基本退休费、补贴的计发方法和标准参照国家公务员退休人员有关规定执行。检察官退休后提高退休费比例的标准和范围参照国家公务员退休人员有关规定执行。检察官退休时无违法记录，从事检察工作满 30 年的，颁发国家功勋证书和功勋证章，增加退休费计发比例 5%；从事检察工作满 25 年的，颁发国家荣誉证书和荣誉证章，增加退休费计发比例 3%。检察官退休后的医疗、住房待遇享受在职检察官同等待遇。检察官退休后出境参照国家公务员退休人员有关规定执行。检察官退休后受到行政处分、刑事处罚的待遇参照国家公务员退休人员有关规定执行。

三、检察官福利和退休制度实施方案设计

检察官福利和退休制度的设计，充分考虑我国公务员福利和退休保障制度的现状，借鉴国外关于检察官职业保障的有关制度和考量，结合检察官职业的特殊性，实事求是的进行改革创新，建立符合我国国情的检察官福利和退休制度。

（一）提高福利标准，解决后顾之忧

1. 提高福利费提取比例。福利费制度是为解决生活困难而建立的专项制度，主要体现在三方面作用：一是对基本生活的保障作用；二是对部分支出的弥补作用；三是有利于恢复工作能力，维护身体健康。我国现行福利费的提取仍然是按照 1957 年国务院议字第 19 号文件的有关规定执行。目前，在北京中央国家机关及事业单位和各省、自治区、直辖市及其以下地方各级机关、事业单位、均是按工资总额 2.5% 提取。实行检察官单独职务序列工资制度后，为加强检察职业保障，应当对福利费提出比例作相应调整，建议按照检察官工资总额 5% 的比例提取福利费，这是提高检察官福利待遇的前提。

2. 提高医疗待遇。从全国看，现行医疗制度改革步骤各地差异较大，保障体系与保障标准呈现多元化的状况，比如有的地方检察官的医疗待遇已经纳入医保，有的仍然实行公费（统筹）医疗，有的则实行医疗费包干使

用，结余奖励，许多省级直属机关工作人员仍然实行公费医疗，超过包干经费的部分由各单位自筹经费解决，有的地、市、州参加医保的按有关规定执行，等等。现行条件下，检察官长期超负荷的进行办案工作，特别是实行员额制分类管理后，检察官的职责、任务更加凸显，一个时期内人员少，任务重的矛盾将会更加突出。检察官的身体健康问题值得关注，畅通医疗通道，提高医疗档次，检察官享受优诊（比照厅级以上公务员政策）干部待遇，是提高检察官医疗待遇的首选方案。

3. 提高住房待遇。根据国家相关规定，自 2000 年以来，国家公务员不再享受福利房政策待遇。由于现有年轻检察官工龄短、职级低、工资待遇普遍不高，依靠工薪购买商品房十分困难，迫使许多年轻检察官"蜗居"，举贷购房，还款压力大，工作辛苦，生活清苦，给身心健康及事业发展带来双重压力；即使依靠住房公积金筹款购房，但由于工作年限短，公积金额度小，难以解决住房困难。

借鉴发达国家和我国港澳台地区做法，建立完备的住房保障制度：（1）二级以上大检察官与单身赴任二级以上高级检察官提供官邸；（2）四级以上高级检察官或遴选地市州以上检察院任职检察官提供检察官公寓；（3）初入职检察官与检察辅助人员、司法行政人员提供公租房或周转房，并提高公积金贷款优惠待遇；（4）提取住房公积金比例高于地方公务员 10%。

4. 提高死亡抚恤、丧葬费待遇。根据检察官的社会作用、入职门槛、职责任务及其高度的职业荣誉，应当享有较高的死亡抚恤、丧葬待遇。建立检察官单独职务序列工资制度，应当相应提高相关待遇，丧葬所需费用也在不断提高。对于死亡抚恤、丧葬待遇问题，许多国家都有明确规定。比如我国台湾地区有抚恤、资遣、眷属丧葬补助、因公伤残死亡慰问金、三节慰问金制度；澳门特区有丧葬津贴制度。所以，在制度设计第 12 条至第 15 条中，其标准是高于地方公务员的。

（二）延迟退休年龄，符合国际惯例

根据国家现行规定，男女退休年龄规定为 60 周岁，其中女性须为处级以上干部。国家正在研究制定渐进式延迟退休政策，从全球来讲，延迟退休成为一种趋势。检察官具有特殊职业属性，从事检察官职业的经历越长，经验越丰富，越具有更高的职业品格和职业操守，延长检察官的职业年限是有益于社会法治建设的。从国外来看，检察官的退休年龄大都是在 65 岁以上。我国《检察官法》第 45 条规定，检察官的退休年龄，根据检察工作的特点，由国家另行规定。目前，最高人民检察院副检察长、省级检察院检察长退休为 65 岁，常务副检察长（正厅级、一级高级检察官）退休为 63 岁，其他检察官退休为 60 岁。将我国检察官的退休年龄延长至 65 岁是符合国际惯例，也是符合国情的。

（三）保留检察津贴，体现公平合理

根据现行规定，检察官退休后其检察官职务经过法定程序免除，其检察官津贴从其退休时起减除，不计入退休工资。近年来，对于检察官津贴退休后是否保留一直存有争议，希望保留的呼声较高。其理由是：（1）目前，我国政府所属的公安机关的警务人员退休后依然保留警衔津贴，而与政府同等职权地位的检察院、法院的检察官、法官退休后其津贴未继续享用，"两院"法官、检察官与"一府"下属公安机关警务人员的待遇不匹配。（2）随着社会主义法治体系的不断完善，检察官、法官的职责任务不断加重，保留检察官、法官岗位津贴是建立检察官单独职务序列工资福利制度的有机组成部分，是在全社会崇尚法治精神、培育法治理念、树立司法职业尊严、提升司法公信力的应有之义。（3）保留检察官、法官岗位津贴为法治文明国家通例。美国检察官的退休基本津贴以检察官任职期间任意一个连续 3 年的最高基本工资的平均值为依据来发放，除基本津贴外，退休的检察官还可以享受社会保险津贴和个人储蓄免税等待遇。英国检察官如果达到一定的级别和任职年限，退休后可以领取全额薪金。日本检察官退休后薪金不减少。《俄罗斯联邦检察院组织法》第 44 条规定，退休金的发放随职务工资附加检衔津贴。总而言之，保留法官、检察官岗位津贴既能体现国家对法官、检察官的关心和爱护，又能体现对法治事业的高度重视，真正发挥法官、检察官岗位津贴的激励约束作用，有利于推动司法队伍专业化、职业化、正规化建设。

（四）增发功勋荣誉，彰显职业荣誉

检察官退休是一项庄重严肃的职业保障制度。建立科学完备的检察官福利制度、退休制度是检察官职业保障制度的重要组成部分。这项制度对于检察官在职期间正确履行职责，兢兢业业工作，公正司法、廉洁奉公，具有很强的激励与约束作用。检察官尤其是资深的检察官，其退休后应当获得国家荣誉和褒奖。所以，第 23 条设计，检察官退休时无违法记录、从事检察工作满 30 年的，颁发国家功勋证书和功勋证章，增加退休费计发比例 5%；从事检察工作满 25 年的，颁发国家荣誉证书和荣誉证章，增加退休费计发比例3%。这样规定，既彰显了以人为本的价值理念，又优化了检察官职业保障体系，同时有利于增强检察官的职业荣誉感，有利于社会对检察官职业尊严、职业荣誉的认同感，在全社会培育崇尚公正司法、塑造职业形象的法治人文精神。

（五）建立廉政保证金制度，保障公正司法

建立检察官廉政保证金制度，是与检察职业保障、职业保护、职业荣誉制度、职业惩戒相匹配的重要制度，是建设公正高效权威社会主义司法制度、确保审判机关、检察机关依法独立行使审判权、检察权的必然选择，也是改革开放以来探索推进司法队伍正规化、专业化、职业化的经验总结。根据东部地区深圳等检察机关改革试点经验，廉政保证金可按照其在任时按年度缴纳，专户管理，单位和个人各按上一年度本省检察官年均收入的10%缴纳，如无不廉洁行为或者犯罪行为，检察官在岗死亡或退休时本息一次性发放。正常辞职或调离的，于辞职或调离一年后可以申请领取。廉政保证金发放后，发现在职时有不廉洁行为或者犯罪行为的，根据有权机关作出的处理决定，由原发放部门予以追回。这样规定，既可以作为一种福利对检察官在职工作的认可与奖励，又可以对检察官在任时的职务行为起到约束作用，促进其公正司法，提高检察机关执法公信力。

第十三章　检察官福利和退休制度 专家建议稿及说明

一、检察官福利和退休制度（专家建议稿）

总　则

第一条　为全面深化司法体制改革，完善检察人员分类管理，加强检察官职业保障，根据《中华人民共和国公务员法》、《中华人民共和国检察官法》、《中华人民共和国人民检察院组织法》等法律法规，制定本规定。

一、基本原则

第二条　制定与实施检察官福利和退休制度的基本原则是，坚持改革创新，科学设计制度体系；坚持依法实施，积极稳妥地有序推进；坚持以人为本，充分调动检察官的积极性；坚持实事求是，突出基层检察官重点；坚持统筹兼顾，推进检察官职业保障制度发展完善。

第三条　检察官福利制度主要是指国家为保障和解决检察官的工作、生活及家庭中的基本需要和特殊困难，在工资和保险之外，以补贴、实物和服务等方式，对检察官给予经济帮助和生活照顾的制度。

第四条　检察官退休制度，是国家根据相关规定对符合法定条件的检察官办理有关手续，退出工作岗位，享受规定养老待遇的一种制度。

二、检察官的福利制度

第一节　福利费的提取

第五条　检察官福利费由各检察院按照检察官工资总额的 5% 比例提取。

第六条　检察官福利费的使用范围为检察官及其家属的困难补助、住院慰问、集体福利设施。

第二节　检察官的休假制度

第七条　检察官按照国家规定享受法定节假日休假、探亲假、年休假、病假、事假、婚假、产假、丧假等假期。

第八条 检察官在假期的工资待遇参照普通公务员的相关管理规定。

第三节 检察官的福利补贴制度

第九条 检察官工资收入构成规范以外的津贴补贴是福利补贴，按照国家规定适时进行调整。

第十条 检察官享受优诊（比照厅级以上公务员）医疗待遇。

第十一条 检察官享受住房公积金待遇，住房公积金的缴纳标准按照高于地区普通公务员的 10% 提取；检察官无固定住房的，国家提供周转房、公租房待遇。

第四节 检察官的死亡抚恤制度

第十二条 检察官死亡（含退休）后给予一次性抚恤金、丧葬费、死者遗属生活困难补助。

第十三条 检察官被追认为烈士和因公牺牲的，其一次性抚恤金按照上一年度全国城镇居民人均可支配收入的 40 倍加本人生前 50 个月基本工资发放。检察官病故的，为上一年度全国城镇居民人均可支配收入的 4 倍加本人生前 50 个月基本工资或退休费发放。

第十四条 检察官因公牺牲的，享受特别补助金和慰问金。

第十五条 检察官遗属生活困难补助的对象按照国家有关规定确定。

第十六条 检察官遗属生活困难补助的发放标准根据其遗属所在地的最低生活保障线的 200% 确定。

死亡检察官系因公牺牲并被授予烈士称号的，其遗属生活困难补助标准为当地最低生活保障线的 280%。

死亡检察官系新中国成立前参加革命工作的，其遗属生活困难补助标准为当地最低生活保障线的 280%。

其他居住城市的遗属，其生活困难补助标准为当地最低生活保障线的 260%。

居住农村的遗属，其生活困难补助标准为当地最低生活保障线的 200%。

以上遗属补助的对象孤身一人的，在规定标准的基础上提高 10%。

按照上述方法计算的遗属补助标准低于当地企业职工遗属标准的，可执行企业职工遗属标准。

停止享受遗属生活困难补助的条件及范围按照国家有关规定执行。

第五节 检察官的丧葬费

第十七条 检察官（含退休）死亡后，不分职务级别，其丧葬费标准为每人 20000 元，包干使用。

三、检察官的退休制度

第一节　检察官的退休条件

第十八条　检察官按照法定年龄年满 65 周岁正常退休，有特殊规定的除外。

第十九条　检察官提前退休、延长退休、暂缓退休参照国家公务员退休人员有关规定执行。

第二节　检察官的退休待遇

第二十条　检察官退休后继续享受检察官津贴。

第二十一条　检察官退休后其基本退休费、补贴的计发方法和标准参照国家公务员退休人员有关规定执行。

第二十二条　检察官退休后提高退休费比例的标准和范围参照国家公务员退休人员有关规定执行。

第二十三条　检察官退休时无违法记录，从事检察工作满三十年的，颁发国家功勋证书和功勋证章，增加退休费计发比例 5%；从事检察工作满二十五年的，颁发国家荣誉证书和荣誉证章，增加退休费计发比例 3%。

第二十四条　检察官退休后的医疗、住房待遇享受在职检察官同等待遇。

第二十五条　检察官退休后出境参照国家公务员退休人员有关规定执行。

第二十六条　检察官退休后受到行政处分、刑事处罚的待遇参照国家公务员退休人员有关规定执行。

附　则

第二十七条　检察官死亡后或退休无违法违纪记录的，按照有关规定发放廉政保证金。

第二十八条　检察官的意外伤害保险参照国家公务员有关规定执行。

第二十九条　本规定由最高人民检察院会同国家人力资源和社会保障部负责解释。

二、检察官福利和退休制度（专家建议稿）的说明

根据中央关于建立"检察官单独职务序列及工资制度"的部署要求，现就"检察官福利和退休制度（建议稿）"作如下说明。

（一）制定检察官福利和退休制度的必要性

"检察官福利和退休制度"是"检察官单独职务序列工资制度"的重要组成部分。建立这项制度对于推动科学完备的检察官职业保障、职业保护、职业荣誉与职业惩戒体系，促进司法管理体制现代化建设，保证公正司法、提高司法公信力意义重大。制定检察官福利和退休制度，其出发点是与检察官单独职务序列工资制度相配套；其落脚点是与单独职务序列工资制度共同作为对检察官执法办案的激励约束；其目标是形成职务序列工资制度与福利制度相统一，检察官获得职务序列工资待遇与福利待遇相一致，检察官履职待遇与退休待遇相衔接；其重点是解决检察官的后顾之忧，激发检察官的职业尊严感、荣誉感，保证检察官"忠诚、公正、清廉、文明"履行职责，从而提高司法公信力。

（二）关于检察官福利和退休制度指导思想和基本原则

建立"检察官福利和退休制度"，对于发展完善中国特色社会主义检察制度关系重大。必须坚持以党的十八届三中、四中全会关于全面深化司法体制改革、建设公正高效权威社会主义司法制度的战略部署为指导，以全面推进检察队伍正规化、专业化、职业化为重点，以公务员法、检察官法等相关法律法规为依据，以建立检察官单独职务序列工资及福利等职业保障制度为目标，进一步激发检察官队伍活力，为充分发挥人民检察院维护宪法法律统一正确实施、维护社会公平正义、保障人民安居乐业的重大政治和社会责任提供保障，确保该制度遵循规律性、具有特色性、体现时代性、彰显科学性，推动检察职业保障体系和保障能力现代化。

制定与实施检察官福利和退休制度的基本原则是，坚持改革创新，科学设计制度体系；坚持依法实施，积极稳妥地有序推进；坚持以人为本，充分调动检察官的积极性；坚持实事求是，突出基层检察官重点；坚持统筹兼顾，推进检察官职业保障制度发展完善。

（三）关于检察官福利和退休制度主要内容

检察官福利和退休制度的主要内容分为第一章指导思想和基本原则、第二章检察官的福利制度、第三章检察官的退休制度、第四章其他相关规定等内容。其中第二章检察官的福利制度包括福利费的提取、检察官的休假制度、检察官的福利补贴制度、检察官的死亡抚恤制度、检察官的丧葬费等五节内容；第三章检察官的退休制度包括检察官的退休条件、检察官的退休待遇等两节内容；第四章为检察官的意外伤害保险等其他相关内容。

1. 关于福利标准制度

（1）关于福利费提取比例制度。福利费制度是为解决生活困难而建立的专项制度，主要体现在三方面作用：一是对基本生活的保障作用；二是对部分支出的弥补作用；三是有利于恢复工作能力，维护身体健康。我国现行福利费的提取仍然是按照 1957 年国务院议字第 19 号文件的有关规定执行。目前，在京中央国家机关及事业单位和各省、自治区、直辖市及其以下地方各级机关、事业单位、均是按工资总额 2.5% 提取。实行检察官单独职务序列工资制度后，为加强检察职业保障，应当对福利费提出比例作相应调整，建议按照检察官工资总额 5% 的比例提取福利费，这是提高检察官福利待遇的前提。

（2）关于医疗待遇制度。从全国看，现行医疗制度改革步骤各地差异较大，保障体系与保障标准呈现多元化的状况，比如有的地方检察官的医疗待遇已经纳入医保，有的仍然实行公费（统筹）医疗，有的则实行医疗费包干使用，结余奖励，许多省级直属机关工作人员仍然实行公费医疗，超过包干经费的部分由各单位自筹经费解决，有的地、市、州参加医保的按有关规定执行，等等。现行条件下，检察官长期超负荷的进行办案工作，特别是实行员额制分类管理后，检察官的职责、任务更加凸显，一个时期内人员少，任务重的矛盾将会更加突出。检察官的身体健康问题值得关注，畅通医疗通道，提高医疗档次，检察官享受优诊（比照厅级以上公务员政策）干部待遇，是提高检察官医疗待遇的首选方案。

（3）关于住房待遇制度。根据国家相关规定，自 2000 年以来，国家公务员不再享受福利房政策待遇。由于现有年轻检察官工龄短、职级低、工资待遇普遍不高，依靠工薪购买商品房十分困难，迫使许多年轻检察官"蜗居"，举贷购房，还款压力大，工作辛苦，生活清苦，给身心健康及事业发展带来双重压力；即使依靠住房公积金筹款购房，但由于工作年限短，公积金额度小，难以解决住房困难。

世界一部分国家对检察官的福利、住房、医疗等待遇都有明确的强制性保障规定，如：①法国建立了住房补贴制度，住房补贴标准为基本工资的 1% 到 3%。②根据《俄罗斯联邦检察院组织法》第 44 条第 4 项规定，检察官与侦查官，需要改善住房条件的，由联邦财政根据俄罗斯联邦立法规定标准，按照俄罗斯联邦政府规定程序拨付俄罗斯联邦检察机关经费、保障提供单元房屋。检察官与侦查官，未依照俄罗斯联邦立法与俄罗斯联邦各主体房屋居住法规规定标准与要求分配住房的，视为需要改善居住条件的人员。检察官与侦查官，未获得依照法定程序应当分配的长期住宅之前，享有得到租住（转租）住房费用补偿的权利。所以，在俄罗斯，检察官的住房保障是享有特殊待遇的。③保加利亚的福利与退休。根据《公务员法》和《司法法案》，检察人员享有强制医疗保险金、赔偿金、年假、一般带薪休假、享受社保休假、非带薪休假、住房公积金、强制社会保险、补偿金和退休金等福利与退休金待遇。④哈萨克斯坦福利待遇。享有年假，每一年有权享受带薪休假 30 天，并在该休假期享有双倍工资待遇。哈萨克斯坦共和国以立法规定的方式为公务员提供住房。⑤我国香港特区。香港特区政府律师可享有公务员的多项附带福利，根据个人职级、服务年资、聘用条款及其他规例设定。这些福利包括：医疗及牙科福利、教育津贴、房屋福利、假期、旅费、退休福利等。政府律师（总薪级 34 点及以上）及高级政府律师除每月工资外，每月尚可领取发放的购房补助金，数额根据工资和职级而定，最多为期 10 年。符合资格的检控官子女，可申请香港特区本地或海外教育资助。⑥我国澳门特区。根据《司法官通则》规定，司法官的权利还包括：收取假期津贴及圣诞津贴，收取居所租赁或设备津贴，检察长有权以招待费名义收取相当于其薪俸 25% 的津贴，公干获发津贴金额相当于澳门特区公共行政工作人员所定的最高标准，收取对澳门特区公共行政工作人员所定的结婚津贴、出生津贴及等津贴，司法官及其家庭享有对澳门特区工作行政工作人员所定的医疗护理、药物、手术、最高等级住院等权利，享有澳门特别行政区负担其居所电话的安装及用户费用等。⑦我国台湾地区。依据"公务人员福利条例草案"，包括检察官在内的公务人员适用台湾地区相关公务人员福利制度规定，其内容包括基本福利以及弹性福利，并且该草案提出由于福利措施易放难收，考虑财政负担能力及机关特性，对于拟办理的福利事项宜采渐进与保障性原则。拟将"生活津贴"、"福利互助"、"急难贷款"和"住宅辅购"四项作为基本福利事项，由行政部门制定相关规定统筹办理，其余为弹性福利，由各机关视个别需要决定。现行公教人员可以享受的福利，散见于各相关法规，具体如下：未婚联谊，结婚补助、生育补助、子女教育补助等生活津贴，公教人员辅购住宅贷款、筑巢优利贷等辅购住宅贷款、急难贷款、贴心相贷、参加退抚基金指定用途贷款等低利消费性贷款，优惠存款，膳食、购物、洗衣、美发等员工消费合作社；健康检查补助、心理健康、网路咨商、员工协助方案等健康管理，文康活动、庆生、社团、休假旅游补助、公教员工台湾地区休假、特约休闲中心、旅游连环抽奖活动等文康休闲，涉讼补助，公教人员保险、全民健保、劳工保险、团体保险，退休、退休服务、退抚照护。

因此，借鉴发达国家和我国港澳台地区做法，建立完备的住房保障制度：①二级以上大检察官与单身赴任二级以上高级检察官提供官邸；②四级以上高级检察官或遴选地市州以上检察院任职检察官提供检察官公寓；③初入职检察官与检察辅助人员、司法行政人员提供公租房或周转房，并提高公积金贷款优惠待遇；④提取住房公积金比例高于地方公务员10%。

（4）关于死亡抚恤、丧葬费待遇制度。根据检察官的社会作用，入职门槛，职责任务及其高度的职业荣誉，应当享有较高的死亡抚恤、丧葬待遇。建立检察官单独职务序列工资制度，应当相应提高相关待遇，丧葬所需费用也在不断提高。对于死亡抚恤、丧葬待遇问题，许多国家都有明确规定。比如我国台湾地区有抚恤、资遣、眷属丧葬补助、因公伤残死亡慰问金、三节慰问金制度；澳门特区有丧葬津贴制度。所以，在制度设计第12条至第15条中，其标准是高于地方公务员的。

2. 有关国家和港澳台地区公务员及检察官延迟退休制度比较

根据国家现行规定，男女退休年龄规定为60周岁，其中女性须为处级以上干部。国家正在研究制定渐进式延迟退休政策，从全球来讲，延迟退休成为一种趋势。检察官具有特殊职业属性，从事检察官职业的经历越长，经验越丰富，越具有更高的职业品格和职业操守，延长检察官的职业寿命是有益于社会法治建设的。从国外来看，检察官的退休年龄大都是在65岁以后，如美国的退休年龄没有法律规定，由个人决定，其中任职最高年龄的国会议员90岁；美国鼓励延迟退休，62岁提前退休的拿工资总额的75%，66岁退休的拿工资总额的100%，70岁退休的拿工资总额的132%。英国当前的平均退休年龄为男性64.7岁，女性63.1岁。加拿大公务员的退休年龄从60岁提高到65岁才可享有全额退休金。德国公务员的退休年龄为67岁。法国规定检察官的退休年龄为65岁，而普通公务员的退休年龄为60岁。日本检事总长的退休年龄为65岁，其他检察官的退休年龄为63岁。荷兰检察官的退休年龄为70岁。俄罗斯检察官可以工作至70岁。白俄罗斯检察官既可以按照劳动法规定中止劳动合同，也可以根据退休条件有权自行决定退休。我国香港特区今年修法时将检控官退休年龄60岁延长至65岁。台湾地区公务员退休年龄为65岁。我国《检察官法》第45条规定，检察官的退休年龄，根据检察工作的特点，由国家另行规定。目前，最高人民检察院副检察长、省级检察院检察长退休为65岁，常务副检察长（正厅级、一级高级检察官）退休为63岁，其他检察人员退休为60岁。所以，将我国检察官的退休年龄延长至 65 岁是符合国际惯例，也是符合国情的。

3. 关于保留检察官津贴制度

根据现行规定，检察官退休后其检察官职务经过法定程序免除，其检察官津贴从其退休时起减除，不计入退休工资。近年来，对于检察官津贴退休后是否保留一直存有争议，希望保留的呼声较高。其理由是：（1）目前，我国政府所属的公安机关的警务人员退休后依然保留警衔津贴，而与政府同等职权地位的检察院、法院的检察官、法官退休后其津贴未继续享用，"两院"法官、检察官与"一府"下属公安机关警务人员的待遇不匹配。（2）随着社会主义法治体系的不断完善，检察官、法官的职责任务不断加重，保留检察官、法官岗位津贴是建立检察官单独职务序列工资福利制度的有机组成部分，是在全社会崇尚法治精神、培育法治理念、树立司法职业尊严、提升司法公信力的应有之义。（3）保留检察官、法官岗位津贴为法治文明国家通例。美国检察官的退休基本津贴以检察官任职期间任意一个连续 3 年的最高基本工资的平均值为依据来发放，除基本津贴外，退休的检察官还可以享受社会保险津贴和个人储蓄免税等待遇。英国检察官如果达到一定的级别和任职年限，退休后可以领取全额薪金。日本检察官退休后薪金不减少。《俄罗斯联邦检察院组织法》第 44 条规定，退休金的发放随职务工资附加检衔津贴。总而言之，保留法官、检察官岗位津贴既能体现国家对法官、检察官的关心和爱护，又能体现对法治事业的高度重视，真正发挥法官、检察官岗位津贴的激励约束作用，有利于推动司法队伍专业化、职业化、正规化建设。

4. 关于增发功勋荣誉制度

检察官退休是一项庄重严肃的职业保障制度。建立科学完备的检察官福利制度、退休制度是检察官职业保障制度的重要组成部分。这项制度对于检察官在职期间正确履行职责，兢兢业业工作，公正司法、廉洁奉公，具有很强的激励与约束作用。检察官尤其是资深的检察官，其退休后应当获得国家荣誉和褒奖。所以，第 23 条设计，检察官退休时无违法记录、从事检察工作满 30 年的，颁发国家功勋证书和功勋证章，增加退休费计发比例 5%；从事检察工作满 25 年的，颁发国家荣誉证书和荣誉证章，增加退休费计发比例 3%。这样规定，既彰显了以人为本的价值理念，又优化了检察官职业保障体系，同时有利于增强检察官的职业荣誉感，有利于社会对检察官职业尊严、职业荣誉的认同感，在全社会培育崇尚公正司法、塑造职业形象的法治人文精神。

5. 关于建立廉政保证金制度

建立检察官廉政保证金制度，是与检察职业保障、职业保护、职业荣誉制度、职业惩戒相匹配的重要制度，是建设公正高效权威社会主义司法制度、确保审判机关、检察机关依法独立行使审判权、检察权的必然选择，也是改革开放以来探索推进司法队伍正规化、专业化、职业化的经验总结。根据东部地区深圳等检察机关改革试点经验，廉政保证金可按照其在任时按年度缴纳，专户管理，单位和个人各按上一年度本省检察官年均收入的 10% 缴纳，如无不廉洁行为或者犯罪行为，检察官在岗死亡或退休时本息一次性发放。正常辞职或调离的，于辞职或调离一年后可以申请领取。廉政保证金发放后，发现在职时有不廉洁行为或者犯罪行为的，根据有权机关作出的处理决定，由原发放部门予以追回。这样规定，既是作为一种福利对检察官在职工作的认可与奖励，又可以对检察官在任时的职务行为起到约束作用，促进其公正司法，提高检察机关执法公信力。

6. 关于其他需要说明的问题

（1）涉及检察官的职业保险，如建立检察官意外伤害保险及补充医疗保险等制度，需要另行规定。

（2）有关检察官抚恤优待办法以及因公牺牲特别补助金和慰问金需要另行规定。

（3）检察官辅助人员、司法行政人员可参照执行本规定。

（4）与检察官职业保障相关联的职业保护制度、职业荣誉制度、职业惩戒制度另行规定。

后　记

　　有关检察官单独职务序列研究、检察官单独职务序列工资制度研究、检察官福利与退休制度研究及相关说明等重大问题的研究，是遵循中央和中组部、最高人民检察院的有关司法管理体制改革精神，在最高人民检察院政治部和湖北省人民检察院党组的坚强领导、殷切关心、大力支持下，由中南财经政法大学法治发展与司法改革研究中心暨湖北法治发展战略研究院课题组全体人员共同努力完成的，不日将付梓成册上报。

　　2015 年 7 月 2 日，根据最高人民检察院政治部致函委托我中心开展"建立检察官单独职务序列"重大课题，我们迅即启动，成立了由中南财经政法大学法治发展与司法改革研究中心主任暨湖北法治发展战略研究院院长徐汉明教授任组长，金鑫（湖北省人民检察院政治部主任、中南财经政法大学专家）、姚莉教授（中南财经政法大学副校长）任副组长的课题组，并下设有资料收集、检察官职务序列研究、检察官工资福利制度研究等小组，正式启动课题撰写工作。7 月初，课题组主持人拟定撰写提纲及条目选定，并进行专题培训，统一撰写思想，指明写作方向；课题组各小组按照分工完成了英美法系、大陆法系、独联体转型国家、我国大陆及港澳台地区相关资料的收集。7 月中旬，全面进入初稿撰写阶段。7 月 11 日，我中心又专门邀请了湖北省人力资源和社会保障厅原副厅长吴良美、人才服务局副局长鲁文艳、工资福利处处长熊亚林讲授了我国公务员工资制度的历史沿革、现状、制定要素以及如何来建立检察官单独工资制度。7 月下旬至 8 月初，课题组各小组将初稿总撰合成送审稿，提交组长进行内部审核修改。8 月 7 日，将送审稿递交有关组织、人事专家审核。8 月 13 日，时任湖北省人民检察院检察长敬大力同志亲自听取课题汇报并提出修改意见。随后课题组按照有关领导和专家的意见，集中力量对送审稿进行加工修改。8 月 25 日至 27 日，中国法学会常务副会长、党组书记陈冀平、副会长张文显教授，最高人民检察院政治部副主任张巍、干部部副部长陈有贤，教育部社科司负责人等有关领导听取了汇报，并对研究报告提出了若干完善意见。课题组据此修改了研究报告，最终形成上述系列研究报告。

检察官单独职务序列研究等采用正文和附表两种体裁格式，通过调查研究、比较研究、实证分析、探索性研究等方法对国外、国内大量的材料数据进行分析汇总，并进行了可行性分析，提出了建立检察官单独职务序列及工资福利制度的路径和方法。本课题形成了检察官单独职务序列研究、检察官单独职务序列工资制度研究、检察官福利与退休制度研究等 3 个系列研究报告及相关数据统计表，共计 20 余万字。

检察官单独职务序列研究、检察官单独职务序列工资制度研究、检察官福利与退休制度研究等 3 个系列研究成果秉承了中央关于全面深化司法体制改革的主旨，坚持了改革的基本原则，注重从国情出发，遵循司法规律，借鉴吸收了域外法治文明尤其是检察官职务序列及工资福利退休制度的有益做法。它的撰写完成，得益于中组部、最高人民检察院领导的高度重视和正确指导，得益于各有关部门同仁的大力支持，得益于课题组全体成员不畏艰辛、夜以继日、舍小家顾大家的奋力工作。担任检察官单独职务序列研究撰写的苏永胜、简乐伟坚持理论联系实际、解放思想、开拓创新、排除困难、牺牲休息时间，昼夜起草修改报告；担任检察官单独职务序列工资制度、福利与退休制度、检察官单独职务序列工资制度实施方案与抽样调查的符卫华、林必恒开动机器、总结经验、梳理问题、创新思维，既提出了符合中国国情、体现司法特点、具有中国特色的三个制度专家建议稿，又深入实际、抽样调查，提供了可验证、有说服力的工资福利制度改革样本；杨宗辉教授、周凌副教授、刘代华讲师、侯伟博士（武汉海事法院副庭长）、陈浩博士（省知识产权局副局长）、刘大举处长、刘尧成副处长、林必恒副教授、李少波讲师、徐晶副研究员、博士生王玉梅、博士生张乐、博士生张新平、肖伟、燕娟，科研秘书李丽珏、胡婷、郭永珍、曾海涛严格贯彻课题研究大纲、样本收集提纲及统计表要求，千方百计收集境外奇缺资料，对资料精心梳理，认真辨别、去伪存真，形成了分类科学、数字准确、资料翔实、具有说服力可信度的资料及统计数据，为撰写三个研究成果及配套制度建议稿提供了翔实资料。

需要特别谢忱的是，联合国反贪局联合会秘书长叶峰博士以宽广的眼界、丰富的阅历和厚重的国际法治资源背景，及时指导课题研究。香港特区律政司沈仲平教授从日本考察归港的当天，不顾旅途劳顿，不计回报、连夜收集整理资料，及时帮助课题组，表现出高尚的情操和无私的奉献精神。最高人民检察院政治部从事检察官管理研究 20 余载的郑建秋无私地提供了多年积累的资料。

"乐在苦的追求中，一事能狂便青春。"这充分体现了专家与实务人员协同创新、团结合作的精神。借此机会，我们向一切为课题撰写提供支持帮助的单位和个人表示衷心的谢意。由于经验不足、水平受限，再加上时间紧迫、工作量大，检察官单独职务序列研究、检察官单独职务序列工资制度研究、检察官福利与退休制度研究等三个系列研究中不足和错讹之处在所难免。诚请各级领导、专家、同仁和读者指正。

徐汉明